大明帝國興衰史

吳晗——著

目錄

上編 大明軍隊建設史

下編　大明官僚政治史

目錄

上編 大明軍隊建設史

軍隊起，皇權立；軍隊敗，皇權廢

第一章

皇權誕生：從軍隊的組建開始

自古「成則為王，敗則為寇」。流氓劉邦，強盜朱溫，流氓兼強盜的朱元璋，建立皇朝以後，史書上不都是太祖高皇帝嗎？黃巢、李自成呢？失敗了，是盜、是賊、是匪、是寇，儘管他們也做過皇帝。但舊史家是勢利的。所以，軍事的成敗決定皇權的興廢，這一點是無可置疑的。

紅軍的小兵／刀斧脅身而不懼

元朝至正十二年（一三五二）閏三月初一，元璋到了濠州城下。

這時元軍仍在濠州附近，雖然按兵不動，紅軍還是不敢大意，城上布滿警戒的部隊，巡邏哨探的更是川流不絕。

城門的守兵看見一個醜和尚，衣衫襤褸，頭上卻包著紅巾，大模大樣走入門內，毫不畏怯。盤問他來蹤去路，卻只說來求見郭元帥，更無別話，不由得起了疑心，以為是元兵派來的奸細，三言兩語，起了衝突，把元璋綁了，派人報告郭元帥，請令旗行刑。

子興聽了報告，覺得詫異，心想若是奸細，不該如此從容，頭上包有紅巾，求見自己，許是來投順的好漢，不要枉殺了好人。

要知道一個究竟，就騎了一匹快馬，趕到城門，遠遠看見四五十個兵圍著，人頭攢動，指手畫腳在呵斥，連忙喝退眾兵，只見一個軀幹修偉的和尚，五花大綁，捆在拴馬樁上，相貌雖醜，卻有一股威嚴的神氣，被綁著候令斬決，卻毫無畏懼恐慌的模樣。心裡已有點納罕，下馬上前問了底細，知道果然是來投奔的，子興大喜，立命解縛，收為步卒。

元璋入了伍，參見了隊長，逐日跟著隊伍上操習技，因為體格好，記性又強，不上半個月，已是隊裡頂尖頂上的角色，幾次跟著隊伍出城哨探，他態度安詳，計謀又多，同隊的都聽他的調度，每次出去，總是得了功，卻不損傷一人一卒，慢慢地連隊長也遇事和他商量了。

不知不覺過了兩個多月，一天，郭子興帶了親兵出來巡察，經過元璋的營房，全隊都排成一橫列向主帥行禮。

元璋個子高大，恰好排在隊首，子興見了，記起前事，喚隊長來問這新投效的心地和才幹如何，隊長極口稱讚，子興聽了，就吩咐將元璋升為親兵十夫長，立刻調回帥府。

元璋遇事小心勤謹，卻又敢作敢為，幾次奉命出征，臨陣勇往無前，戰勝攻取，所得財帛掃數獻與子興，得有賞賜，又推功分給同伴，說話不多，句句都有斤兩。幾個月後，不但軍中譽聲四起，子興也視同心腹，言聽計從了。

子興次妻張夫人撫養馬公季女，已經成年，子興愛重元璋，要他出死力，和張夫人商量，招贅元璋，張夫人也聽說元璋才資出眾，滿口贊成，就擇日給兩口成婚。從此軍中就改稱元璋為朱公子。

和子興同時起事的孫德崖等四元帥，勢均位等，誰也不肯服誰，各自發施號令，沒有個通盤的調度，占了濠州半年，各人只是帶領部下，向四鄉剽掠，兵力不能出濠州一步。子興素有大志，看不慣這樣行徑，幾次拿話勸導，說得不投機，竟鬧翻了。子興氣極，索性閒住在家裡，一切軍民大政都不聞不問。

元璋看出形勢不妙，借一個方便，勸告子興應該照常視事，不可灰心，假如老躲在家裡，他們四個聯合起來，對付你一個，這個虧是吃定了。子興聽了，只是搖頭嘆氣而已。

元璋見勸不動，只好背地裡向孫德崖四人解釋，用意聯絡彌縫，免得傷了和氣。

九月間，元丞相脫脫統兵征徐州，招募場下鹽丁和城市健兒三萬人，黃衣黃帽號為黃軍，一口氣把徐州攻下，芝麻李落荒逃走，被元兵所殺，同黨彭大、趙均用率領殘兵投奔濠州。

徐、濠都是紅軍，兩下裡原是一家，彭、趙起事早，兵多，占的地方也大，到了濠州以後，竟反客為主，郭子興、孫德崖倒要聽客人的調度了。

彭大聰明有板眼，和郭子興相處得很好，趙均用則和孫德崖拉攏。兩派明爭暗鬥，心裡都不服氣，孫德崖又把話來挑撥趙均用，說郭子興眼皮淺，只認得彭將軍，百般趨奉；對將軍卻白眼相待，瞧不起人。均用大怒，帶領親兵徑來火拼。子興冷不防被均用的親兵一索子捆了，帶到孫德崖家，鎖閉在一間空房子裡。

這天元璋恰好出差在外，得信奔回，闔家大小忙亂著，要派兵去搶救，元璋連忙止住，叫出子興二子天敘、天爵，一徑去找彭大，彭大聽了，勃然大怒說：「他們太胡鬧了，有我在，誰敢害你元帥！」即刻派兵去孫家，元璋也全身盔甲，把空房子打開，救出子興，破開鐐械，背回家裡。趙均用知道彭大出頭，怕傷了和氣，也就隱忍著算了。

元丞相脫脫乘連下徐州、汝寧之勢，分兵派賈魯進圍濠州。大敵當頭，紅軍的幾個頭腦慌了，才釋去舊憾，齊心一志地堅守城池。元璋深得軍心，朝夕上城幫同守禦，從這年冬天一直到第二年春天，整整被圍了五個月，幸得城裡糧食豐足，未生他變。

一天，元將賈魯病死，軍無鬥志，只好解圍他去。圍雖解了，紅軍卻也折傷不少人馬，吃虧不少。彭大、趙均用興高采烈，彭大自稱魯淮王，均用自稱永義王，子興和孫德崖等仍然是元帥。

帶兵官／治軍嚴明，足智多謀

濠州經過五個月的圍攻，不但是糧秣感到缺乏，兵力也衰減得多。

元璋細察二王和諸帥，胸襟太窄，眼光太短，都非成事之器。他得了郭子興的允許，回到鍾離，豎起大旗招兵，旬日間得了七百人，鄉人徐達、湯和等聽說朱元璋已做了紅軍頭目，都來投效。

子興大喜。至正十三年六月，元璋被署為鎮撫，從此一躍為一個帶兵官了。

彭、趙二王恣睢自用，遇下苛虐，子興又兵力衰弱，不能有大作為。元璋把新兵交代以後，稟准了主將，率領徐達、湯和、吳良、吳禎、花雲、陳德、顧時、費聚、耿再成、耿炳文、唐勝宗、陸仲亨、華雲龍、鄭遇春、郭興、郭英、胡海、張龍、陳桓、謝成、李新、張赫、周銓、周德興等二十四壯士南取定遠，用計降了張家堡驢牌寨的民兵，得兵三千。又招降秦把頭，得八百餘人。夜襲元將張知院於橫澗山，收其卒二萬，軍聲大振。

元璋得到大量生力軍，立刻重新部署，加緊訓練。

他最看重紀律，在檢閱新軍時，他懇切地訓誡將士說：「你們原來是一個很大的部隊，可是我很輕易地就把你們歸併過來，原因是你們的將官沒有紀律，士卒缺乏訓練。現在我們要矯正這兩個缺點，加緊訓練，嚴明紀律，共立事功。」

三軍聽了，無不踴躍思奮，等候機會，一顯身手。

定遠人馮國用、馮國勝（後改名勝）兄弟因亂團結義兵，立寨保衛鄉里，聽說元璋軍隊的紀律好，率眾歸附。

元璋端詳這兩兄弟，裝束很像讀書人，舉止談吐都和眾人不同，就問以定天下大計。國用以為建康龍蟠虎踞，帝王之都，先據建康，以為根本，然後命將出師，掃除群寇，救生靈於水火，勿貪子女玉帛，倡仁義以收人心，統一天下不是難事。

元璋大喜，留兩兄弟在幕府贊兵政，預機密。把兩家軍隊合併編制，南下攻滁陽。

在進軍滁陽的道中，定遠人李善長到軍門謁見。

李善長讀書有智謀，學的是法家的學問，善於料事。和元璋談得極為投機，元璋問他天下何時可定？善長勸他取法漢高祖，以為漢高祖起於布衣，豁達大度，知人善任，不嗜殺人，五年工夫便成帝業。元朝政治混亂，天下土崩瓦解。濠州和沛相去不遠，如能取法這位同鄉，天下也不足定。

元璋連聲叫好，留作掌書記，並且告誡他說：「方今群雄並爭，參謀人才是很要緊的。我看群雄中，管書記和做參謀的，多毀左右將士，將士不得展其能，以至於敗，羽翼既去，頭腦也站不住了，自然都被消滅。你要調和諸將，不要學他們的榜樣。」

從此元璋心目中時時有一個漢高祖在，事事要學他。善長也悉心調護諸將，量才進用，曲布誠款，使他們都能安心。

元璋率大軍南下，各地豪傑聞風回應。前鋒花雲單騎衝破敵陣，一鼓而下濠州。元璋親侄文正、姊夫李貞帶了他的兒子保兒（後改名文忠）得到消息，奔來投靠；定遠人沐英父母都亡，孤苦可憐，元璋把三個孩子都收為義子。

收養義子是當時流行的風氣，帶兵的將領要培養心腹幹部人才，喜歡把俊秀勇猛的青年收養，不但臨陣時得其死力，在緊要關頭，還仗他們以監視諸將。沐英在軍中稱為周舍，又呼沐舍。元璋義子中除文正、文忠、沐英而外，著名的有柴舍（即朱文剛，後死處州之難）、朱文遜（後死太平之役）、道舍（即何文輝）、馬兒（即徐司馬）、保兒（即平安）等，凡二十餘人。

元璋駐師滁州，時趙均用、彭早住（彭大子，彭大先為均用所排擠而死，早住代領其眾，仍稱魯淮王）挾郭子興攻盱眙、泗州。

均用深恨子興，要借題殺他。又派人來請元璋往守盱眙，元璋推辭了，暗中卻派說客去說均用道：「當大王窮困時，由徐奔濠，郭帥開門延納，恩德至厚，大王不但不思報德，反聽小人挑撥，要自剪羽翼，失豪傑心，怕不合道理。而且郭帥還容易對付，他部下在滁州的兵勢很重，投鼠忌器，大王也得見到這一點。」

均用聽了，對子興才放鬆一點。元璋又派人去賄賂他的左右，替子興說好話，子興才得帶領自己部下一萬多人到滁州，元璋把兵權交出，仍聽他的約束。

十四年冬十月，元丞相脫脫總兵大敗張士誠於高郵，分兵圍六合。

張士誠小字九四，泰州白駒場亭人。有弟士德、士信，並以操舟、販鹽為業。輕財好施，頗得眾心。常時賣鹽給富家，受夠了富人的欺侮，專捉私鹽的弓手丘義，尤其作踐得他們很苦。士誠氣憤不過，趁著天下大亂，帶著兄弟和李伯昇、潘原明、呂珍等十八個壯士，殺了丘義和諸富人，一把火把他們房子燒了，招兵買馬，攻下泰州，據高郵，自稱誠王，國號大周，建元天祐，這是至正十三年五月間的事。

元兵圍六合，六合主帥到郭子興處求救。六合和滁州有脣齒之勢，六合破，滁州也不能倖存，元璋在子興前面說明這個道理，可是元兵勢盛，諸將無人敢去，元璋慷慨請行，奮力血戰，把六合的老弱婦孺撤退到滁州。

元兵不久大舉攻滁州，元璋設伏大敗元兵，得了好多馬匹。卻顧慮到孤城無援，元兵如再添兵來攻，勢不可守。只好預備牛酒，派地方父老把馬送還，說城中守衛是防他盜攻掠，本底子全是良民，不敢作反。現在願意供給軍需給養，請大軍並力去滅高郵巨寇，不要殘殺良民。元軍吃了敗仗，眼看一時也打不下，兼又得了好處，也就引兵他去，滁州算是保全了。

脫脫用全力攻高郵，城中支持不住，要投降又怕朝廷不肯赦罪。正在兩難間，外城又被攻破了，內城指日可下。

元兵正在踴躍圖功，突然元廷頒下詔旨，解除脫脫兵權，安置淮安路，大軍百萬，一時四散，無所歸附的都投入紅軍。

脫脫受詔罷兵後，又詔使西行，鴆死於吐蕃境上。張士誠因之復振，紅軍也因之而擴充實力，下一年給元朝以一個致命的打擊。

這變化簡單說是政權的爭奪。脫脫忠貞許國，元順帝也以全權託付。平徐州後，脫脫威權日盛，順帝也覺得天下無事，應該好好享樂，宣政院使哈麻陰進西天僧於帝，行房中運氣之術，能使人身之氣，或消或漲，或伸或縮，號演揲兒法。

資政院使隴卜又進西番僧會秘密法的競相蠱惑，更使順帝沉溺女色。復用十親貴為倚納，內中有母舅和皇弟，君臣共被，互易妻室，名曰「些郎兀該」（意為「事事無礙」）。

哈麻忌脫脫礙眼，譖之令出外總兵。當脫脫全軍苦戰、正要成功時，哈麻又使人以勞師費財彈擊脫脫，罷其兵權，置之死地。脫脫一死，自壞長城，元朝之亡，已只是時間問題了。

脫脫在政治上是他伯父伯顏的死敵，在對漢、南人的意見上，卻繼承他伯父的衣缽。當紅軍初起時，凡議軍事，每回避漢人、南人。

有一次入內廷奏事，回顧中書韓伯高、韓大雅隨後來，忙叫守門人喝住，不許入內。又上奏說，方今河南漢人反，宜榜示天下，令一概剿捕。諸蒙古、色目因遷謫在外的都召還京，免得給漢人屠毒。

這榜文一出，不但河南，連河北的漢人也被迫加入紅軍，紅軍聲勢因之愈盛。

脫脫死後，順帝愈無忌憚。時天下囂亂，京師大饑，加以疫癘，人民易子而食。他卻於內苑造龍舟，委內官供奉少監塔思不花監工，自製其樣。

船首尾長一百二十尺，廣二十尺，前瓦簾棚穿廊兩暖閣，後五殿樓子龍身並殿宇，用五彩金妝，前有兩爪，用水手二十四人，身衣紫衫，金荔枝帶，四帶頭巾，於船兩旁下各執篙一，從後宮到前宮山下海子內往來遊戲。

行時其龍首眼口爪尾皆動。內有機括，龍爪自撥水中。帝每登龍舟，用采女盛妝，兩岸牽挽。又自製宮漏，約高六七寸，寬三四寸，造木為匱，陰藏諸壺其中，運水上下。匱上設西方三聖殿，匱腰立玉女捧時刻籌，時至輒浮水而上。左右列二金甲神，一懸鐘，一懸鉦，夜則神人自能按時而擊，無分毫差。當鐘、鉦之鳴，獅鳳在側者皆翔舞。匱之西東有日月宮，飛仙六人立宮前，遇子午時飛仙自能耦進，度仙橋達三聖殿，已而復退立如前。其精巧絕出，人謂前代所鮮有。

又嘗為近幸臣建宅，自畫屋樣。又自削木構宮，高尺餘，棟梁楹檻，宛轉皆具，付匠者按其式為之。京師遂稱魯班天子。內侍利其金珠之飾，告帝曰此房屋比某人家殊陋劣，帝輒命易之，內侍由此刮金珠而去。造作不已，怠於政事，荒於遊宴。

以宮女三聖奴、妙樂奴、文殊奴等十一人按舞，名為十六天魔，首垂髮數辮，戴象牙佛冠，身被瓔絡，大紅銷金長短裙襖雲肩合袖天衣，綬帶鞋襪，唱金字經，舞雁兒舞，各執加巴剌盤之器。內一人執鈴杵奏樂。又宮女一十一人練槌髻勒帕常服，或用唐帽窄衫。所奏樂用龍笛、頭管、小鼓、箏、琵琶、笙、胡琴、響板、拍板，以宦者長安迭不花管領，遇宮中贊佛，則按舞奏樂，宮官受秘密戒者得入，餘不得預。帝與倚納等十人行大喜樂法，以夜作晝，宮廷中充滿了窮奢極欲的景象。

滁州在戰亂後，突然增加了四五萬大兵，糧食不夠吃，軍心恐慌。元璋建議用計取和陽，移兵就食，郭子興答應了。

虹縣人胡大海長身鐵面，智力過人，舉家歸附，元璋一見語合，用為前鋒。十五年正月，克和陽。子興就用檄文派元璋總諸將兵守和陽。時諸將破城，暴橫多殺掠，城中人民夫婦不相保。

元璋故意不把檄文宣露，約日和諸將相會。當時席位以右首為尊，諸將恃功驕橫，不肯服低，先入都搶右首坐下，元璋後到，坐在左首。等到該處理軍務的時候，元璋卻剖決如流，事事合理，諸將才稍稍屈服。

末了約定分工修城，各人認定地位丈尺，三日完工，到時諸將所認定的都未修好，惟有元璋這一段先期完工。元璋這才拿出檄文，坐在南面，對諸將說：「奉主帥令總諸公兵，修城大事，都不齊心；總兵責任大，如無約束，如何辦事。自今以後，凡違令的都軍法從事。」

諸將惶恐謝罪，願聽約束，搜出軍中婦女，都放還家。元璋從此又從帶兵官的身分一躍而為統帥了。諸將多子興舊部，地位和元璋一樣，未盡心服，只有湯和奉令惟謹，李善長又從中盡心調護，方得無事。

元兵十萬圍攻和陽，元璋以萬人拒守兩個多月，糧食快完，城外餉道，又被元太子禿堅、樞密副使絆住馬、民兵元帥陳野先三支軍隊所阻。元璋率諸將出城，各個擊破。元兵乘虛攻城，李善長督兵還擊，兩下夾攻，元兵都渡江逃走。

濠州舊帥孫德崖因濠州缺糧，率領部下到和州就食。子興知道這消息，也從滁州趕到和陽。德崖聽說子興來了，著了慌，即命全軍出發他去，前軍已經啟行，德崖和後軍在城中待發，元璋送前軍出城，忽然城中來報，德崖和子興兩軍起了衝突，德崖被擒，德崖軍憤恨，也扣留元璋作抵。子興聽說元璋被執，如失左右手，連忙派徐達去交涉互換俘虜，德崖軍放了元璋，子興也放了德崖。

子興深恨德崖，因元璋被留，勉強交換，悒悒不樂，三月，子興病卒，歸葬於滁。孫德崖聽了子興死訊，又捲土重來，要接收子興的兵權，子興的兒子天敘大懼，請元璋幫同負責軍務，加上子興婦弟張天祐，成為三頭政治的局面。

統帥／愛賢重才，虛心求教

元至正十五年（宋龍鳳元年）二月，紅軍統帥劉福通派人在碭山訪得了韓林兒，迎到亳州，立為皇帝，號小明王，建國曰宋，建元龍鳳。

拆鹿邑太清宮材，治宮闕於亳。小明王尊母楊氏為皇太后，以杜遵道、盛文郁為丞相，劉福通、羅文素平章政事，福通弟劉六知樞密院事。軍旗上寫著鮮明的聯語道：「虎賁三千，直抵幽燕之地；龍飛九五，重開大宋之天。」遵道得寵任事，福通不服氣，暗地裡派甲士撾殺遵道，自為丞相加太保，東系紅軍軍政大權一歸福通。

郭子興原受亳都節制，子興死後，小明王檄授子興子天敘為都元帥，子興部將張天祐為右副元帥，朱元璋為左副元帥，軍中文移從此遵用龍鳳年號。

虹縣人鄧愈年十六，從父兄起兵，父兄戰死，愈代領其眾，每戰必挺身破敵，軍中服其勇決。懷遠人常遇春剛毅多智勇，膂力絕人，初從巨盜劉聚，聚抄掠無遠志，遇春決心離開，愈歸元璋為管軍總管，遇春投元璋自請為先鋒。

和州東南臨大江，城小兵多，糧食大成問題。唯一可能的出路和發展，是渡江直取金陵。渡江必須舟楫，載運大軍過江的舟楫不是三兩日所能造就。元璋正在躊躇思慮，無法解決時，附近巢湖水軍頭目派人來要求歸附。

廬州巢縣人廖永安、永忠兄弟，俞廷玉、通海、通源、通淵父子，趙仲中、庸兄弟，合肥人張德勝、葉升，無為人張世杰，和州含山人華高等，各率眾泊巢湖，連結水砦，以捍寇盜。紅軍左君弼據廬州、永安等戰敗，聞元璋兵盛，以水軍千艘歸附，元璋大喜，即親往撫定其眾。

時元中丞蠻子海牙集樓船塞馬腸河口，阻住出路。元璋率舟師出湖口，到和陽銅城閘，忽大雨水漲，從小港徑出，大敗蠻子海牙軍於裕溪口，水軍入大江，從歸和陽，因定渡江之計。

六月初一，元璋率眾渡江，乘風直抵牛渚，遂據采石，緣江諸壘一齊歸附。諸將爭取資糧，打算運回和州，慢慢享用。元璋和徐達商量，第一仗打得不壞，不如乘勝直取太平，把所有的船纜都切斷，放船在急流中，斷士卒歸路，使其必進。又命李善長預備好戒飭軍士榜文。

初二日克太平路，執萬戶納哈出。揭榜文於街，有一小卒違令，立斬以徇，軍中肅然。

當地耆儒李習、陶安等率父老出迎，陶安見元璋師有紀律，實在難得，因進言：「方今四方鼎沸，豪傑並爭，攻城屠邑，互相雄長，這一般人都不過志在子女玉帛，根本沒有撥亂安民、救天下的志氣。元帥率眾渡江，神武不殺，以此順天應人而行吊伐，天下統一不成問題。」

元璋問以取金陵如何？陶安以為金陵是古代帝王之都，形勢險要，又有長江天險，如以金陵作根基，出兵討伐四方，是絕妙的戰略。兩人說得非常投機，就留陶安在幕府參議機密。改太平路為太平府，以李習知府事。置太平興國翼元帥府，元璋自領元帥，以李善長為帥府都事，汪廣洋為帥府令史，潘庭堅為帥府教授。籍鄉民為兵，以稅戶宋成等為千戶統領，居民蓄積盡數運入城內，準備固守。

太平在占領以後即被元兵包圍，水路方面由元將蠻子海牙、右丞阿魯灰以巨舟截采石江，閉姑熟口，斷絕紅軍歸路及和陽的交通，陸路由山寨民兵元帥陳野先、水軍元帥康茂才以兵數萬攻城。

元璋分兵兩路：一支由湯和率領正面迎戰，一支由徐達、鄧愈潛師由間道繞到元兵後路，從背面夾攻。元兵腹背受敵大敗，野先被擒，蠻子海牙、阿魯灰得到敗訊，也不敢進攻，還軍駐裕溪口。元璋釋野先縛，令作書招降其部隊，第二天其眾皆降。分命徐達等取溧水、溧陽、句容、蕪湖等地。

九月，郭天敘、張天祐和陳野先率兵進攻集慶（金陵）。野先之降，非其本心，被逼寫信招降部曲時，以為其眾未必從命，不意全軍歸附，自悔失計，陰謀復興元合。元璋察知其計，故意交還部隊，讓他和元集慶守將福壽勾通，攻城時，郭、張二帥攻東門，野先偽攻南門，城中堅守。

二帥不知野先底細，以為一家。野先邀天敘喝酒，席間把他殺了，又誘擒天祐獻於福壽，天祐亦被殺。回師追襲紅軍於溧陽，行經葛仙鄉，地方民兵恨野先反覆，使地方糜爛，設計把他殺死，從子兆先代領其眾。郭、張二帥死後，子興舊部都歸元璋，元璋遂獨領都元帥，半年來的三頭局面到此結束。

元璋率大軍渡江，馬夫人率將士家屬仍留和陽。郭、張二帥被誘殺以後，陳兆先屯方山，蠻子海牙則屯采石，水陸犄角，威脅太平。元璋乘時整頓軍隊，加強實力。

龍鳳二年（至正十六年）二月親率常遇春等大敗蠻子海牙軍於采石，縱火焚其連艦，蠻子海牙僅以身免，江路始通。三月率諸將進攻集慶，水陸並進，至江寧鎮，攻破陳兆先營，降其眾三萬六千人，釋兆先以為元帥，令從征討。進敗元兵於蔣山，直抵城下。

城破，福壽戰死，得了軍民五十餘萬，元將康茂才降。元璋入城，剴切告訴軍民父老官吏說：「元朝政治混亂，戰爭四起，生民塗炭。我來是為民除亂，大家應該各安職業，不要疑心害怕。賢士吾禮用之，舊政有不便者吾急除之。做官吏的不要貪暴，使百姓吃苦。」簡單的幾句話，把城中人心定下來，恢復了秩序。

改集慶路為應天府，置天興建康翼統軍大元帥府，以廖永安為統軍元帥。以趙忠為興國翼元帥，守太平。置上元、江寧二縣。辟儒士夏煜、孫炎、楊憲等十餘人，以次錄用。

亳都得到捷報後，升元璋為樞密院同僉，以帥府都事李善長為經歷。不久又升元璋為江南等處行中書省平章，故元帥郭天敘弟天爵為右丞，李善長為左右司郎中，以下諸將都升元帥。元璋這年才二十九歲，已經是獨當一面的人物、統領十萬大軍的統帥了。

元璋據應天後，他的勢力以應天為北境，西起滁州畫一直線到蕪湖，東起句容，南到溧陽，一塊不等邊形，橫擺著的斗形地帶。西線是斗底，東線是斗口。四面的形勢，東邊元將定定扼守鎮江。東南張士誠已據平江（蘇州），破常州，轉掠浙西。東北面青衣軍張明鑒據揚州。南面是元將八思爾不花駐徽州，別不華、楊仲英屯寧國。西面池州已為徐壽輝所據。東南周邊則元將石抹宜孫守處州，其弟厚孫守婺州，宋伯顏不花守衢州，真是四面受敵。

幸虧這時元兵正用全力對付小明王，前一年十二月，元將答失八都魯大敗劉福通於太康，進圍亳州，小明王奔安豐（今安徽壽縣）。察罕帖木兒和紅軍轉戰河南，都無暇南顧。紅軍勢力暫時消沉，張士誠又猖獗於東南，徐壽輝鴟張於襄漢，元兵左支右絀，已苦無法應付。

龍鳳二年（至正十六年）紅軍復振，遣兵分出略地，李武、崔德陷商州，破武關，進圖關中。毛貴陷膠、萊、益都、濱州，山東郡邑多下。三年劉福通率眾攻汴梁，分軍三道：關先生、破頭潘、馮長舅、沙劉二、王士誠趨晉冀；白不信、大刀敖、李喜喜趨關中；毛貴出山東北犯。

第一路軍分二路：一出絳州，一出沁州，逾太行，破遼、潞，陷冀寧，攻保定，陷完州，掠大同、興和塞外諸部，至陷上都，轉掠遼陽，抵高麗，從西北折回到東北，繞了一個大圈子。

第二路軍陷興元，入鳳翔，南入四川。一部又陷寧夏，掠靈武諸邊地。

第三路軍陷東平、濟寧、東昌、益都、廣平、順德、濟南，北陷薊州，犯漷州，略柳林以逼大都。福通則陷大名、曹、濮、衛輝，出沒河南北。

四年五月，攻下汴梁，迎小明王以為都城。紅軍所至無不摧破，元州郡長吏聞紅軍來，往往不戰而遁。五六年中，紅軍長驅深入，來回地兜圈子，元軍用全力抵抗和進攻，無力顧到朱元璋，使得這個新進最後起的紅軍小頭目，得以從容鞏固地盤，擴充實力，得以個別消滅群雄，開闢疆土。

而且在地理上，朱元璋和元朝大軍中間恰好隔著，東邊是張士誠，北面是小明王，西邊是徐壽輝，這三個衛星使他無從受到元軍的主力攻擊，等到紅軍主力已被元朝消滅的時候，朱元璋已經廣土眾民，擁有最強大的實力，可以和元軍一決雌雄了。

在這斗形地帶所受到最大的威脅，東邊鎮江如為張士誠所據，則可以直搗應天，危及根本。南邊的寧國如為徐壽輝所占，則後方又失去屏障。元璋在應天經營甫定，即遣徐達攻克鎮江，分兵下金壇、丹陽等縣。向東伸出一觸角。

到六月又派鄧愈攻陷廣德，堵住徐壽輝的來路。在出師時嚴申軍令，毋焚掠，毋殺擄，犯令者處以軍法。破鎮江時，號令嚴肅，城中晏然，不知有兵。改鎮江路為江淮府，置淮興鎮江翼元帥府，以徐達、湯和為統軍元帥。置秦淮翼元帥府，以俞通海為元帥。改廣德路為廣興府，置廣興翼行軍元帥府，以鄧愈、邵成為元帥。分遣諸將攻克長興、常州，自將攻克寧國，得軍士十餘萬，降其將朱亮祖。

又克江陰、常熟、徽州、池州、揚州。在龍鳳三年（至正十七年）這一年中，把四周敵人的軍略據點悉數占領，成為向外發展的前哨陣地。從江陰到長興畫一條直線，構成堵住張士誠西犯的防線。寧國、徽州則是向浙東進展的門戶。西線主守，東線主攻，北線和友軍接境，形勢已和一年前大不相同了。

元璋深知自己的知識太差，對於實際政治尤其隔膜，所以對於知識分子特別看重，虛心聽從他們的勸告，完成自己的教育。每克一地，必訪求當地的賢才，羅致於自己幕府中，初起略地定遠時得毛騏典文書機密，下滁州得范常，克太平用宋思顏。

從渡江的幕府人才，有郭景祥、李夢庚、楊元杲、阮洪道、汪河、樂韶鳳等。下集慶，王濂來歸。克鎮江，禮聘秦從龍、陳遇。下徽州，召朱升。從龍之來，元璋親到龍江迎接，事無大小，都和他商量，呼為先生而不名。陳遇畫策帷幄，寵禮之隆，諸臣莫比。兩人都不受官職，自處於賓師之間，元璋也不敢強以名位。朱升告訴元璋三句話：「高築牆，廣積糧，緩稱王。」奠定了元璋後來的帝業。

從興軍以來，農村壯丁大部分被逼從軍，農田荒蕪，又不斷被戰爭所蹂躪，糧食收成減少。各處軍隊的給養多由掠奪，名為寨糧，元璋的部隊也不能例外。生產日少，消費日多，百姓被掠奪而餓死溝壑，軍隊還是吃不飽肚子。揚州的青軍甚至演出吃人的慘劇。

元璋聽了朱升的勸告，龍鳳四年（至正十八年）二月以康茂才為都水營田使，專負責修築堤防，經營水利，恢復農田生產，供給軍需。又分命諸將部兵屯田龍江等處，以生產的多少定其賞罰。幾年內就成績顯著，倉庫充實。軍食既足，就明令禁止徵收寨糧，民心歸附，足食足兵，兩件事都做到了。

這年十一月，又立管領民兵萬戶府，把所定郡縣，簡拔民間武勇之材，編緝為戶，由民兵萬戶府管領。農時則耕，閒時則加以軍事訓練，有事則徵調入伍，事定後，有功的一體升擢，無功的仍還為民戶。實行寓兵於農的制度，使作戰力量和生產力量合而為一。

外圍的威脅解除，內部的生產問題有了辦法，元璋的眼光立刻轉移到浙東西的穀倉。先命李文忠進取皖南青陽、石棣、太平、旌德諸縣，鞏固了後方的防務，再會合鄧愈、胡大海兩支軍隊，由徽州昱嶺關，進攻建德路，一鼓攻克，改建德路為嚴州府，先頭部隊東達浦江，構成側面包圍婺州的形勢。

十二月，元璋親率軍十萬出徽州進攻婺州，大敗元處州援兵於城下，婺州降，改為寧越府，置中書分省，於省門建二旒大黃旗，上面寫著：「山河奄有中華地，日月重開大宋天。」下揭二牌：「九天日月開黃道，宋國江山復寶圖。」闢儒士范祖幹、許元、葉瓚玉、胡翰、汪仲山等十三人分直講經史。立郡學，延儒士葉儀、宋濂為五經師，戴良為學正，吳沈、徐原為訓導。

喪亂之餘，學校久廢，元璋在這個兩百年來的理學中心，號為「小鄒魯」的地方，復興儒學，不但表示他在政治上的遠見，同時也是收拾人心——尤其是士大夫——的最好辦法。由此也可看出這個劃時代的巨人，紅軍的頭目，這時已開始反叛，傾向儒家，雖然中書分省省門的標語還是復宋。

寧越既下，分兵取浙東未下諸路，龍鳳五年（至正十九年）正月克諸暨，五月汴都升元璋為儀同三司江南等處行中書省左丞相。六月自寧越還應天，留胡大海守寧越。八月元察罕帖木兒攻陷汴梁，劉福通奉小明王退保安豐。浙東駐軍先後克衢州、處州，元璋的領土，遂成北鄰張士誠、西鄰陳友諒、東鄰方國珍、南鄰陳有定的局面。

士誠最富，友諒最強，國珍和有定都保土割據，因之在整個戰略上，又改採東南取守勢，西北線取攻勢的策略。以士誠和友諒比較，士誠遲疑顧慮，友諒輕佻猛鷙，士誠保守，友諒進取，以此，在西北的攻勢又分輕重，對士誠是以守為攻，扼住江陰、常州、長興幾個據點，使士誠不能西邁一步。對友諒則以攻為守，使友諒兵力分散，不能集中攻擊。

浙東雖已大部平定，可是浙東的幾家豪族，尤其是原來在元將石抹宜孫幕府的名士劉基、葉琛、章溢等，有重名，得民心，都避不肯出，元璋遣使致書禮聘，總制孫炎又陳書開諭，基等不得已，和宋濂於龍鳳六年（一三六〇）三月應徵到應天，元璋大喜，築禮賢館以處基等。這幾個人，在思想方面繼承宋儒的傳統，和明教和紅軍無淵源。在社會地位方面，是浙東的豪紳巨室，聲望籠罩一方。

他們遵禮法，重保守，在行動上的表現是團結土著，保衛地方。元璋千方百計把他們拉攏到手，固然地方問題是解決了，「山越清寧」。可是他們的思想和主張都自成一系統，和紅軍格格不相入。被逼出山以後，也就改變作風，利用元璋的雄厚軍力，擁之建立新朝，以保持幾千年來的傳統的秩序、習慣和文化，保持巨室豪紳的利益。結果，自然和出自明教紅軍的諸將，成地主與流氓、儒生和武弁相持之局。

元璋也利用巨室豪紳之護持，儒術之粉飾，建立他的萬年基業。在紅軍實力尚存、對元仍須利用紅軍擁護的時期，他是紅軍的別部，不免兩面敷衍。一到小明王軍力完全被元軍消滅以後，他就完全傾向儒生，剝去宗教的外套，自命為舊秩序之恢復者和舊文化的護法人了。從這時以後，他深受這幾人的影響，和紅軍的關係逐漸疏遠，和儒家日益接近。

陳友諒和張士誠／以少勝多的典型案例

西系紅軍的組織人彭瑩玉經營十數年，到至正十一年（一三五一），才和麻城鄒普勝糾集徒黨，以紅巾為號，約期舉事。

羅田人徐壽輝（又名真逸、真一）以販布為業，生得魁梧奇偉，一表人才，被彭瑩玉看中了，推為頭目。這年九月間發動，陷蘄水及黃州路，以蘄水為都城，擁壽輝為皇帝，國號天完，建元治平。分兵陷湖廣、江西諸郡縣，出昱嶺關，陷杭州，又陷太平等路。

天完軍隊所到處，宣揚彌勒佛出世救民的教義，不殺不淫，招民投附者，登記姓名，單只運走府庫金帛。相對的所占城池被元軍克復後，卻大殺大掠，放火焚城。

尤其是從湖廣調來的苗軍，姦淫擄掠，無惡不作，屯軍之所，毒過寇亂，民間有謠曰：「死不怨泰州張（士誠），生不謝寶慶楊。」政府刑賞不當，民間豪傑傾家起兵，保衛鄉里，剿捕寇盜的，百戰辛勞，因為是南人，便恩賞不及。反之，如方國珍、張士誠起兵叛亂，政府無力平定，只好招安，撫以好官高爵，反一次，官爵便高一次。因之，平民都相率從亂，像火燒荒山一般，蔓延日廣。

徐壽輝到底是賣布出身的，沒有多大的見識，所占的地方雖大，卻不能守住，隨得隨失，像拉鋸一樣，只苦了老百姓。

不久遷都到漢陽，為其丞相倪文俊所制。倪文俊兵權在手，謀殺壽輝自立不成功，奔黃州。文俊部將陳友諒，原係沔陽人，家世打漁營生，他自己在縣裡當一名小吏，不甘心被埋沒，投身紅軍。學文俊的榜樣，用計把文俊謀殺，奪過兵權，自稱宣慰司，不久又改稱平章政事。龍鳳四年陷安慶、龍興（南昌）、撫州諸地，和元璋境壤相鄰。江南群雄以他為最強，野心也最大。

龍鳳六年，挾徐壽輝東下克太平，進駐采石磯，殺壽輝，自立為皇帝，國號漢，改元大義，盡有江西、湖廣之地。友諒兵精地廣，氣吞一世，遣使於張士誠，約夾攻應天。自引兵從江州東下。應天大震，諸將或議出降，或議出奔，或議先復太平以牽制友諒兵勢，元璋都置不答，獨引劉基於內室問計。

劉基以為主降和主出奔都該殺：友諒兵驕，引其深入，以伏兵圍殲，天道後舉者勝，取威定霸，以建王業，在這一戰！元璋決定了戰略，唯一的困難，是怕友諒和士誠同時進攻，首尾受敵，如能設法使友諒先來，便可集中軍力，個別擊破。友諒破，則士誠膽落，東線便無問題。

元璋一面派胡大海以兵直搗廣信，擾亂友諒的後方，一面派康茂才騙友諒速進，茂才和友諒是故舊，茂才的閽人從前跟過友諒，茂才便遣閽人帶書信給友諒約降，告以城中虛實，勸其分三路進攻。

友諒問閽人：「康將軍現在何處？」閽人回說：「現守江東橋。」問：「橋是什麼材料？」回說：「是木頭的。」友諒大喜，約進兵江東橋時以呼「老康」為信號。元璋派人趕夜把江東木橋毀了，新建石橋，以惑友諒。分遣兵埋伏各要地，準備水陸夾攻。到了約定時日，友諒果然親統大軍來攻，徑到江東橋，一看是大石橋，情形不對，連喊「老康！老康！」也無人理會，情知中計。元璋軍奮起，水陸夾攻，友諒軍大敗。元璋軍乘勝克復太平，下安慶。胡大海亦取信州，改為廣信府。徐壽輝舊將恨友諒殺主，亦以袁州來降。

龍鳳七年（元至正二十一年，一三六一），元璋以功封吳國公。七月，友諒復遣將陷安慶。時友諒降將具說友諒自弒徐壽輝後，又殺驍將趙普勝，將士離心，政令不一。元璋因定計西伐，以友諒降將做嚮導，以巨艦溯流西上，連克安慶、江川，友諒將丁普郎、傅友德迎降，友諒奔武昌。南、康、饒、蘄、黃、廣濟、撫州、龍興、袁、瑞、臨江、吉安都相繼歸元璋掌握。

次年六月，元大將察罕帖木兒遣使招諭元璋。前一年，察罕復關、隴，平山東，降田豐，軍威大振。幾年來山東都在毛貴治下，毛貴立屯田，設賓興院，把山東治理得很好。原來由徐州奔濠州的趙均用，和彭早住縱橫淮、泗好幾年，早住死，均用遂北上和毛貴合夥，兩人鬧彆扭，火拼起來，均用殺了毛貴，毛貴部將續繼祖又殺了均用，自相殘殺，軍力衰減，只剩田豐還站得住。

田豐一降，察罕軍鋒就可指日南下，不惟安豐岌岌可危，即便應天也有脣亡齒寒之勢。元璋見形勢不好，只得派使人去和察罕通好，察罕時方圍攻益都，元璋見益州固守，料察罕暫時不能南下，才敢抽空西伐陳友諒。到這時候，察罕的報聘使人才到，乘戰勝之威，勸告元璋歸附。不久得到消息，說是六月間察罕已被田豐所刺死，養子擴廓帖木兒代領其眾，元璋這才放心。

到十二月間，元遣尚書張昶航海到慶元，授元璋為榮祿大夫江西行省平章政事。時元兵內訌，大將擴廓帖木兒和孛羅帖木兒互爭地盤，更無暇南顧，一發置之不理了。

當察罕報聘使人到了應天之後，寧海人葉兌獻書元璋，指陳平定天下大計說：

愚聞取天下者必有一定之規模：韓信初見高祖，畫楚、漢成敗；孔明臥草廬，與先主論三分形勢是也。今之規模，宜北絕李察罕，南並張九四，撫溫、台，取閩、越，定都建康，拓地江、漢，進則越兩淮以北征，退則畫長江而自守。夫金陵古稱龍蟠虎踞帝王之都，借其兵力資財，以攻則克，以守則固，百察罕能如吾何哉！

江之所備，莫急上流，今義師已克江州，足蔽全吳，況自滁、和至廣陵，皆吾所有，匪直守江，兼可守淮矣。張氏傾覆可坐而待。淮東諸郡，亦將來歸。北略中原，李氏可並也。今聞察罕妄自尊大，致書明公，如曹操之招孫權。竊以元運將終，人心不屬，而察罕欲效操所為，事勢不侔。宜如魯肅計，定鼎江東，以觀天下大釁，此其大綱也。

至其目有三：張九四之地，南包杭、紹，北跨通、泰，而以平江（今吳縣）為巢穴。今欲攻之，莫若聲言掩取杭、紹、湖、秀，而大兵直搗平江，城固難以驟拔，則以銷城法困之，於城外矢石不到之地，則築長圍，分命將卒，四面立營，屯田固守，斷其出入之路，分兵略定屬邑，收其稅糧以贍軍中，彼坐守空城，安得不困！平江既下，巢穴已傾，杭、越必歸，餘郡解體，此上計也。

張氏重鎮在紹興，紹興懸隔江海，所以數攻而不克者，以彼糧道在三斗江門也。若一軍攻平江，斷其糧道，一軍攻杭州，斷其援兵，紹興必拔。所攻在蘇、杭，所取在紹興，所謂多方以誤之者也。紹興既拔，杭城勢孤，湖、秀風靡，然後進攻平江，犁其心腹，江北餘孽，隨而瓦解，此次計也。

方國珍狼子野心，不可馴狎，往年大兵取婺州彼即奉書納款，後遣夏煜、陳顯道招諭，彼復狐疑不從，顧遣使從海道報元，謂江東委之納款，誘令張昶齎詔而來，且遣韓叔義為說客，欲說明公奉詔。彼既降我，而反欲招我降元，其反覆狡獪如是，宜興師問罪。然彼以水為命，一聞兵至，挈家航海，中原步騎，無如之何。

夫上兵攻心，彼言寧越既平，即當納土，不過欲款我師耳。攻之之術，宜限以日期，責之歸順，彼自方國璋之沒，自知兵不可用，又叔義還稱義師之盛，氣已先挫，今因陳顯道以自通，正可脅之而從也。事宜速，不宜緩，宣諭之後，更置官吏，拘其舟艦，潛收其兵權，消未然之變，三郡可不勞而定。

福建本浙江一道，兵脆城陋，兩浙既平，必圖歸附，下之一辯士力耳。如復稽遲，則大兵自溫、處入，奇兵自海道入，福州必克，福州下，旁郡迎刃解矣。聲威既震，然後進取兩廣，猶反掌也。

說得頭頭是道，元璋心服，要留用他，不肯，力辭去。後幾年平定東南和兩廣的規模和次第，果然和他所說的差不多。

小明王從稱帝以來，徒擁虛名，一切軍政大事都決於劉福通。諸大將原來和福通同時起事，擁兵在外，不聽調度，兵雖強盛，威令不行，得地雖多，卻不能守。

從三路出兵以後，轉戰萬里，兵多走死，餘黨又被察罕帖木兒和孛羅帖木兒所消滅。只剩山東一部分軍力，掩護安豐。到益都被擴廓包圍後，劉福通親自引大軍援助，大敗走還。益都破，安豐勢孤，龍鳳九年（一三六三）二月張士誠將呂珍乘機攻圍安豐，城中糧盡援絕，小明王危迫，告急於元璋求救。

在元璋赴救前，劉基力諫，以為大兵不應輕出，若救出小明王來，發放何處？做何安頓？是自做頭目，還是讓他？而且陳友諒虎伺於後，如乘虛來攻，便進退無路。元璋則以為安豐破，應天失去遮罩，孤立可慮。士誠日益坐大，將不可制。不聽勸告，親自統兵赴援，劉福通突圍，乘黑夜疾風暴雨奉小明王居滁州。

三月十四日降制贈元璋曾祖考為江南等處行中書省右丞上護軍司空吳國公，祖考為江南等處行中書省平章政事上柱國司徒吳國公，考為開府儀同三司錄軍國重事平章右丞相吳國公，妣皆吳國夫人。

元璋於三月間赴援安豐，陳友諒果然乘虛進攻，於四月大舉圍洪都（南昌），並分兵陷吉安、臨江、無為州。他這次因疆土日蹙，氣憤不過，大治樓船數百艘，都高數丈，飾以丹漆，每船三重，置走馬棚，上下人語聲不相聞。櫓箱皆裹以鐵。載家屬百官，空國而來，兵號六十萬，用全力攻南昌。守將朱文正率將士誓死固守，友諒用盡攻城的方法，圍攻八十五日。到七月元璋親率二十萬大軍來救，友諒才解除對南昌的圍攻，東出鄱陽湖迎戰。

這一戰決定了兩雄的命運，兩軍的主力前後大戰三十六日。在會戰開始的前四天，元璋先在鄱陽湖出長江的口子安置了幾道伏兵，把湖口封鎖了，堵住友諒的歸路。兩軍的形勢，友諒軍號六十萬，元璋二十萬。友諒聯巨舟為陣，樓櫓高十餘丈，綿亙十餘里，旌旗戈盾，望之如山。

元璋方面都是小船，相形見絀。論實力和配備都是元璋方面吃虧。但卻也有占便宜處：

第一，友諒軍攻圍南昌三月不下，空國而來的必勝信念已經動搖，元璋卻是千里赴援，決存亡於一戰，士氣大不相同。

第二，友諒船大，又聯結為陣，不便轉動。元璋船小，操縱自如，在體積上吃虧，在運動上卻占優勢。

第三，元璋善於統率，將士上下一心，人人效死。友諒多疑暴躁，將士自危，內部發生裂痕，不但不肯力戰，反而解甲投順。

第四，交通線被封鎖，元璋軍隊數量少，有南昌和後方接濟，友諒軍則鏖戰數月，糧盡士疲，軍無鬥志。

血戰三十六日，友諒終於身死軍殲。元璋軍主要的戰術是火攻：一種方式是用火炮，焚燒敵方大船；另一種是用火藥和蘆葦裝滿七條船，用敢死士操船，衝入敵陣，縱火焚舟，和敵方的幾百條戰艦同歸於盡。接戰時分舟師為十二隊，火器弓弩，以次排列，在接近敵人時，先發火器，次用弓弩，最後是短兵接戰。全軍踴躍死戰，友諒軍大敗，他的左右金吾將軍率部來降，軍又乏糧，只好冒死突圍，打算衝出湖口。

元璋軍從後用火舟火筏衝擊，前面伏兵迎頭截擊，友諒中流矢死，其部將以其子理奔武昌。元璋完成殲滅戰後，對劉基說：「我真不該到安豐，假如友諒趁我出去，應天空虛，順流而下，直搗建康，我進無所成，退無所歸，大事去矣。幸他不進攻建康，而圍南昌，南昌堅守三月，給我以充分的機會，一戰功成。這戰雖然打勝，卻是夠僥倖的了。」

友諒敗死，勁敵已除。

龍鳳十年（元至正二十四年，一三六四）正月，元璋遂自立為吳王，建百官。以李善長為右相國，徐達為左相國，常遇春、俞通海為平章政事，立子標為世子。二月親率軍征武昌，陳理降，漢、沔、荊、嶽皆下，立湖廣行中書省，分兵撫定諸未下郡縣。到這年年底，友諒疆土，東至贛州，西到辰、澧，南到韶州，都為元璋所有。

元璋既滅漢，第二個目標是討張士誠。張士誠在前一年九月稱吳王。兩雄接境，前後相隔不過三個月，都稱吳王，這中間也有一個故事。

原來幾年前民間有一個童謠說：「富漢莫砌樓，貧漢莫砌屋；但看羊兒年，便是吳家國。」張士誠和朱元璋的領土都是從前吳地，為著應這童謠，這兩雄便先後都稱吳王。

元末群雄可分作兩個系統：一是紅軍系，一是非紅軍系。紅軍系分東、西兩支：東支從小明王到郭子興、朱元璋，西系從徐壽輝到陳友諒，以及壽輝別部割據川陝的明玉珍。非紅軍系如吳張士誠，浙方國珍。

紅軍系有政治理想，有民族思想，和元政府勢不兩立，決不妥協。從韓、彭起事到朱元璋建國，始終和元政府作戰。非紅軍系相反，他們起事，只為了個人的動機，政府招撫的條件合適就投降，政府也就承認既成事實，任為占領地區的軍政首長，投降後對政府要求不能滿足，就再度叛變，每反覆一次，他們的地位和地盤都有變化。

張士誠時叛時降，到龍鳳九年九月（一三六三）復自立為吳王。所據地南抵紹興，北逾徐州，達於濟寧之金溝，西有汝、潁、濠、泗，東到海，有地二千餘里，有兵數十萬，據有全國最富饒的一角。

士誠為人持重寡言，無遠圖。既據有吳中，戶口繁盛，物產豐富，漸漸奢縱，怠於政事。諸大將也聚斂財物，日夜歌舞自娛，上下窮奢極侈，不以軍務為意。從龍鳳二年（一三五六）起和元璋接境，便互相攻伐。士誠多少次進攻常州、江陰、建德、長興、諸全（諸暨），都得不到便宜。元璋進攻湖州、紹興、杭州，也是不能得手。到武昌還師以後，西線已無問題，這才集中軍力，進攻士誠。

元璋對張士誠的攻勢分作三個階段：

第一個階段起於龍鳳十一年十月，目標是士誠北境淮東區域，到十二年四月間，半年工夫把泰州、高郵、淮安、濠、徐、宿、安豐完全占領，使士誠的軍力局促於長江之南。

第二個階段起於十二年八月，分兵兩路攻湖州、杭州，切斷士誠的兩臂，到十一月間湖州、杭州投降，形成北、西、南三面包圍的局勢。

第三個階段起於十二年十二月包圍平江，到十三年九月克平江，執士誠，前後一共十個月。

在第一個階段攻勢順利收到戰果以後，龍鳳十二年（一三六六）五月二十一日，元璋以檄文列數士誠罪狀，在這檄文中說明元末形勢和自己起兵經過，不但攻擊元政府，連紅軍也被斥為妖術、妖言了。檄文說：

皇帝聖旨，吳王令旨：近睹有元之末，王居深宮，臣操威福，官以賄成，罪以情免。憲台舉親而劾仇，有司差貧而優富，廟堂不以為憂，方添冗官，又改鈔法。役數千萬民，湮塞黃河，死者枕藉於道，哀苦聲聞於天，致使愚民，誤中妖術，不解偈言之妄誕，誤信彌勒之真有，冀其治世，以蘇其苦，聚為燒香之黨，根據汝、潁，蔓延河、洛。妖言既行，凶謀遂逞，焚蕩城郭，死戮士夫，荼毒生靈，無端萬狀。

元以天下兵馬錢糧大勢而討之，略無功效，愈見猖獗，終不能濟世安民。是以有志之士，旁觀熟慮，乘勢而起，或假元氏為名，或托香軍為號，或以孤軍獨立，皆欲自為，由是天下土崩瓦解。余本濠梁之民，初列行伍，漸至提兵，灼見妖言，不能成事，又度胡運，難與立功，遂引兵渡江。

以下列數士誠罪狀。檄文聲討張士誠，卻跑出題外，攻擊元政府還可說，連培養自己的紅軍也牽到了，一筆抹殺紅軍的革命意義，指斥其殺人放火，罪大惡極。使人看了以為這檄文必出於非紅軍系統的手筆。

顯然的，這是劉基、宋濂這一儒生系統的策略，他們過去幾年的努力，到這時才具體化，一腳踢開紅軍，自建一新系統，以求獲得地主與巨紳的支持、士大夫的同情。這一檄文把元璋的一生劃為兩段，過去他是貧農和窮人的領袖，此後則是地主、巨紳的保護人；過去他一力破壞現狀，此後則一轉而為最保守的現狀維持派了。

紅軍的宣傳和教義都被這一紙檄文所打倒，紅軍最高領袖宋皇帝小明王兵將都無，放在滁州，毫無作用，自然也該跟著淘汰。這年年底元璋派廖永忠到滁州接小明王到應天，船到瓜步，在江心把船鑿沉，永忠徑回應天覆命。小明王、劉福通死，宋亡。

第二個階段的攻勢，所用軍力達二十萬人。統帥是大將軍徐達，副將軍常遇春。在出師前商討戰略，常遇春力主直搗平江，以為巢穴既破，其餘諸郡可不勞而下。元璋卻決定採取葉兌的決策，他說：

「士誠起自鹽梟，和湖、杭諸州守將都是湣不畏死之徒，相為手足。如先攻平江，湖、杭必然齊心並力來救根本，軍力集中，不易取勝。不如先分其勢，枝葉既去，根本動搖，使士誠疲於奔命，必然可以成功。」

於是分兵攻湖州、杭州。元璋親禦戟門誓師，申誡將士以城下之日，毋殺掠，毋毀廬舍，毋發丘壟。士誠母葬在平江城外，毋侵毀。

第三個階段攻勢用葉兌的鎖城法，築長圍把平江團團圍住，士誠外無救兵，突圍又不成功。城破後被執到應天，自縊死。

士誠晚年不理政事，國事全交給其弟丞相士信，士信荒淫無識，信用葉、蔡、黃三個參謀，三人弄權舞弊，以致國事日非。元璋聽得這情形，就說：「我向來無一事不經心，尚被人欺；張九四一年到頭不出門理事，豈有不敗的道理！」

士誠的百姓也有一個民謠：「丞相做事業，專憑黃菜葉；一朝西風起——乾癟！」

平江合圍後，元璋又遣將討方國珍。國珍在群雄中最先起事。他是黃岩人，世以販鹽、浮海為業。

至正八年（一三四八）被仇人告他和海盜通謀，幾兄弟殺了仇人，逃入大海，結集了幾千人，四處搶劫。地方官發兵追捕，吃了敗仗，官也給他俘虜了，只好招安，授定海尉，不久又起兵造反，元兵又吃敗仗。統帥被俘。只好再度招安，授以大官，國珍也就聽命。如此時降時叛，反覆一次，官高一次，到至正十五年（一三五五）一直做到浙江行省參知政事，開治所於慶元（寧波），兼領溫、台，全有三州之地。

元都北平，糧食仰給於東南，平均每年由海道運糧三百萬石。東南亂起後貢賦不供，京師闕食。好容易張士誠、方國珍都歸附了，士誠有糧，國珍有船，經過多次的接洽，由國珍每年替政府運糧十幾萬石，元因累進國珍官為浙江行省左丞相衢國公。到至正二十三年（一三六三），士誠和元政府鬧彆扭，不肯再供給糧食，海運由此停止，給元政府以極嚴重的打擊。

元璋攻取婺州後，和國珍鄰境相望，國珍為人狡猾反覆，在地理上北有張士誠，西有元璋，南有陳有定，三面受人包圍，見元璋兵盛，不敢多樹敵人，只好卑辭投順，同時又受元官爵，替元運糧，兩面討好。到元璋攻取杭州後，國珍更加害怕，北通擴廓帖木兒，南聯陳有定，打算結成犄角的形勢，和元璋對抗。倚仗著有多數海船，事急時奔入大海，一逃了事。

元璋的攻勢分水陸兩路：陸路軍進克台州、溫州，直逼慶元；國珍逃入海中，又為水軍所敗，窮蹙無法，只好求降。從進攻到凱旋，前後不過三個多月。

南征和北伐／從扶宋滅元到民族革命，霸業始成

當元璋遣將平定方國珍的時候，同時決定了南征和北伐的大計。元璋的領土，大體上據有現在湖北、湖南、河南東南部、江西、安徽、江蘇、浙江。中部最繁盛、人口密度最高的區域，恰好把元帝國切斷作南北兩塊。

南部除元璋以外，分作幾個勢力：以四川為中心的有夏國明玉珍，原是西系紅軍徐壽輝的部將，略地入蜀，得壽輝被弒的消息，自立為隴蜀王，以兵塞瞿塘，不與陳友諒通。至正二十二年（一三六二）即皇帝位於重慶，國號夏，建元天統。二十六年玉珍死，子昇嗣位，是一個十歲的孩子。

雲南有元宗室梁王鎮守。兩廣也是元朝的勢力範圍。福建陳有定雖然跋扈，仍矢忠於元。

夏主幼弱，雲南太遠，暫時可以放開，成問題的是福建和兩廣。北部在表面上都屬於元朝，可是情形更複雜。大概地說，山東是王宣的勢力範圍，河南屬擴廓帖木兒，關、隴則有李思齊、張思道諸軍。擴廓和李、張不和，當元璋用兵江、浙的

時候，他們正在同室操戈，拼個你死我活。

目的是爭軍權，搶地盤，長期混亂的內戰和政變，誰也管不到大局，各人都想先把內敵消滅，統一軍權，再來對付外敵，兩方勢均力敵，相持不下，正如鷸蚌相爭，便宜了漁翁。朱元璋乘機會東征西討，擴大地盤，充實實力。等到敵人兵臨城下，這幾個內戰英雄才停止殘殺，卻又不甘合作，聽任友軍被個別擊破，終之同歸於盡，國亡家破。

元軍的內訌可以追溯到幾年以前。

紅軍起事後，政府軍隊完全無用，真正有作戰能力的是由地主、巨紳所組織保衛鄉里的義軍。義軍中最強的有兩支：一支是起自沈丘的察罕帖木兒李思齊，幾年中連定河北、關、陝，復汴梁，定河南，檄書達江、浙，以兵分鎮關、陝、荊、襄、河、洛、江、淮，屯重兵太行，正預備大舉恢復山東時，和另一支義軍發生衝突。

另一支是以義丁恢復襄陽的答失八都魯，接著克復亳州，和劉福通作戰有功。答失八都魯死，子孛羅帖木兒領其眾，移鎮大同。晉、冀之地都由察罕帖木兒平定，察罕東征，孛羅帖木兒要強占晉、冀，兩軍交戰幾年，政府幾次派人講和調停，至正二十一年（一三六一）冬，雙方才答應罷兵。察罕被刺，子擴廓領兵平山東，孛羅帖木兒又來爭晉、冀，內戰又起。

同時元政府和宮廷間也發生重大的政變。名相脫脫貶死，幸臣哈麻代其位。哈麻做了宰相，天良發現，覺得從前進西天僧，勸帝行秘密法，都不是見得人的事。陰謀廢帝立太子，事發被誅死。太子母奇皇后和太子也不滿意順帝，仍舊陰謀廢立，派宦官朴不花和丞相太平接洽，太平不肯，太子恨太平不肯幫忙，把他害死。

這時擴廓帖木兒正和孛羅帖木兒相持不下。於是太子派丞相搠思監和朴不花倚擴廓為外援，皇帝派老的沙則為太子所痛恨，逃奔孛羅軍中。太子怨孛羅收容老的沙，搠思監、朴不花等就誣害孛羅帖木兒和老的沙圖謀不軌。

至正二十四年（一三六四）四月詔命擴廓帖木兒出兵討伐，孛羅知道這命令不出於順帝之意，先發制人，舉兵向闕。皇帝派只好殺搠思監、朴不花謝罪，孛羅才回大同。太子失敗逃出，再征擴廓軍討孛羅，進攻大同。孛羅還是老文章，又舉兵進攻都城，太子戰敗，逃到太原。孛羅入都，拜中書右丞相。二十五年太子又調擴廓及諸路兵進討。孛羅戰敗，被刺死於宮中，戰事算是結束了，擴廓入都代為丞相。

太子奔太原時，打算用唐肅宗靈武故事自立為帝，擴廓不從。到擴廓入都城時，奇皇后授意，令以重兵擁太子入城，逼順帝禪位，擴廓又不肯。因之，太子母子都深恨擴廓，結了仇。

至正二十六年（一三六六），擴廓奉令統率全國軍隊，平定江淮。檄令關中四將會師大舉。李思齊得檄大怒說：「我和你父親同起義兵，名位相等，你一個小孩子，乳髮未乾，敢命令我！」下令部下一甲不得出武關，張思道、孔興、脫列伯三軍亦不受節制。擴廓無法，只好把南征一事暫且擱起，西入關攻李思齊，思齊等四人也會兵，盟於含元殿舊基，並力拒擴廓，相持經年，數百戰未能決。

順帝再三令擴廓罷兵南征，擴廓不聽。恰巧擴廓部將貊高部兵多孛羅舊部，脅貊高叛，聲討擴廓。順帝心忌擴廓兵權太重，太子又從中挑撥，廷臣也上章攻擊擴廓跋扈，順帝乃下詔解除擴廓兵權，分其兵隸諸將，置撫軍院，以太子統率全國軍馬，專備擴廓。

元璋派人偵探元政府和元軍內訌的詳細情形，決定乘機會南征、北伐同時並進。

十月以徐達為征虜大將軍，常遇春為副將軍，率師二十五萬，由淮入河，北伐中原。胡廷瑞為征南將軍、何文輝為副將軍取福建。湖廣行省平章楊璟、左丞周德興、參政張彬取廣西。

取福建兵分三路：胡廷瑞、何文輝率步騎從江西度杉關為正兵，湯和、廖永忠由明州（寧波）以舟師取福州為奇兵，李文忠由浦城攻建寧（建甌）為疑兵。有定的根據地延平（南平）和福州互為犄角，建寧則為延平外線據點，駐有重兵。三路大軍分別出發，正兵使敵人以主力應戰，奇兵使敵人不測所以，疑兵分敵人兵力。

陳有定，福清人，徙居汀州清流，農人出身，沉勇喜遊俠，輕財好義，頗為鄉里所畏服。地方寇亂，投軍立功平賊，友諒遣將入閩，有定擊敗之，悉復所失郡縣，元授官福建行省參知政事，不久又分省延平，以有定為平章，盡有八郡之地，威福自擅，威震八閩，對元朝始終恭順，年年由海道運糧食到大都，恪盡臣節。

元璋克婺州後，就和有定接境。至正二十五年（一三六五）二月，有定進攻處州，為參軍胡深所敗，深乘勝追擊，連下浦城、松溪，元璋調度江西駐軍南下，兩路會師，準備一舉而下八閩，胡深兵敗被俘，為有定所殺，平閩計畫因之暫緩實現。

方國珍降後，戰勝的舟師就趁勢南下，有定和元朝本部隔絕，孤立無援，只好分兵固守，慷慨誓眾，以死報國。福州、建寧相繼失守，延平被圍，城破，有定和僚屬訣別，服毒自殺不死，被俘到應天，元璋責備他攻處州，殺胡深。有定不屈，厲聲回說：「國破家亡，死就算了，何必多說！」和他的兒子一起被殺。

從出兵到克復延平，一共費時四月。從克復延平到平定全閩，又費了八個月工夫。

平定兩廣的戰略，也是分兵三路：第一路楊璟、周德興、張彬由湖南取廣西；第二路陸仲亨由韶州搗德慶；第三路是平閩舟師，以廖永忠、朱亮祖統領，由海道取廣州。

第一路軍於至正二十七年（一三六七）十月出發，第二、三路軍於洪武元年（一三六八）二月出發，所遇抵抗以第一路軍最烈。

由衡州入廣西的進軍路線，第一個名城永州（零陵），第二是全州，都經激烈血戰才能占領。時寶慶、武岡猶為元守，為了免除後顧之憂，也次第分兵攻下，軍鋒直指靖江（桂林）。第二路軍於三個月內平定北江和西江的三角地帶，英德、清遠、肇慶、德慶、連江都歸掌握，隔斷廣州和靖江間的交通。第三路軍幾乎是兵不血刃，廖永忠在福州奉命後，先派人向元江西分省左丞何真勸告投降，行軍到潮州何真即遣使上印章、圖籍、戶口，奉表歸附。廣州附近州縣都不戰而下。沿西江入廣西，梧、容、藤諸州以次降順，北上會合第一軍圍攻靖江。合圍兩月，洪武元年六月靖江城破，七月廣西平。兩廣俱歸入版圖。

福建、兩廣平定後，南部除掉四川、雲南以外，都已統一，打成一片。大後方的人力和財力供給北伐軍以無限的助力。

北伐軍在出發前，元璋和劉基等籌定了作戰的計畫後，又和諸將縝密研究。常遇春提出意見，以為南方已定，兵力有餘，如直搗元都，以我百戰之師，敵彼久逸之卒，其勝可必。都城既克，乘勝長驅，以建瓴之勢，餘地可不戰而下。

元璋的作戰計畫恰好相反，他指出直攻大都的危險性，以為元建都近百年，城守必固，如懸師深入，頓於堅城之下，饋餉不繼，援兵四集，進退不可，非我之利。不如先取山東，撤其遮罩，旋師河南，斷其羽翼，拔潼關而守之，據其戶檻，天下形勢入我掌握。而後進兵元都，則彼勢孤援絕，不戰可克。然後鼓行而西，雲中、九原以及關、隴，可席捲而下。

常遇春還是抱持著前次直攻平江的見解，以為巢穴根本一下，支幹自然迎刃而解。他卻沒顧慮到孤軍深入，後方的交通線如何保持，萬一被敵人截斷，兵員和糧食的補充便陷絕境。奇兵突擊，固然可以僥倖取勝，卻非萬全之計。元璋的計畫卻是穩紮穩打，立於不敗之地，步步擴大，占領地和後方聯成一體。諸將都同聲說好。

北伐軍的統率機構，也經嚴密組織。在平陳友諒以前，諸將都直屬元璋，不相統率。九華山之役，常遇春坑殺漢降卒，徐達不能止，始以達為大將，盡護諸將。至是以達持重有紀律，戰勝攻取，得為將之體，以為征虜大將軍，統率全軍。常遇春當百萬之眾，勇敢先登，摧鋒陷陣，所向披靡，以為副將軍。又擔心遇春健鬥輕敵，復諄諄告誡，如遇大敵當前，以遇春領前鋒，和參將馮勝分左右翼各將精銳進擊。

右丞薛顯、參政傅友德勇冠諸軍，使獨當一面。達則專主中軍，策勵群帥，運籌決勝，不可輕動。又復申嚴紀律，告諭將士，以這一次北伐，目的不在略地攻城，而在平削禍亂，解救生民疾苦，凡遇敵則戰，所經地方和攻破城邑，勿妄殺人，勿奪民財，勿毀民居，勿廢農具，勿殺耕牛，勿掠人子女，如有遺棄孤幼在營，父母親戚來求，即時付還。

為使北方人民明瞭大軍北伐的動機和目的，元璋命宋濂草了一道檄文，馳諭齊、魯、河、洛、秦、晉、燕、薊各地，這檄文是中華民族革命史上有名的文獻，檄文道：

自古帝王臨馭天下，皆中國居內以制夷狄，夷狄居外以奉中國，未聞以夷狄居中國治天下者也。自宋祚傾移，元以北狄，入主中國，四海內外，罔不臣服。此豈人力，實乃天授，彼時君明臣良，足以綱維天下；然達人志士，尚有冠履倒置之嘆。自是以後，元之臣子，不遵祖訓，廢壞綱常，有如大德廢長立幼，泰定以臣弒君，天曆以弟鴆兄，至於弟收兄妻，子蒸父妾，上下相習，恬不為怪，其於父子、君臣、夫婦、長幼之倫，瀆亂甚矣！

夫人君者斯民之宗主，朝廷者天下之根本，禮義者御世之大防，其所為如彼，豈可為訓於天下後世哉！及其後嗣沉荒，失君臣之道，又加以宰相專權，憲台報怨，有司毒虐，於是人心離叛，天下兵起，使我中國之民，死者肝腦塗地，生者骨肉不相保，雖因人事所致，實天厭其德而棄之之時也。

古云：「胡虜無百年之運」。驗之今日，信乎不謬。當此之時，天運循環，中原氣盛，億兆之中，當降生聖人，驅逐胡虜，恢復中華，立綱陳紀，救濟斯民。今一紀於茲，未聞有濟世安民者，徒使爾等戰戰兢兢，處於朝秦暮楚之地，誠可矜憫。方今河、洛、關、陝，雖有數雄，乃忘中國祖宗之姓，反就胡虜禽獸之名，以為美稱。假元號以濟私，恃有眾以要君，憑陵跋扈，遙制朝權，此河、洛之徒也。或眾少力微，阻兵據險，賄誘名爵，志在養力，以俟釁隙，此關、陝之人也。二者其始皆以捕妖人為名，乃得兵權；及妖人已滅，兵權既得，志驕氣盈，無復尊元、庇民之意，互相吞噬，反為生民之巨害，皆非華夏之主也。

予本淮右布衣，因天下大亂，為眾所推，率師渡江，居金陵形勢之地，得長江天塹之險，今十有三年。西抵巴蜀，東連滄海，南控閩、越，湖、湘、漢、沔，兩淮、徐、邳，皆入版圖，奄及南方，盡為我有。民稍安，食稍足，兵稍精，控弦執矢，目視我中原之民，久無所主，深用疚心。

予恭承天命，罔敢自安，方欲遣兵北逐群虜，拯生民於塗炭，復漢官之威儀。慮民人未知，反為我仇，挈家北走，陷溺尤深，故先諭告。兵至，民人勿避，予號令嚴肅，無秋毫之犯，歸我者永安於中華，背我者自竄於塞外。蓋我中國之民，天必命我中國之人以安之，夷狄何得而治哉！

予恐中土久汙羶腥，生民擾擾，故率群雄奮力廓清，志在逐胡虜，除暴亂，使民皆得其所，雪中國之恥，爾民其體之！如蒙古、色目，雖非華夏族類，然同生天地之間，有能知禮義、願為臣民者，與中國之民撫養無異。

這是元璋幕中儒生系統的傑作，代表幾千年來儒家的正統思想。

這文字指出兩點：第一是民族革命，強調夷夏的分別，中國人民應由中國人自己治理。過去不幸被外族侵入，冠履倒置，現在應該「驅逐胡虜，恢復中華」。這比之紅軍初起時，以復宋為號召的狹隘的恢復家族政權，進而為廣泛的恢復民族獨立，進步何止千里！以此為號召，自然更能廣泛地博得全民的擁護和支持，更能吸引儒生和士大夫的注意。

第二是文化系統的恢復，禮義為御世大防，換言之，即人生的行為規範，此規範實我民族所以生存所以發展之生命力量。

蒙古入主中國，初時尚能遵守此規範，以綱維天下。中期以後，此規範乃被破壞，瀆亂父子、君臣、夫婦、長幼之倫，實屬不可容忍。北伐目的在「立綱陳紀」，救濟斯民，恢復此世世相承之傳統文化、生活習慣。這比之紅軍之彌勒佛或明王出世空幻的理想世界，進而為更切實具體的文化的生活習慣的正常化，自然更能廣泛地博得全民的擁護和支持，更能吸引儒生和士大夫的注意。

指斥元廷則分作兩點：第一是破壞傳統文化，第二是政治貪污和腐化。

指斥元將，河、洛指擴廓帖木兒，擴廓原為漢人王保保，為乃舅察罕帖木兒養子，元帝賜名。關、陝指李思齊、張思道等。擴廓斥其以夷變夏，反用虜名，跋扈要君。李、張斥其製造內亂，不忠負國。妖人指紅軍，說妖人已滅，事實上無異表白十三年來在紅軍系統下作戰的這一實力，並非紅軍，至少也已和紅軍脫離關係。末了說明要「拯生民於塗炭，復漢官之威儀」，逐虜雪恥之使命。最後為了緩和蒙古、色目人的反抗，聲明只要他們願意加入中國文化系統，也就承認他們是中國的公民，和中國人一樣看待。

前一年討張士誠的檄文只是消極地踢開紅軍系統，空洞地指斥元政府。到此方才積極地、具體地提出民族革命的口號，保持傳統文化的政綱。這是儒生系統的第二次勝利，也是朱元璋的第二次轉變。

這一檄文的影響，使北方的儒生士大夫消釋了對紅軍破壞的恐懼心理，使北方的農民瞭解這支軍隊之來，是為了恢復秩序、安定生活。使北方的官吏明白他們並非被消滅的對象。也使蒙古、色目人明白，只要加入中國文化系統，便可得到保護，除了蒙古帝室和貴族，全被這檄文所吸引和感動，或甘心降附，或停止抵抗，或起兵參加，使北伐軍得以順利進軍，在很短的時間內，收復淪陷已經四百三十年的燕雲舊壤，平定西北，統一全國。

北伐軍分為兩路：徐達一軍由淮入河是主力；另一路以鄧愈為征戍將軍，由襄陽北略南陽以北州郡，分元兵力。

北伐軍的進展分為四個步驟：

第一步從出師到洪武元年（一三六八）正月平定山東，前後三個多月，沂州、益都、東平、濟南、東昌以次平定。

第二步由山東西進：一路由南面克永城、歸德、許州，和鄧愈軍聯絡，拊汴梁之背；一路由北面出鄆城，渡黃河，抵陳橋，汴梁不戰降。進敗元軍於洛水，河南（洛陽）降，河南全境平定。別將馮勝克潼關，李思齊、張思道遁走。這是洪武元年（一三六八）三、四兩個月間的事。

魯、豫既定，潼關一軍堵住張、李的出路。四月元璋親到汴梁，大會諸將，重新檢討戰局和戰略。

當北伐軍連克齊、魯、河、洛的時候，元軍正忙於內戰，政局反覆和軍權轉移，交相影響，糾纏不清。

擴廓解除兵權後，退兵澤州，其部將關保乘機歸附政府。元廷一面命貊高協同諸將守禦山東，以關保一軍赴援；一面以李思齊為副總統，守禦關中。脫列伯、孔興等出潼關渡河迎戰，諸將互相觀望，都不奉命。政府無法，只好做和事佬，劃分防區，以潼關為界，以東屬擴廓，以西屬李思齊，各守分地。又命關保總統諸軍，如擴廓拒命，即和貊高、李思齊東西合擊。

擴廓憤極，引軍據太原，盡殺元廷所置官吏，於是順帝下詔盡削擴廓官爵，令諸軍四面圍討。時北伐軍已下山東，取汴梁，元將望風降附，無一人抵抗，無一軍堵截。小城降，大城也降；漢官、漢將棄城逃走，蒙古、色目也棄城逃走。真是所謂「土崩瓦解」，勢如破竹。

北伐軍克潼關，李思齊、張思道逃走，貊高、關保也為擴廓所擒殺，順帝大恐，歸罪於太子，罷撫軍院，盡復擴廓官爵，令和李思齊分道南征，兩人這才著了忙，正準備整軍出發，可是事勢已非，北伐軍已經進軍元都，挽救無及了。

第三步攻勢，起於這年閏七月，徐達檄會諸將，會兵臨清，水陸步騎沿運河直上，連克德州、通州，元兵數敗無鬥志。順帝大懼，恐被俘虜，蹈徽、欽二帝的覆轍，二十七日夜三鼓，率後妃太子逃奔上都（開平，今察哈爾多倫縣地）。八月一日北伐軍入大都（今北平），淪陷四百三十年的名都，到這一天才光復舊物！

從宋太祖、太宗、神宗以來所未能實踐的整個民族的願望，算是達到目的了；歷史上的恥辱的污點，算是湔雪了；戰國、秦、漢以來對北族的國防線——長城，從這一天起，又成為我民族生存自衛的堡壘了。中華民族重新做自己國土的主人，不但得救，而且復興了！

元都雖下，元軍實力依然完整。徐達、常遇春奉命西取晉、陝。從洪武元年八月起到第二年八月，整整一年，才完成第四步的戰果。在這一年內，元軍不但抵抗較烈，而且幾次大規模反攻，在整個北伐戰役中，可說是最艱苦的一段。

當西征軍南取保定、真定，連下懷慶、澤、潞時，擴廓遣將以兵來爭澤州，西征軍大敗。擴廓乘北平空虛，親出雁門關，由保安州經居庸關攻北平。徐達得到消息，也不回救北平，徑率大軍直搗擴廓的根本太原。擴廓東進到半路，只好回軍救援，半夜裡被襲擊；軍潰，擴廓遁走，山西平。

洪武二年（一三六九）三月西征軍入奉元路（西安），李思齊奔鳳翔。西征軍進抵鳳翔，思齊又奔臨洮。追到臨洮，思齊勢窮力迫，舉眾降。時元將攻通州，北平無重兵，於是分軍，以常遇春、李文忠率步騎九萬還救，直搗元都開平（上都），元帝北走。

遇春暴卒，文忠代領其眾，回師會大軍並力西征。值元軍圍攻大同，文忠奮擊大敗之，生擒脫列伯，殺孔興。元帝見屢次圖謀都告失敗，知道不行，從此打消了南向恢復的妄想。徐達一軍克蘭州、平涼，張思道走寧夏，為擴廓所執。其弟良臣以慶陽降，已而良臣復叛，固守了三個多月，援絕糧盡，城破被殺，陝西平。

李思齊、孔興、脫列伯、張良臣兄弟，或降或死，元大將中只剩擴廓帖木兒還擁兵寧夏，時時出兵攻擾，邊戍不得寧息。劉基對元璋說：「不可看輕擴廓，此人真是將才！」

洪武三年（一三七〇）又命大將軍徐達總大兵走西安，搗定西。擴廓方圍蘭州，回兵赴救，大敗於沈兒峪，擴廓奔和林。五年又分道出塞取擴廓，到嶺北為擴廓所大敗，士卒死了幾萬。八年擴廓死，西北邊戍從此才得安睡，元璋和他的將軍暗地裡都吐了一口氣。

察罕死後，擴廓繼掌兵權，元璋遣使通好，七次去信，使人都被扣留，也不回信。出塞後，又再三遣人招諭，還是不理。最後派李思齊去，見面時以禮相待，辭回時還派騎士送到交界地方，正要分別，騎士說：「奉主帥命令，請留一點東西作紀念！」

思齊回答：「我是一個使人，遠道將命，哪來貴重東西呢？」騎士直說：「我要的是你一隻手臂！」思齊知道不免，只好砍了一隻手臂給他，回來後不久就死了。

元璋以此益發心敬擴廓。有一天大會諸將，問以誰是天下奇男子，諸將都說：「常遇春將不過萬人，橫行無敵，真奇男子！」

元璋笑說：「遇春雖然是人傑，我還可以臣服他；可是我不能臣服王保保，這人真是奇男子！」

北方既定，洪武四年（一三七一）正月遣兵伐夏，兵分兩路：湯和為征西將軍，周德興、廖永忠為副將率舟師由瞿塘攻重慶；傅友德為征虜前將軍，顧時為副將軍率騎兵由秦、隴攻成都。

明玉珍，隨州人，農人出身，以信義為鄉黨所推重。徐壽輝起兵，玉珍集鄉兵結棚自固，被逼加入紅軍。據蜀稱帝後，折節下士，節儉愛民，求雅樂，開進士科，定賦稅以十取一，下令去釋、老二教，止奉彌勒，不務遠略。天下大亂，四川獨能休兵息民，百姓安居樂業，可說是當時唯一的樂園。在位五年，死時才三十六歲。子明昇以十歲小孩繼位，諸將爭權，互相殘殺，大權旁落，國勢漸衰。

夏國小民弱，聽說大兵壓境，恃瞿塘天險，以鐵索橫斷關口，鑿兩岸石壁，引鐵索為飛橋，用木板平放，置炮石、木桿、鐵銃，兩岸也置炮，層層設險，以為舟師絕不能過。湯和水軍果然被阻，三個月不能前進一步。

夏人以為敵人進攻路線必由瞿塘，把重兵都分配在東線，北邊防務空虛，傅友德軍乘機進破階州（武都）、文州，徑趨綿、漢，以克地時日寫木牌數千投漢江，順流而下。夏東線軍分兵回援漢州失利。廖永忠得到木牌，也從間道繞過敵後，和正面軍前後夾攻，斷飛橋，燒鐵索，直下夔州，水陸並進，明昇乞降。傅友德進圍成都，成都和重慶歸附，也降。十月，湯和等悉定川蜀諸郡縣，夏亡。

第二章

皇權鞏固：衛所制度建立

明朝衛所制度將軍權分作兩部分，武人帶兵作戰，文人發令決策。在平時，衛軍各在屯地操練，戰時集合成軍，文人任將軍總兵官，統帶出征。戰事結束，衛軍務回原衛，將軍交回將印，也回原任。將不專軍，軍無私將。唐宋以來的悍將跋扈、驕兵叛變的弊端，在這制度下是完全根絕了。

皇權的輪子／明太祖的軍隊

皇權的一個輪子是軍隊。

朱元璋在攻克集慶以後，就厲行屯田政策，廣積糧食，供給軍需。他和劉基研究古代的兵制，徵兵制的好處是全國皆兵，有事召集，事定歸農，兵員素質好，來路清楚，政府在平時無養兵之費。壞處是兵員都出自農村，如有長期戰爭，便影響到農村的生產。而且兵源有限制，不適合於大規模的作戰。

募兵制呢？好處是應募的多為無業遊民，當兵是職業，數量和服役的時間，都可以不受農業生產的限制。壞處是政府經常要維持大量數目的常備軍，軍費負擔太重。而且募的兵來路不明，沒有宗族鄉黨的掛累，容易逃亡，也容易叛變。理想的辦法是折中於兩者之間，有兩者的好處，而避免個別的壞處，主要的原則，是要使戰鬥力量和生產力量一致。

劉基創立的辦法是衛所制度。[1]

衛所的兵源有四種，一種是從征，即起事時所統的部隊，也就是郭子興的基本隊伍。一種是歸附，包括削平群雄所得的部隊和元朝的投降軍。一種是謫發，指因犯罪被謫發充軍的，也叫作恩軍。一種叫垛集，即徵兵，照人口比例，一家有五丁或三丁出一丁為軍。前兩種是定制時原有的武力，後兩者則是補充的武力。這四種來源的軍人都是世襲的，為了保障固定員額的維持，規定軍人必須娶妻，世代繼承下去，如無子孫繼承，則由其原籍家屬壯丁頂補，種族綿延的原則，被應用到武裝部隊裡來，兵營成為武裝的家庭群了。[2]

軍有特殊的社會身分，單獨有軍籍。在明代戶口中，軍籍和民籍、匠籍平行，軍籍屬於都督府，民籍屬於戶部，匠籍屬於工部。軍不受普通行政官吏的管轄，在身分上、法律上和經濟上的地位，都和民不同，軍和民是截然地分開的。

民戶有一丁被垛為軍，政府優免他原籍老家一丁差徭，作為優恤。軍士到戍所時，由宗族替他治裝。在衛的軍士除本身為正軍外，其子弟稱為餘丁或軍餘，將校的子弟則稱為舍人。日常生活概由政府就屯糧支給，按月發米，稱為月糧，馬軍月支米二石，步軍總旗一石五斗，小旗一石二斗，步軍一石（守城的照數支給，屯田的半支）。恩軍家四口以上一石，三口以下六斗，無家口的四斗。衣服歲給冬衣棉布棉花夏衣夏布，在出征時則例給胖襖鞋褲。[3]

軍隊組織分作衛、所兩級，大體上以五千六百人為衛，衛有指揮使。衛分五千戶所，所一千二百二十人，有千戶。千戶所分十百戶所，所百十二人，有百戶。百戶有總旗二，小旗十，總旗領小旗五，小旗領軍十人。大小聯比以成軍。衛所的分布，根據地理險要，小據點設所，關聯幾個據點的設衛。集合一個軍區的若干衛所，又設都指揮使司，作為軍區的最高軍事機構，長官是都指揮使。

洪武二十五年（一三九二）全國共有十七個都指揮使司，內外衛三百二十九，守禦千戶所六十五，首都和地方的兵力分配如下：

在京武官	二七四七員
軍士	二〇六二八〇人
馬	四七五一匹
在外武官	一三七四二員
軍士	九九二一五四人
馬	四〇三二九匹[4]

這十七個都指揮使司又分別隸屬於五軍都督府。

軍食出於屯田，大略是學漢朝趙充國的辦法，在邊塞開屯，一部分軍士守禦，一部分軍士受田耕種。目的在省去運輸費用，和充裕軍食，減輕國庫的負擔，使戰鬥力和生產力一致。跟著內地衛所也先後開屯耕種，以每軍受田五十畝作一分，官給耕牛、農具，開頭幾年是免納田租的，到成為熟地後，每畝收稅一斗，規定邊地守軍十分之三守城，七分屯種，內地是二分守城，八分屯種，希望能達到自足自給的地步。[5]

軍隊裡也和官僚機構一樣，清廉的武官是極少見的，軍士經常被苛斂剝削，朱元璋曾經憤恨地指出：

> 那小軍每一個月只關得一擔兒倉米。若是丈夫每不在家裡，他婦人家自去關呵，除了幾升做腳錢，那害人的倉官又斛面上打減了幾升。待到家裡（音伐）過來呵，止有七八斗兒米，他全家兒大大小小要飯吃，要衣裳穿，他那裡再得閒錢與人？[6]

正軍本人的衣著雖由官家支給，家屬的卻得自己製備，一石米在人口多的家庭，連吃飯也還不夠，如何還能孝敬上官？如何還能添製衣服？軍士活不了，只好逃亡，只好兼營副業，做苦力、做買賣全來，軍營就空了，軍隊的士氣、戰鬥力也就差了。

除軍屯外，還有商屯。邊軍糧食發生困難時，政府就用開中法來接濟。開中法是把運輸費用轉嫁給商人，政府有糧食有鹽，困難的是運輸費用過大，商人有資本也有人力，卻無法得到為政府所專利的鹽，開中法讓商人運一定數量的糧食到邊境，拿到收據，就可以向政府領到等價的鹽，自由販賣，從而獲取重利。商人會打算盤，索性雇人在邊上開屯，就地繳糧，省去幾倍的運費。[7]

在這一交換過程中，不但邊防充實了，政府省運費，省事，商人也發了財，皆大歡喜。而且，邊界荒地開墾了，不但增加了政府的財富，也造成了地方的繁榮。

軍權分作兩部分，統軍權歸五軍都督府，軍令權則屬於兵部。武人帶兵作戰，文人發令決策。在平時衛所軍各在屯地操練、屯田，戰時動員令一下，各地衛軍集合成軍，臨時指派都督府官充任將軍總兵官，統帶出征。戰事結束，立刻復員，衛軍務回原衛，將軍交回將印，也回原任。將不專軍，軍無私將，上下階級分明，紀律劃一。唐宋以來的悍將跋扈、驕兵叛變的弊端，在這制度下是完全根絕了。

朱元璋對軍官軍士是用十二分的注意來防閒的，除開在各個部隊裡派義子監軍，派特務人員偵伺以外，洪武五年（一三七二）還特地降軍律於各衛，禁止軍官軍人，不得於私下或明白接受公侯所與信寶、金銀、緞匹、衣服、糧米、錢物，以及非出征時，不得於公侯之家門首侍立。其公侯非奉特旨，不得私自呼喚軍人役使，違者公侯三犯准免死一次，軍官軍人三犯發海南充軍。[8]

後來更進一步，名義上以公侯伯功臣有大功，賜卒一百十二人作衛隊，設百戶一人統率，頒有鐵冊，說明「俟其壽考，子孫得襲，則兵皆入衛」。稱為奴軍，亦稱鐵冊軍。事實上是防功臣有二心，特設鐵冊軍來監視的。功臣行動，隨時隨地都有報告，證人是現成的，跟著是一連串的告密案和大規模的功臣屠殺。[9]

在作戰時，雖然派有大將軍指揮大軍，指揮戰爭進行的還是朱元璋自己，用情報、用軍事經驗來決定前方的攻戰，甚至指揮到極瑣細的軍務。即使最親信的將領像徐達、李文忠，也是如此。

例如吳元年（一三六七）四月十八日給徐達的手令，在處分軍事正文之後，又說：「我的見識只是如此，你每見得高處、強處、便當處，隨著你每意見行著，休執著我的言語，恐怕見不到處，教你每難行事。」

洪武三年（一三七〇）四月：「說與大將軍知道……這是我家中坐著說的，未知軍中便也不便，恁只揀軍中便當處便行。」給李文忠的手令：「說與保兒老兒：……我雖這般說，計量中不如在軍中多知備細，隨機應變的勾當。你也廝活落些兒也，那裡直到我都料定！」

大體上指導的原則是不能更動的，統帥所有的只是極細微的修正權。

對待俘虜的方針是屠殺，如龍鳳十一年（一三六五）十一月初五日的令旨：

「吳王親筆，差內使朱明前往軍中，說與大將軍左相國徐達、副將軍平章常遇春知會：十一月初四日捷音至京城，知軍中獲寇軍及首目人等六萬餘眾，然而俘獲甚眾，難為囚禁，今差人前去，教你每軍中，將張（士誠）軍精銳勇猛的留一二萬，若係不堪任用之徒，就軍中暗地去除了當，不必解來。但是大頭目，一名名解來。」

十二年（一三六六）三月且嚴厲責備徐達不多殺人：「吳王令旨，說與總兵官徐達，攻破高郵之時，城中殺死小軍數多，頭目不曾殺一名。今軍到淮安，若係便降，係是泗州頭目青旛黃旗招誘之力，不是你的功勞。如是三月已裡，淮安未下，你不殺人的緣故，自說將來！依奉施行者。」

吳元年（一三六七）十月二十四日因為俘虜越獄逃跑，又下令軍前：「今後就近獲到寇軍及首目人等，不須解來，就於軍中典刑。」

洪武三年（一三七〇）四月：「說與大將軍知道：止是就陣得的人，及陣敗來降的王保保頭目，都休留他一個，也殺了。止留小軍兒，就將去打西蜀了後，就留些守西蜀便了。」則不但俘虜，連投降的頭目也一概殘殺了。

有一道令旨是關於整飭軍紀的，說明了這一舉措的軍事理由。時間是龍鳳十二年（一三六七）三月：「（張軍）男子之妻多在高郵被擄，總兵官為甚不肯給親完聚發來？這個比殺人那個重？當城破之日，將頭目軍人一概殺了，倒無可論。擄了妻子，發將精漢來，我這裡賠了衣糧，又費關防，養不住。殺了男兒，擄了妻小，敵人知道，豈不抗拒？星夜教馮副使（勝）去軍前，但有指揮、千戶、百戶及總兵官的伴當，擄了婦女的，割將首級來。總兵官的罪過，回來時與他說話。依奉施行者。」[10]

男子指的是張士誠的部隊，被擄是指的被朱元璋自己的部隊所擄。把俘虜的妻女搶了，送俘虜來，養不住，白賠糧食，白費事看守。擄了婦女，殺了俘虜，敵人知道了，當然會頑強抵抗。

為了這個道理，朱元璋只好派特使去整頓軍風軍紀了。

衛所制度／軍力分駐，使將不專軍，軍不私將

明太祖即皇帝位後，劉基奏立軍衛法（《明史》卷一二八《劉基傳》）。《明史》卷八九《兵志序》說：

明以武功定天下，革元舊制，自京師達於郡縣，皆立衛所。外統之都司，內統於五軍都督府。而上十二衛為天子親軍者不與焉。征伐則命將充總兵官，調衛所軍領之。既旋則將上所佩印，官軍各回衛所，蓋得唐府兵遺意。

這制度的特點是平時把軍力分駐在各地方，戰時才命將出師，將不專軍，軍不私將，軍力全屬於國家。衛所的組織，《兵志》二《衛所門》記：

天下既定，度要害地係一郡者設所，連郡者設衛。大率五千六百人為

衛，千一百二十人為千戶所，百十有二人為百戶所。

所設總旗二，小旗十，大小聯比以成軍。

衛有指揮使，所有千戶百戶。總旗轄五十人，小旗轄十人。各衛又分統於都指揮使司（簡稱都司），司有都指揮使，為地方最高軍政長官，和治民事的布政使司，治刑事的按察使司，並稱三司，洪武二十六年（一三九三）時定天下都司衛所，共計都司十七（北平、陝西、山西、浙江、江西、山東、四川、福建、湖廣、廣東、廣西、遼東、河南、貴州、雲南、北平三護衛、山西三護衛）。行都司三（北平、江西、福建）。留守司一（中都）。內外衛三百二十九，守禦千戶所六十五。

成祖以後，多所增改，都司增為二十一（浙江、遼東、山東、陝西、四川、廣西、雲南、貴州、河南、湖廣、福建、江西、廣東、大寧、萬全、山西、四川行都司、陝西行都司、湖廣行都司、福建行都司、山西行都司）。留守司二（中都、興都）。內外衛增至四百九十三，守禦屯田群牧千戶所三百五十九。[11]

全國衛軍都屬於中央的大都督府。大都督府掌軍籍，是全國的最高軍事機關。洪武十三年（一三八〇）分大都督府為中、左、右、前、後五軍都督府。洪武二十六年（一三九三）定分領在京各衛所及在外各都司衛所。其組織如下：

每府設左右都督各一，掌治府事。成祖以後，又改組如下：

- 五軍都督府
  - 左軍都督府
    - 在京衛所
    - 浙江都司
    - 遼東都司
    - 山東都司
  - 右軍都督府
    - 在京衛所
    - 雲南都司
    - 貴州都司
    - 四川都司
    - 陝西都司
    - 廣西都司
  - 中軍都督府
    - 在京衛所
    - 中都留守司
    - 河南都司
    - 在外直隸揚州衛等衛所
  - 前軍都督府
    - 在京衛所
    - 湖廣都司
    - 福建都司
    - 福建行都司
    - 江西都司
    - 廣東都司
    - 在外直隸九江衛
  - 後軍都督府
    - 在京衛所
    - 北平都司
    - 北平行都司
    - 山西都司
    - 山西行都司
    - 北平三護衛
    - 山西三護衛

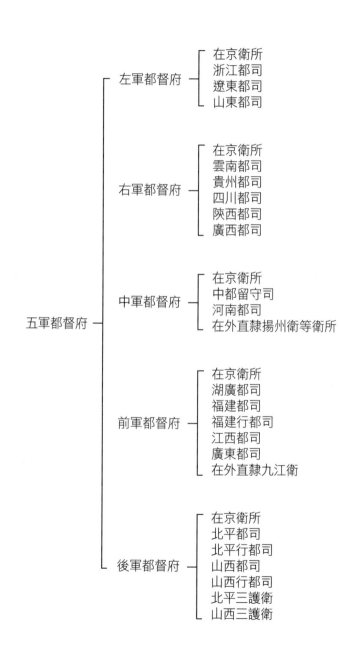

- 五軍都督府
  - 左軍都督府
    - 在京衛所
    - 浙江都司
    - 遼東都司
    - 山東都司
  - 右軍都督府
    - 在京衛所
    - 陝西都司
    - 陝西行都司
    - 四川都司及土官（天全六番招討司、隴本頭長官司及土司）
    - 四川行都司及土官（昌州長官司等土司）
    - 廣西都司
    - 雲南都司及土官（茶山長官司等土司）
    - 貴州都司及土官（新添長官司等土司）
    - 在外直隸宣州衛
  - 中軍都督府
    - 在京衛所
    - 中都留守司
    - 河南都司
    - 在外直隸揚州衛等衛所
  - 前軍都督府
    - 在京衛所
    - 湖廣都司及土官（永順軍民宣慰司等土司）
    - 湖廣行都司
    - 興都留守司
    - 福建都司
    - 福建行都司
    - 江西都司
    - 廣東都司
    - 在外直隸九江衛
  - 後軍都督府
    - 在京衛所
    - 大寧都司
    - 萬全都司
    - 山西都司
    - 山西行都司
    - 在外直隸薊州衛等衛所

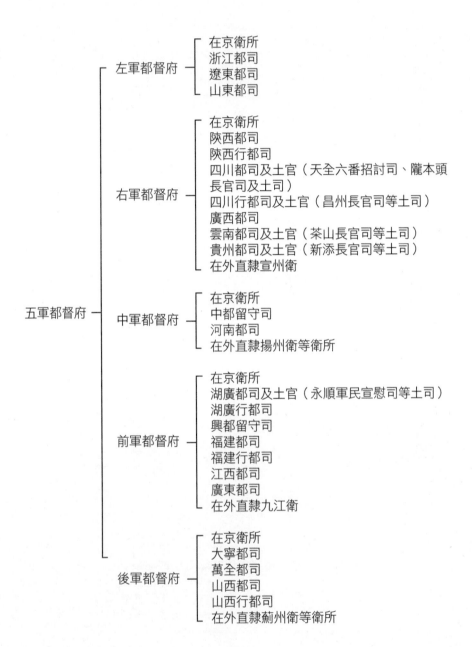

各地都司分隸於各都督府，其組織如下：

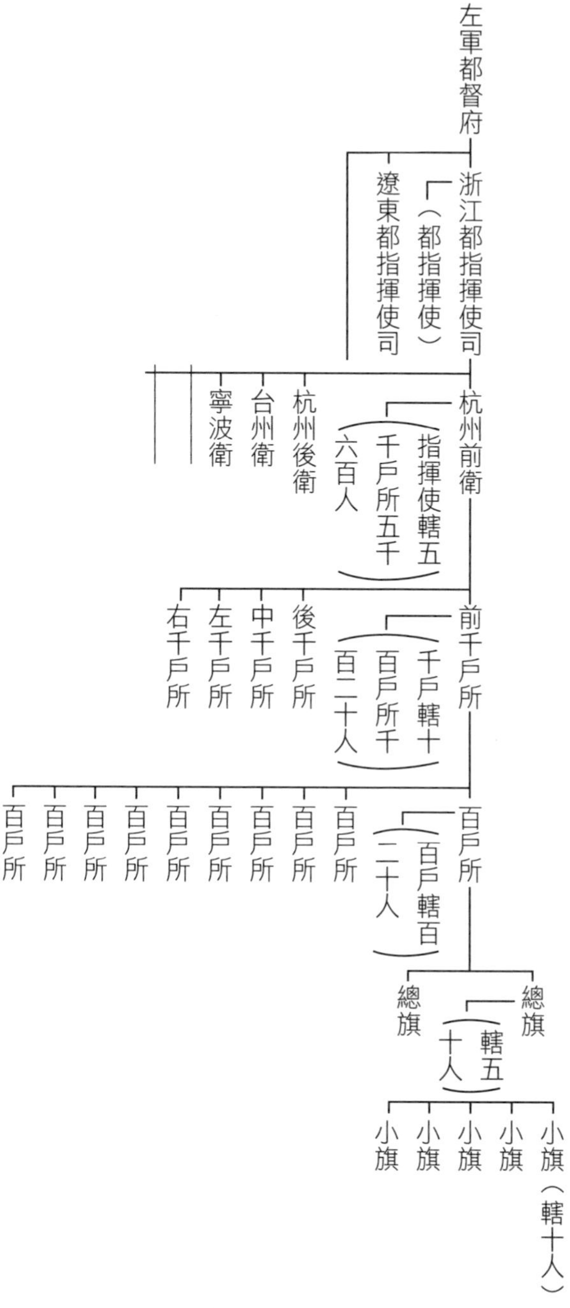

和都督府相配合的機關是兵部，長官為兵部尚書，「掌天下武衛官軍選授簡練之政令」，其下設四清吏司，各設郎中一人，員外郎一人，主事二人：

兵部
- 尚書一人
- 左右侍郎各一人
- 武選清吏司　掌衛所土官選授升調襲退功賞之事
- 職方清吏司　掌輿圖軍制城隍鎮戍簡練征討之事
- 車駕清吏司　掌鹵簿儀仗禁衛驛傳廄牧之事
- 武庫清吏司　掌戎器符勘尺籍武學薪隸之事

都督府是統軍機關，各省各鎮鎮守總兵官副總兵都以三等[12]真署都督及公侯伯充任。有大征討，則由政府指派掛諸號將軍[13]或大將軍前將軍副將軍印總兵出，事定繳印回任。明初開國時，武臣最重[14]，英國公張輔兄信，至以侍郎換授指揮同知。

武臣出兵，多用文臣參贊，如永樂六年（一四〇八）黔國公沐晟討交阯簡定，以尚書劉俊參軍事。宣德元年（一四二六）成山侯王通討交阯黎利，以尚書陳洽參贊軍務。正統以後，文臣的地位漸高，出征時由文臣任總督或提督軍務，經畫一切，武臣只負領軍作戰的任務。如正統六年（一四四一）麓川之役，定西伯蔣貴充總兵官，以兵部尚書王驥總督軍務，正統十四年（一四四九）討福建鄧茂七，寧陽侯陳懋為總兵官，以刑部尚書金濂提督軍務。

成化元年（一四六五）討大藤峽傜，都督同知趙輔為征夷將軍，以左僉都御史韓雍贊理軍務。同年出兵鎮壓荊、襄農民暴動，撫寧伯朱永充靖虜將軍，以工部尚書白圭提督軍務。三年討建州，武靖伯趙輔充總兵官，以左都御史李秉提督軍務。從此文臣統率，武臣領兵，便成定制。

在政府的用意是以文臣制武臣，防其跋扈。結果是武臣的地位愈來愈低。正德以後，幸臣戚里多用恩幸得武職，愈為世所輕。在內有部、科，在外有監軍、總督、巡撫，重重彈壓，五軍都督府職權日輕，將弁大帥如走卒，總兵官到兵部領敕，必須長跪，「間為長揖，即謂非體」。到了末年，衛所軍士，雖一諸生，都可任意役使了。

各省都指揮使是地方的最高軍政長官，統轄省內各衛所軍丁，威權最重。在對外或對內的戰事中，政府照例派都督府官或公侯伯出為總兵官，事後還任。明初外患最頻的是北邊的蒙古，派出邊地防禦的總兵官漸漸地變成固定，冠以鎮守的名義，接著在內地軍事要害地區也派總兵官鎮守，獨任一方的軍務。

又於其下設分守，鎮守一路；設守備，鎮守一城或一堡。至和主將同城的則稱為協守。總兵之下有副總兵、參將、游擊將軍、守備、把總等名號。總兵是由中央派出的，官爵較高，職權較專，都指揮使是地方長官，漸漸地就成為總兵官的下屬了。後來居上，於是臨時派遣的總兵官駐守在固定的地點，就代替了都指揮使原來的地位了。

總兵官變成鎮守地方的軍事統帥以後，在有戰事時，政府又派中央大員到地方巡撫，事畢覆命，後來巡撫也成固定的官名，駐在各地方。因為這官的職務是在撫安軍民，彈壓地方，所以以都御史或副僉都御史派充。因為涉及軍務，所以又加提督軍務或贊理軍務，參贊軍務名義。巡撫兼治一方的民事和軍務，不但原來的都、布、按三司成為巡撫的下屬，即總兵官也須聽其指揮。

景泰以後因軍事關係，在涉及數鎮或數省的用兵地區，添設總督軍務或總制、總理，派重臣大員出任。有的兵事終了後即廢不設，有的卻就成為長設的官。因為轄地涉及較廣，地位和職權也就在巡撫之上。末年「流寇」和建州內外夾攻，情勢危急，政府又特派樞臣（兵部尚書）外出經略，後來又派閣臣（大學士）出來督師，權力又在總督之上。這樣層層疊疊地加上統轄的上官，原來的都指揮使和總兵官自然而然地每況愈下，權力日小，地位日低了。綜合上述的情形，從下圖中我們可以看出明代地方軍政長官地位的衍變。

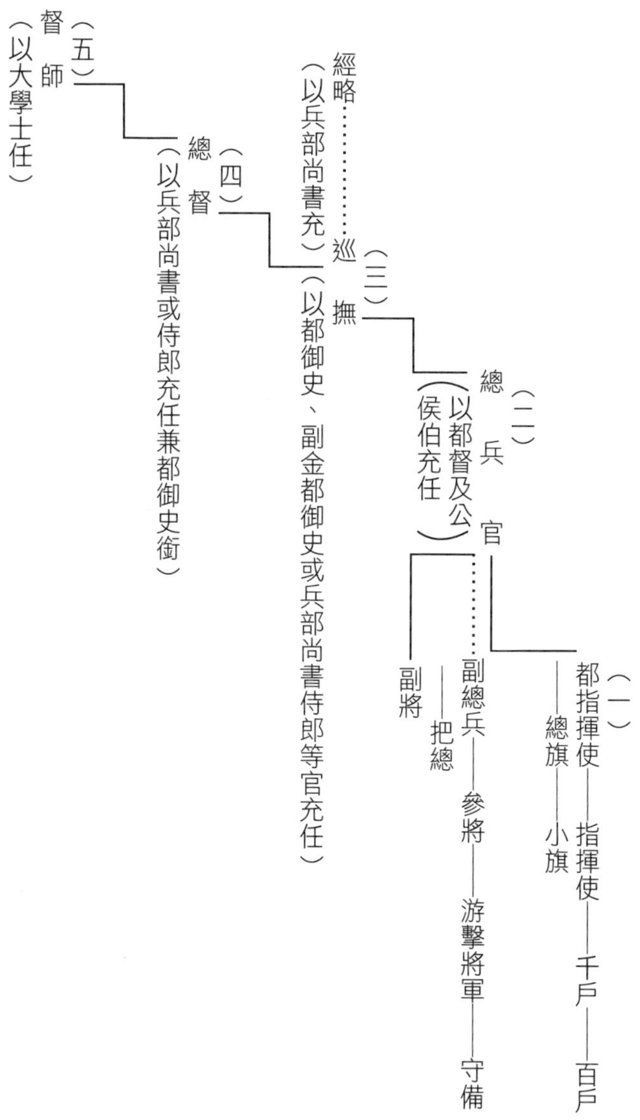
（五）督師
（以大學士任）
（四）總督
（以兵部尚書或侍郎充任兼都御史銜）
經略
（以兵部尚書充）
（三）巡撫
（以都御史、副金都御史或兵部尚書侍郎等官充任）
（二）總兵官
（以都督及公侯伯充任）
副將
副總兵
把總
參將
游擊將軍
守備
（一）都指揮使
指揮使
千戶
百戶
總旗
小旗

衛所軍丁的總數，在政府是軍事秘密，絕對不許人知道。[15]甚至掌治軍政的兵部尚書，和專司糾察的給事御史也不許與聞。[16]我們現在就《明太祖實錄》卷二二三記載看，洪武二十五年的軍數如下表。

在京武官	二七四七員
在外武官	一三七四二員
軍士	二〇六二八〇人
軍士	九九二一五四人
馬	四七五一匹
馬	四〇三二九匹

總數超過一百二十萬。

洪武二十六年以後的軍數，按衛所添設的數量估計，應該在一百八十萬以上。

明成祖以後的軍數，在二百八十萬左右。[17]萬曆時代的軍數如下表[18]：

各鎮軍馬額數表

各鎮	軍數		馬數	
	原額*	現額*	原額*	現額*
薊鎮：薊州	39,339	31,658	10,700	6,399
密雲	9,065	33,569	2,032	13,120▲
永平	22,307	39,940	6,083	15,080▲
昌平	14,295	19,039	3,015	5,625▲
遼東	94,693	83,340	77,001	41,830▲
保定	29,308	34,697	1,199	4,791▲
宣府	151,452	79,258	55,274	33,147▲
大同	135,778	85,311	51,654▲	35,870▲
山西	25,287	55,295	6,551▲	24,764▲
延綏	80,196	53,254	45,940	32,133▲
寧夏	71,693	27,934	22,182	14,657▲
固原	126,919	90,412	32,250▲	33,842▲
甘肅	91,571	46,901	29,318	21,660▲
四川	14,822	10,897		
雲南	63,923	62,593		
貴州		28,355		
廣西	121,289	13,097		
		25,854		
湖廣		68,829		
廣東		29,947		
		35,268		
南直隸	102,167			
		7,149		
浙江	130,188	78,062		
江西	39,893	20,848		
南贛		9,148		
		8,171		
		829		
		1,928		
福建	125,381	38,475		
	43,631			
山東	2,217			
	3,177			
河南	20,020			
總共	1,586,611	1,120,058	343,199	282,918

*原額：永樂以後　現額：萬曆初年　▲包括馬駝牛騾在內

明初衛所軍士的來源，大概可分四類，《明史》卷九〇《兵志》二記：

其取兵有從征，有歸附，有謫發。從征者諸將所部兵，既定其地，因以留戍。歸附則勝國及僭偽諸降卒。謫發以罪遷隸為兵者。其軍皆世籍。

從征和歸附兩項軍士都是建國前後的舊軍。謫發一項則純以罪人充軍。名為恩軍[19]，亦稱長生軍[20]。如永樂初屠殺建文諸臣，一人得罪，蔓連九族外親姻連都充軍役。[21]成化四年（一四六八）項忠平荊、襄農民暴動，俘獲三萬餘人，戶選一丁戍湖廣邊衛（《明史》卷一八七《項忠傳》）。都是著例。

除以上三項外，第四類是垛集軍，是衛軍最大的來源。《明史》卷九二《兵志》四說：

明初垛集令行，民出一丁為軍，衛所無缺伍，且有羨丁。……成祖即位，遣給事等官分閱天下軍，重定垛集軍更代法。初三丁已上垛正軍一，別有貼戶，正軍死，貼戶丁補。至是令正軍貼戶更代，貼戶單丁者免，當軍家蠲其一丁徭。

平民一被僉發充軍，便世世子孫都入軍籍，不許變易。民籍和軍籍的區分極為嚴格。[22]民戶有一丁被垛為軍，政府優免他的原籍老家的一丁差徭，以為彌補。軍士赴戍所時，宗族為其治裝，名為封樁錢。[23]在衛軍士除本身為正軍外，其子弟稱為餘丁或軍餘，將校的子弟則稱為舍人。

宣德四年（一四二九）定例免在營餘丁一丁差役，令其供給軍士盤纏（《大明會典》卷一五五）。邊軍似乎較受優待，如遼東舊制，每一軍佐以三餘丁。[24]內地的余丁亦稱幫丁，專供操守卒往來費用。[25]日常生活則概由政府就屯糧支給，按月發米，稱為月糧。其多少以地位高下分等差。

洪武時令在京在外各衛馬軍月支米二石，步軍總旗一石五斗，小旗一石二斗，軍一石。守城者如數給，屯田者半之。[26]恩軍家四口以上一石，三口以下六斗，無家口者四斗。月鹽有家口者二斤，無者一斤（《明史》卷八二《食貨志》六《俸餉》）。衣服則歲給冬衣棉布棉花夏衣夏布，在出征時則例給胖襖鞋褲（同上書卷一七七《王復傳》）。

明代軍與兵／從世襲衛軍到雇用募兵

明初創衛所制度，劃出一部分人為軍，分配在各衛所，專負保衛邊疆和鎮壓地方的責任。軍和民完全分開。中葉以後，衛軍廢弛，又募民為兵，軍和兵成為平行的兩種制度。

軍是一種特殊的制度，自有軍籍。在明代戶口中，軍籍和民籍、匠籍平行，軍籍屬於都督府；民籍屬於戶部，匠籍屬於工部。軍不受普通行政官吏的管轄，在身分、法律和經濟上的地位都和民不同。軍和民是截然地分開的。

兵恰好相反，任何人都可應募，在戶籍上也無特殊的區別。軍是世襲的，家族的，固定的，一經為軍，他的一家系便永遠世代充軍，住在被指定的衛所。直系壯丁死亡或老病，便須由次丁或餘丁替補。如在衛所的一家系已全部死亡，還須到原籍勾族人頂充。兵則只是本身自願充當，和家族及子孫無關，也無固定的駐地，投充和退伍都無法律的強制。

軍是國家經制的永久的組織，有一定的額數，一定的戍地。兵則是臨時招募的，非經制的，無一定的額數，也不永遠屯駐在同一地點。在明代初期，軍費基本上是自給自足的，軍餉的大部分由軍的屯田收入支給。

在國家財政的收支上，軍費的補助數量不大。雖然全國的額設衛軍總數達到二百七十餘萬的龐大數字[27]，國家財政收支還能保持平衡。遇有邊方屯田的收入不敷支給時，由政府制定「開中」的辦法，讓商人到邊塞去開墾，用墾出的穀物來換政府所專利的鹽引，取得買鹽和賣鹽的權利。商人和邊軍雙方都得到好處。

兵是因特殊情勢臨時招募的，招募時的費用和入伍後的月餉都是額外的支出。這種種費用原來沒有列在國家預算上，只好臨時設法，或加賦，或加稅，或捐納，大部由農民負擔。因之兵的額數愈多，農民的負擔便愈重。兵費重到超過農民的負擔能力時，政府的勒索和官吏的剝削引起農民的武裝反抗。政府要鎮壓農民，又只好增兵，這一筆費用還是出在農民身上。

衛所軍經過長期的廢弛而日趨崩潰，軍屯和商屯的制度也日漸破壞，漸漸地不能自給，需要由國家財政開支。愈到後來，各方面的情形愈加變壞，需要國家的財政供給也愈多。這費用也同樣地需由農民負擔。同時又因為軍力的損耗，國防脆弱，更容易引起外來的侵略。衛軍不能作戰，需要募兵的數量愈多。這兩層新負擔，年復一年的遞加，國家全部的收入不夠軍兵費的一半，只好竭澤而漁，任意地無止境地增加農民的負擔，終於引起歷史上空前的農民暴動。政府正在用全力去鎮壓，新興的建州卻又乘機而入，在內外交逼的情勢下，顛覆了明室的統治權。

除中央的軍和兵以外，在地方的有民兵、民壯（弓兵、機兵、快手）、義勇種種地方警備兵。在邊地的有土兵（土軍）、達軍（蒙古降卒）。在內地的有苗兵、狼兵（廣西土司兵）、土兵等土司兵。將帥私人又有家丁、家兵、親兵。各地職業團體又有由礦工所組織的礦兵，鹽丁所組織的鹽兵，僧徒所組織的少林兵、伏牛兵、五台兵。也有以特別技藝成兵的，如河南之毛葫蘆兵、習短兵，長於走山；山東有長竿手，徐州有箭手，井陘有螞螂手，善運石，遠可及百步。福建閩漳泉之鏢牌兵等等。[28]

從養軍三百萬基本上自給的衛兵制，到軍兵費完全由農民負擔，國庫支出；從有定額的衛軍，到無定額的募兵；從世襲的衛軍，到雇用的募兵，這是明代歷史上一件大事。

次之，軍因歷史的、地理的、經濟的關係，集中地隸屬於國家。在戰時，才由政府派出統帥總兵，調各衛軍出征。一到戰事終了，統帥立刻被召回，所屬軍也各歸原衛。軍權不屬於私人，將帥也無直屬的部隊。兵則由將帥私人所招募、訓練，和國家的關係是間接的。兵費不在政府的歲出預算中，往往需由長官向政府力爭，始能得到。

同時兵是一種職業，在中央權重的時候，將帥雖有私兵，如嘉靖時戚繼光之戚家軍，俞大猷之俞家軍，都還不能不聽命於中央。到明朝末年，民窮財盡，內外交逼，在非常危逼的局面下，需要增加龐大的兵力，將帥到處募兵，兵餉都由將帥自行籌措，發生分地分餉的弊端，兵皆私兵，將皆藩鎮，兵就成為擴充將帥個人權力和地位的工具了。

【注釋】

1《明史》卷一二八，《劉基傳》。
2《明史》卷九一，《兵志》。
3吳晗：《明代的軍兵》，載一九三九年《中國社會經濟史集刊》五卷二期。
4《明太祖實錄》卷二二三。
5宋訥：《西隱文稿》卷一〇，《守邊策略》；《明史》卷七七，《食貨志》。
6《大誥武臣》，科斂害軍第九。
7《明太祖實錄》卷五三，卷五六；《明史》卷一五〇，《郁新傳》。
8宋濂：《洪武聖政記》，肅軍政第四。
9沈德符：《野獲編》卷一七，《鐵冊軍》。
10王世貞：《弇山堂別集》卷八六，《詔令考》二。
11按《明史．職官志》五：「計天下內外衛，凡五百四十有七，所凡二千五百九十有三。」
12左右都督，都督同知，都督僉事。
13《明史》卷六八《輿服志》四：「武臣受重寄者，征西、鎮朔、平蠻諸將軍銀印虎紐，方三寸三分，厚九分，柳葉篆文。洪武中嘗用上公佩將軍印，後以公侯伯及都督充總兵官，名曰掛印將軍。有事征伐，則命總兵佩印以往，旋師則上所佩印於朝。」卷七六《職官志》五：「其總兵掛印稱將軍者，雲南曰征南將軍，大同曰征西前將軍，湖廣曰平蠻將軍，兩廣曰征蠻將軍，遼東曰征虜前將軍，宣府曰鎮朔將軍，甘肅曰平羌將軍，寧夏曰征西將軍，交阯曰副將軍，延綏曰鎮西將軍（諸印洪熙元年制頒）。其在薊鎮、貴州、湖廣、四川及運淮安者，不得稱將軍掛印。」

14《明史》卷一四五《張玉傳》：「帝嘗謂英國公輔有兄弟可加恩者乎？輔頓首言蒙上恩，借近侍，然皆奢侈。獨從兄侍郎信賢可使也。帝召見信曰：是英國公兄耶？趣武冠冠之，改錦衣衛指揮同知世襲。時去開國未遠，武階重故也。」

15敖英《東谷贅言》下：「我國初都督府軍數，太僕寺馬數，有禁不許人知。」

16陳衍《槎上老舌》：「祖制五府軍外人不得預聞，惟掌印都督司其籍。前兵部尚書鄺埜向恭順侯吳某索名冊稽考，吳按例上聞，鄺惶懼疏謝。」《明史》卷六九《兵志》一：「先是京師立神機營，南京亦增設，與大小二教場同練軍士，常操不息，風雨方免，有逃籍者。憲宗命南給事御史時至二場點閱。成國公朱儀及太監安寧不便，詭言軍機密務，御史詰問名數非宜。帝為罪御史，仍令守備參贊官閱視，著為令。」

17《明史》卷九一《兵志》，弘治十四年（一五〇一）兵部侍郎李孟暘《請實軍伍疏》：「天下衛所官軍原額二百七十餘萬。」

18《大明會典》卷一二九至一三〇各鎮分例。

19《明太祖實錄》卷二三二：「洪武二十七年（一三九四）四月癸酉，詔兵部凡以罪謫充軍者，名為恩軍。」

20陸容《菽園雜記》八：「本朝軍伍皆謫發罪人充之，使子孫世世執役，謂之長生軍。」

21黃佐《雙槐歲鈔》四：「齊（泰）黃（子澄）奸惡九族外親姻連亦皆編伍，有遍一縣連蔓盡而及他邦者，人最苦之。」

22《明太祖實錄》卷一三一：「洪武十三年（一三八〇）五月乙未，詔曰：軍民已有定籍。敢有以民為軍，亂籍以擾吾民者禁止之。」

23宋濂《宋學士文集》補遺三《棣州高氏先塋石表辭》：「北兵戍南土者宗族給其衣費，謂之封樁錢。」這名稱到明代也仍沿用。

24《明史》卷二二三《潘塤傳》：「故事每海軍一，佐以餘丁三。」

25《明史》卷二〇五《李遂傳》：「嘉靖三十九年（一五六〇）江北河池營卒以千戶吳欽革其幫丁，驅而縛之竿。幫丁者操守卒給一丁資往來費也。」

26《明史》卷一七七《李秉傳》：「景泰二年（一四五一）言：軍以有妻者為有家，月餉一石。無妻者減其四。即有父母兄弟而無妻，概以無家論，非義，當一體增給。從之。」同書卷二〇五《李遂傳》：「舊制南軍有妻者月糧米一石，無者減其四。春秋二仲月米石折銀五錢。」

27《明史》卷九一《兵志》，弘治十四年（一五〇一）兵部侍郎李孟暘《請實軍伍疏》：「天下衛所官軍原額二百七十餘萬。」

28《明史》卷九一《兵志》，弘治十四年（一五〇一）兵部侍郎李孟暘《請實軍伍疏》。

第三章

帝國衰落：衛所制度崩潰

衛軍苦於被虐待、剝削和逼於鄉土之思逃亡相繼。衛軍壞而募兵增，國家經費難以維繼。同時因增兵而籌餉，因籌餉而加賦。賦是加到農民頭上的，官吏的嚴刑催逼和舞弊，迫使農民非參加起義不可。

京軍／從精銳之師到僅存空名

明初定都南京，集全國衛軍精銳於京師。有事以京軍為主力，抽調各地衛軍為輔。又因蒙古人時圖恢復，侵犯北邊，命將於沿邊安置重兵防守，分封諸子出王邊境，大開屯田，且耕且守。靖難役後，明成祖遷都北京，以首都置於國防前線，成為全國的軍事中心。定制立三大營，一曰五軍，一曰三千，一曰神機，合稱為京軍。

五軍營的組織，太祖時設大都督府，節制中外諸軍，京城內外置大小二場，分教四十八衛卒。洪武四年（一三七一）士卒之數二十萬七千八百有奇。洪武十三年分大都督府為前、後、中、左、右五軍都督府。成祖北遷後，增為七十二衛。

永樂八年（一四一〇）親征本雅失里，分步騎軍為中軍，左、右掖，左、右哨，稱為五軍。除在京衛所外，每年又分調中都、山東、河南、大寧各都司兵十六萬人，輪番到京師操練，稱為班軍。

三千營以邊外降丁三千人組成。

神機營專用火器，永樂時平交阯得到火器，立營肄習。後來又得到都督譚廣進馬五千，置營名「五千」，掌操演火器。

三大營在平時，五軍肄營陣，三千肄巡哨，神機肄火器。在皇帝親征時，大營居中，五軍分駐，步內騎外，騎外為神機，神機外為長圍，周二十里，樵採其中。

皇帝侍衛親軍有錦衣衛和十二衛親軍。御馬監又有武驤，騰驤，左、右衛，稱四衛軍。明初京軍總數在八十萬以上。[1]永樂時征安南，用兵至八十萬（《明史》卷一五四《張輔傳》）。正統中征麓川，用兵亦十五萬（同上書卷一七一《王驥傳》）。永樂宣德二朝六次對蒙古用兵，都以京軍為主力。到正統十四年（一四四九）土木之變，喪沒幾盡。

《明史》卷一七〇《于謙傳》說：

> 時京師勁甲精騎皆陷沒。所餘疲卒不及十萬。人心恐慌，上下無固志。

事後一面補充，一面著手改革。當時主持兵政的兵部尚書于謙以為三大營的缺點，是在分作三個獨立組織，各為教令。臨時調發，軍士和將弁都不相習。乘機改革，在諸營中選出精兵十萬，分作十營集中團練，名為團營。其餘軍歸本營，稱為老家。京軍之制為之一變。

到成化時又選出十四萬軍分十二營團練，稱為選鋒，餘軍仍稱老家，專任役作。團營之法又稍變。

到正德時因「流寇」之亂，調邊軍入衛，設東西官廳練兵，於是邊軍成為選鋒，十二團營又成為老家了。嘉靖時經過幾次嚴重的外患，幾次改革，又恢復三大營舊制，改三千為神樞營，募兵四萬充伍。形式上雖然似乎還原，可是以募兵代世軍，實質上卻已大不相同了。

京軍內一部分由外衛番上京師者稱為班軍。在名義上是集中訓練，鞏衛京師。實際上卻被政府和權貴役做苦工，《明史》卷九〇《兵志》二說：

> 成化間海內燕安，外衛卒在京只供營繕諸役，勢家私占復半之，卒多畏苦，往往愆期。

修建宮殿陵墓，浚理城池，一切大工程都以班軍充役，使供役軍士，財力交殫，每遇班操，寧死不赴。[2]甚至調發出征的也被扣留役使，《明史》卷一九九《鄭曉傳》記：

> 俺答圍大同右衛急。……曉言：今兵事方棘，而所簡聽徵京軍三萬五千人，乃令執役赴工，何以備戰守，乞歸之營伍。

結果使各地衛軍以番上為畏途。有的私下納銀於所屬將弁，求免入京。有事則招募充數，名為「折乾」。

嘉靖二十九年（一五五〇）職方主事沈朝煥在點發班軍月餉時，發現有大部分是雇乞丐代替的。後來索性專以班軍做工，也不營操了。班軍不做工和不在工作期間的便改行做商販工藝，按時給他們所屬的班將一點錢。到末年邊事日急，又把班軍調到邊方，做築垣負米的勞役。從班軍一變而為班工，從應役番上到折乾雇募，雖然名義上還仍舊貫，可是實質上卻已經變質了。

在京衛軍的情形，也和班軍一樣地困於役作。成化時以太監汪直總督團營，此後京軍便專掌於內臣。其他管軍將弁也照例由動戚充任。

在這一群貪婪的太監和紈褲的將弁統率之下，發生了種種弊端：

第一是占役，軍士名雖在籍，實際上卻被權貴大官所隱占，替私人做工服役，卻向政府領餉。

第二是虛冒，軍籍本來無名，卻被權貴大官硬把家人蒼頭假冒選鋒壯丁名色，月支厚餉。有人領餉，卻無人應役（《明史》卷二六五《李邦華傳》）。

第三是軍吏的舞弊，軍士在交替時，軍吏需索重賄，貧軍不能應付，雖然老羸，也只好勉強幹下去。精壯子弟反而不得收練。以此軍多老弱。

第四是富軍的賄免，有錢的怕營操徵調，往往賄托將弁，把他擱在老家數中。貧軍雖極疲老，也只能勉強挨命。積此四弊，再加上在營軍士的終年勞作，沒有受訓練的機會，名雖軍士，實則工徒。結果自然營伍日虧，軍力衰耗，走上崩潰的途徑（同上書卷八九《兵志》一）。

成化末年京軍缺伍至七萬五千有奇。到武宗即位時；十二團營銳卒僅六萬五百餘人，稍弱者二萬五千。武宗末年給事中王良佐奉敕選軍，按軍籍應當有三十八萬餘人，較明初時已經只剩十分之五，實存者不及十四萬，較原額缺伍至六分之五，較現額也缺伍到五分之三強。可是中選者又只二萬餘人。

世宗立，額兵只有十萬七千餘人，實存者僅半。嘉靖二十九年（一五五〇）俺答圍都城，兵部尚書丁汝夔核營伍不及五六萬人，驅出都門，皆流涕不敢前。吏部侍郎王邦瑞攝兵部，疏言：

國初京營勁旅，不減七八十萬，元戎宿將，常不乏人。自三大營變為十二團營，又變為兩官廳，雖浸不如初，然額軍尚三十八萬有奇。今武備積弛，見籍止十四萬餘，而操練者不過五六萬。支糧則有，調遣則無。比敵騎深入，戰守俱稱無軍。即見在軍率老弱疲憊市井遊販之徒，衣甲器械，取給臨時。此其弊不在逃亡而在占役，不在軍士而在將領。蓋提督坐

營號頭把總諸官，多世胄紈褲，平時占役營軍，以空名支餉，臨操則肆集市人，呼舞博笑而已。（《明史》卷八九《兵志》一）

到崇禎末年簡直無軍可用。《明史》卷二六六《王章傳》記：

十七年（一六四四）王章巡視京營，按籍額軍十一萬有奇。喜曰：「兵至十萬，猶可為也。」及閱視，半死者，餘冒伍，憊甚，聞炮聲掩耳，馬未馳而墮，而司農缺餉，半歲未發。

即勉強調發出征，也是雇充遊民，名為京軍，實則招募。如崇禎十四年兵部侍郎吳甡所言：

京營承平日久，發兵剿賊，輒沿途雇充。將領利月餉，遊民利剽敓，歸營則本軍復充伍。（同上書卷二五二《吳甡傳》）

積弊之極，京軍僅存空名。可是，相反地，軍官卻與日俱增，越後越多。洪武二十五年（一三九二）京軍軍官的總數是二千七百四十七員，六十幾年後，到景泰七年（一四五六）突增三萬餘員，較原額加了十一倍。[3]

再過十幾年，到成化五年（一四六九）又增加到八萬餘員，較原額增加了三十倍（同上書卷二十《劉體乾傳》）。正德時嬖倖以傳奉得官，瑣濫最甚。世宗即位，裁汰錦衣諸衛內監局旗校工役至十四萬八千七百人。歲減漕糧百五十三萬二千餘石（同上書卷一九〇《楊廷和傳》）。不久又汰去京衛及親軍冗員三千二百人（同上書卷一九六《夏言傳》）。

雖然經過這兩次大刀闊斧的裁汰，可是不久又繼續增加：「邊功升授，勳貴傳請，曹局添設，大臣恩蔭，加以廠衛監局勇士匠人之屬，歲增月益，不可勝數。」（同上書卷二十《劉體乾傳》），到萬曆時，神宗倦於政事，大小臣僚多缺而不補，可是武職仍達八萬二千餘員。到天啟時，魏忠賢亂政，武職之濫，打破了歷朝的紀錄，連當時人也說：「不知又增幾倍？」[4]軍日減而官日增，軍減而糧仍舊額，國家負擔並不減輕，官增則冗費愈多，國庫愈匱。並且養的是不能戰的軍，添的也是不能戰的官。到崇禎末年，內外交逼，雖想整頓，也來不及了。

從京軍軍伍的減削情形看，明初到正統可說是京軍的全盛時期。土木變後，經過于謙一番整頓，軍力稍強，可是額數已大減於舊，可說是京軍的衰落時期。從成化到明末，則如江河日下，一年不如一年，是京軍的崩潰時期。

在全盛時期，明成祖和宣宗六次打蒙古，三次打安南，京軍是全軍中最精銳的一部分。在衰落時期，軍數雖少，還能打仗。到成化以後，京軍雖仍四出征討，卻已沒有作戰能力了。《明史》卷一八〇《曹璘傳》說：

弘治元年（一四八八）言：諸邊有警，輒命京軍北征。此輩驕惰久，不足用。乞自今勿遣，而以出師之費賞邊軍。

《劉健傳》也說：

弘治十七年夏，小王子謀犯大同。健言京軍怯不任戰，乞自今罷其役作，以養銳氣。（《明史》卷一八一）

同時的倪嶽則說京軍之出，反使邊軍喪氣，他說：京軍素號冗怯，留鎮京師，猶恐未壯根本。顧乃輕於出禦，用褻天威。臨陣輒奔，反隳邊軍之功。為敵人所侮。（同上書卷一八三《倪嶽傳》）

這時離開國不過一百四十年，京軍已以冗怯著稱，政府中人異口同聲地以為不可用了。

衛軍的廢弛／逃亡情形，直如兒戲

京外衛所軍的廢弛情形也和京軍一樣。

明代軍士的生活，我們可用明太祖的話來說明，他說：

> 那小軍每一個月只關得一擔兒倉米。若是丈夫每不在家裡，他婦人家自去關呵，除了幾升做腳錢，那害人的倉官又斛面上打減了幾升。待到家裡（音伐）過來呵，止有七八斗兒米，他全家兒大大小小要飯吃，要衣裳穿，他那裡再得閒錢與人。（《大誥》武臣科斂害軍第九）

正軍衣著雖由官庫支給，家屬的卻需自己製備。一石米在人口多的家庭，連吃飯也還不夠，如何還能顧到衣服！《明史》卷一八五《黃紱傳》：

> 成化二十二年巡撫延綏，出見士卒妻衣不蔽體。嘆曰：健兒家貧至

是，何面目臨其上。亟預給三月餉，親為撫循。

黃紱所見的是衛軍的普遍情形，延綏士卒的遭遇卻是一個難得的例外。甚至病無醫藥，死無棺殮，《明史》卷一六〇《張鵬傳》：

鵬景泰二年進士。……出按大同宣府，奏兩鎮軍士敝衣菲食，病無藥，死無棺。乞官給醫藥棺櫝，設義塚，俾饗厲祭。死者蒙恩，則生者勸。帝立報可，且命諸邊概行之。

經過張鵬的提議，才由官給醫藥棺櫝，卻仍只限於諸邊，內地的不能享受這權利。衛軍生活如此，再加以上官的剝削和虐待，假如有辦法，他們是會不顧一切，秘密逃亡的。

除從征和歸附的軍士以外，謫發和垜集軍是強逼從軍的。他們被威令所逼，離開所習慣的土地和家族，到一個遼遠的陌生的環境中去，替統治階級服務。一代一代地下去，子子孫孫永遠繼承這同一的命運和生活。大部分的軍士發生逃亡的現象，特別是謫發的逃亡最多。萬曆時章潢說：

國初衛軍藉充垜集，大縣至數千名，分發天下衛所，多至百餘衛，數千里之遠者。近來東南充軍亦發西北，西北充軍亦多發東南。然四方風土不同，南人病北方之苦寒，北人病南方之暑濕。逃亡故絕，莫不由斯。道里既遠，勾解遂難。（章潢《圖書編》卷一一七）

據正德時王瓊的觀察，逃亡者的比例竟占十之八九。他以為初期經大亂之後，民多流離失恆產，樂於從軍。同時法令嚴密，衛軍不敢逃亡。後來政府不能約束官吏，衛軍苦於被虐待、剝削和逼於鄉土之思，遂逃亡相繼（王瓊《清軍議》）。衛所的腐敗情形，試舉數例：

宣德九年（一四三四）二月壬申，行在兵部右侍郎王驥言：中外都司衛所官，唯知肥己，征差則賣富差貧，徵辦則以一科十，或占納月錢，或私役買賣，或以科需扣其月糧，或指操備減其布絮。衣食既窘，遂致逃亡。（《明宣宗實錄》卷一〇八）

弘治時劉大夏《條列軍伍利弊疏》也說：

在衛官軍苦於出錢，其事不止一端：如包辦秋青草價；給與勇士養馬；比較逃亡軍匠；責令包工雇役；或幫貼錦衣衛夷人馬匹；或加貼司苑局種菜軍人；內外宮人造墳，皆用夫價；接應公差車輛，俱費租錢，其他使用，尚不止此。又管營內外官員，率於軍伴額數之外，摘發在營操軍役使，上下相襲，視為當然。

又江南軍士漕運，有修船盤削之費，有監收斛面之加，其他掊克，難以枚舉。以致逃亡日多，則撥及全戶，使富者貧，貧者終至於絕。江南官軍每遇營操，雖給行糧，而往返之費，皆自營辦。況至京即撥做工雇車運料，而雜撥納辦，有難以盡言者。（《劉忠宣公集》卷一）

衛軍一方面被衛官私家役使[5]，甚至被逼為朝中權要種田[6]。月糧既被剋扣[7]，又須繳納月錢，供上官揮霍。[8]

隆慶三年（一五六九）蕭廩出核陝西四鎮兵食，發現被隱占的卒伍至數萬人（《明史》卷二二七《蕭廩傳》）。軍士無法生活，一部分改業為工人商販，以所得繳納上官。景帝即位時，劉定之上言十事，論當時情形：

天下農出粟，女出布，以養兵也。兵受粟於倉，受布於庫，以衛國也。向者兵士受粟布於公門，納月錢於私室，於是手不習擊刺之法，足不習進退之宜，第轉貨為商，執技為工，而以工商所得，補納月錢。民之膏血，兵之氣力，皆變為金銀，以惠奸宄。一旦率以臨敵，如驅羊拒狼，幾何其不敗也。（《明史》卷一七六）

大部分不能忍受的，相率逃亡，有的秘密逃回原籍，如正統時李純所言：

三年（一四三八）十月辛未，巡按山東監察御史李純言：遼東軍士往往攜家屬潛從登州府運船，越海道逃還原籍。而守把官軍，受私故縱。（《明英宗實錄》卷四七）

有的公開請假離伍：

正統十一年（一四四六）五月己卯，福建汀州府知府陸徵言：天下衛所軍往往假稱欲往原籍取討衣鞋，分析家貲，置備軍裝。其官旗人等貪圖賄賂，從而給與文引遣之。及至本鄉，私通官吏鄉里，推稱老病不行，轉將戶丁解補。到役未久，托故又去，以致軍伍連年空缺。（《明英宗實錄》卷一

四一）

其因罪謫戍的，則預先布置，改換籍貫，到衛即逃，無從勾捕：

宣德八年（一四三三）十二月庚午，巡按山東監察御史張聰言：遼東軍士多以罪謫戍，往往有亡匿者。皆因編發之初，奸頑之徒，改易籍貫，至衛即逃。比及勾追，有司謂無其人，軍伍遂缺。（《明宣宗實錄》卷一百七）

沈德符記隆萬時戍軍之亡匿情形，直如兒戲。他說：

吳江一叟號丁大伯者，家溫而喜談飲，久往來予家。一日忽至邸舍，問之，則解軍來。其人乃捕役妄指平民為盜，發遣遼東三萬衛充軍，亦隨在門外。先人語之曰：慎勿再來，倘此犯逸去，奈何！丁不顧，令之入叩頭，自言姓王，受丁恩不逸也。去甫一月，則王姓者獨至邸求見。先人駭問之，云已訖事，丁大伯亦旦夕至矣。先人細詰其故，第笑而不言。又匝月而丁來，則批回在手。其人到伍，先從間道逸歸，不由山海關，故反早還。因與丁做伴南旋。近聞中途亦有逃者，則長解自充軍犯，雇一二男女，一為軍妻，一為解人，投批到衛收管，領批報命時竟還桑梓。彼處戍長，以入伍脫逃，罪當及己，不敢聲言。且利其遺下口糧，潛入囊橐。而荷戈之人，優遊閭里，更無誰何之者。（《野獲編補遺》）

衛所官旗對於衛軍之逃亡缺額，非但毫不過問，並且引為利源。因為一方面他們可以干沒逃亡者的月糧，一方面又可以向逃亡者需索賄賂。永樂十二年（一四一四）明成祖曾申說此弊：

十月辛巳上諭行在兵部臣曰：今天下軍伍不整肅，多因官吏受賄，有縱壯丁而以罷弱充數者；有累歲缺伍不追補者；有偽作戶絕及以幼小紀錄者；有假公為名而私役於家者。遇有調遣，十無三四。又多是幼弱老疾，騎士或不能引弓，步卒或不能荷戈，緩急何以濟事！（《明成祖實錄》卷一五七）

五年後監察御史鄧真上疏說軍衛之弊，也說：

內外各衛所軍士，皆有定數，如伍有缺，即當勾補。今各衛所官吏惟耽酒色貨賄，軍伍任其空虛。及至差人勾補，縱容賣放，百無一二到衛，或全無者；又有在外娶妻生子不回者。官吏徇私蒙蔽，不行舉發。又有勾解到衛而官吏受贓放免；及以差使為由，縱其在外，不令服役。此軍衛之弊也。（《明成祖實錄》卷二一九）

在這情形下，《明史・兵志》記從吳元年十月到洪武三年十一月，三年中軍士逃亡者四萬七千九百餘。到正統三年（一四三八）離開國才七十年，這數目就突增到一百二十萬有奇，占全國軍伍總數二分之一弱。[9]據同年巡按山東監察御史李純的報告，他所視察的某一百戶所，照理應有旗軍一百十二人，可是逃亡所剩的結果，只留一人（《明英宗實錄》卷四七）。

邊防和海防情況：遼東的兵備在正德時已非常廢弛，開原尤甚，士馬才十二，牆堡墩台圮殆盡，將士依城塹自守，城外數百里，悉為諸部射獵地（《明史》卷一九九《李承勳傳》）。薊鎮兵額到嘉靖時也十去其五，唐順之《覆勘薊鎮邊務首疏》：

> 從石塘嶺起，東至古北口牆子嶺馬蘭谷，又東過灤河，至於太平寨燕河營，盡石門寨而止，凡為區者七。查得原額兵共七萬六百零四名，現在四萬六千零三十七名。逃亡二萬四千五百六十七名。又從黃花鎮起，西

至於居庸關，盡鎮邊城而止，凡為區者三，查得原額兵共二萬三千二十五名，逃亡一萬零一百九十五名。總兩關十區之兵，原額共九萬三千八百二十四名，現在五萬九千六十二名，逃亡三萬四千七百六十二名。……薊兵稱雄，由來久矣。比臣等至鎮，則見其人物瑣軟，筋骨綿緩，靡靡然有暮氣之惰，而無朝氣之銳。就而閱之，力士健馬，什才二三，鈍戈弱弓，往往而是。其於方圓牝牡九陣分合之變，既所不講，劍盾槍箭五兵之長，亦不能習。老羸未汰，紀律又疏，守尚不及，戰則豈堪。（《荊川外集》卷二）

沿海海防，經積弛後，尤不可問。《明史》卷二〇五《朱紈傳》記嘉靖二十六年時閩浙情形說：

漳、泉巡檢司弓兵舊額二千五百餘，僅存千人。……浙中衛所四十一，戰船四百三十九，尺藉盡耗。

海道副使譚綸述浙中沿海衛所積弊：

> 衛所官軍既不能以殺賊，又不足以自守，往往歸罪於行伍空虛，徒存尺籍，似矣。然浙中如寧、紹、溫、台諸沿海衛所，環城之內，並無一民相雜，廬舍鱗集，豈非衛所之人乎？顧家道殷實者，往往納充吏承，其次賂官出外為商，其次業藝，其次投兵，其次役占，其次搬演雜劇，其次識字，通同該伍放回附近原籍，歲收常例，其次舍人，皆不操守。即此八項，居十之半，且皆精銳。至於補伍食糧，則反為疲癃殘疾、老弱不堪之輩，軍伍不振，戰守無資，弊皆坐此。至於逃亡故絕，此特其一節耳。（胡宗憲《籌海圖編》卷一一《經略一・實軍伍》）

以至一衛軍士不滿千餘，一千戶所不滿百餘。一遇事變，便手足無措。倭寇起後，登陸屠殺，如入無人之境。充分證明了衛軍的完全崩潰，於是有募兵之舉，另外招募壯丁，加以訓練，抵抗外來的侵略。

勾軍與清軍／衛所制度崩潰

衛所軍士之不斷地逃亡，使統治階級感覺恐慌，努力想法挽救。把追捕逃軍的法令訂而又訂，規定得非常嚴密。《明史》卷九二《兵志》四記：

大都督府言：起吳元年十月至洪武三年十一月，軍士逃亡者四萬七千九百餘。於是下追捕之令，立法懲戒。小旗逃所隸三人降為軍，上至總旗百戶千戶皆視逃軍多寡，奪俸降革。其從征在外者罰尤嚴。

把逃軍的責任交給衛所官旗，讓他們為自己的利益約束軍士，這辦法顯然毫無效果，因為在十年後又頒發了同樣性質的法令：

洪武十三年（一三八〇）五月庚戌，上諭都督府臣曰：近各衛士卒率多逋逃者，皆由統之者不能撫恤。宜量定千百戶罰格。凡一千戶所逃至百

> 人者千戶月減俸一石，逃至二百人減二石。一百戶所逃及十人者月減俸一石，二十人者減二石，若所管軍戶不如數，及有病亡事故殘疾事，不在此限。（《明太祖實錄》卷一三一）

洪武十六年（一三八三）又命五軍都督府檄外衛所，速逮缺伍士卒，名為勾軍。特派給事中潘庸等分行清理，名為清軍。

洪武二十一年（一三八八）以勾軍發生流弊，命衛所及郡縣編造軍籍：

> 九月庚戌，上以內外衛所軍伍有缺，遣人追取戶丁，往往鬻法，且又騷動於民。乃詔自今衛所以亡故軍士姓名鄉貫編成圖籍送兵部，然後照籍移文取之，毋擅遣人，違者坐罪。尋又詔天下郡縣，以軍戶類造為冊，具載其丁口之數，如遇取丁補伍，有司按籍遣之，無丁者止。（同上書卷一九三）

軍籍有三份，一份是清勾冊（衛所的軍士逃亡及死亡冊），一份是郡縣的軍戶原籍家屬戶口冊，一份是收軍冊。衛所的軍額是一定的，衛軍規定必須有妻，不許獨身不婚。[10]父死子繼。如有逃亡缺伍或死絕，必須設法補足。補額的方法是到原籍追捕本身或其親屬。同年又置軍籍勘合：

> 是歲命兵部置軍籍勘合，遣人分給內外衛所軍士，謂之勘合戶由。其中間寫從軍來歷，調補衛所年月，及在營丁口之數。遇點閱則以此為驗。其底簿則藏於內府。（《明太祖實錄》卷一九五）

這兩種制度都為兵部侍郎沈溍所創。《明史》曾對這新設施的成效加以批評：

> 明初衛所世籍及軍卒勾補之法，皆沈溍所定。然名目瑣細，簿籍繁多，吏易為奸。終明之世，頗為民患，而軍衛亦日益耗。（《明史》卷一三八《唐鐸傳》）

實際上不到四十年，這兩種制度都已喪失效用了。不但不能足軍，反而擾害農民。第一是官吏借此舞弊：

> 宣德八年二月庚戌，行在兵部請定稽考勾軍之令。蓋故事都司衛所軍旗伍缺者，兵部預給勘合，從其自填，遣人取補。及所遣之人，事已還衛，

亦從自銷，兵部更無稽考。以故官吏夤緣為弊，或移易本軍籍貫，或妄取平民為軍，勘合或給而不銷，限期或過而不罪。致所遣官旗，遷延在外，娶妻生子，或取便還鄉，二三十年不回原衛所者，雖令所在官司執而罪之，然積弊已久，猝不能革。（《明宣宗實錄》卷九九）

使奉命勾軍的官旗，自身也成逃軍。第二是軍籍散失，無法勾補：

宣德八年八月壬午，河南南陽府知府陳正倫言：天下衛所軍士，或從征，或屯守，或為事調發邊衛。其鄉貫姓名詐冒更改者多。洪武中二次勘實造冊，經歷年久，簿籍鮮存，致多埋沒。有詐名冒勾者，官府無可考驗虛實。（同上書卷一〇四）

政府雖然時派大臣出外清理軍伍，宣德三年且特命給事中御史按期清軍。清軍條例也一增再增，規定得非常嚴密，軍籍也愈來愈複雜。嘉靖三十一年（一五五二）又增編兜底、類衛、類姓三冊，合原有之軍黃總冊（即戶口冊）為四冊。[11]但是這一切的條例和繁複的手續，只是多給予官吏以舞弊的機會，衛軍的缺伍情形，仍不因之稍減。

在明代前期，最為民害的是勾軍。軍士缺伍，勾捉正身者謂之跟捕，勾捕家丁者謂之勾捕。勾軍的弊害，洪熙元年（一四二五）興州左屯衛軍士范濟曾上書說：

> 臣在行伍四十餘年，謹陳勾軍之弊：凡衛所勾軍有差官六七員者，百戶所差軍旗二人或三人者，俱是有力少壯，及平日結交官長，畏避征差之徒，重賄貪饕官吏，得往勾軍。及至州縣，專以威勢虐害里甲，既豐其饋饌，又需其財物，以合取之人及有丁者釋之。乃詐為死亡，無丁可取，是以留宿不回。有違限二三年者，有在彼典雇婦女成家者。及還，則以所得財物，賄其枉法官吏，原奉勘合，矇朧呈繳。較其所取之丁，不及差遣之官，欲求軍不缺伍，難矣。（《明宣宗實錄》卷五）

官校四出，擾亂得閭里不寧，卻對軍伍之缺，一無裨補。正統元年（一四三六）九月分遣監察御史軒等十七人清理軍政，在賜敕中也指出當時的弊害，促令注意。敕書說：

> 武備立國之重事。歷歲既久，弊日滋甚。軍或脫籍以為民，民或枉指以為軍。戶本存而謂其為絕，籍本異而強以為同。變易姓名，改易鄉貫，

僉緣作弊，非止一端。推厥所由，皆以軍衛有司及里甲人等貪賂挾私，共為欺蔽，遂致妄冒者無所控訴，埋沒者無從追究，軍缺其伍，民受其殃。（《明英宗實錄》卷二二）

在實際上，不但法外的弊害，使農民受盡苦痛，即本軍本戶的勾補，對農民也是極大災難。試舉數例說明。第一例要七十老翁和八歲孩子補伍：

洪武二十五年四月壬子，懷遠縣人王出家兒年七十餘，二子俱為卒從征以死。一孫甫八歲，有司復追逮補伍。出家兒訴其事於朝，令除其役。（《明太祖實錄》卷二一七）

第二例單丁補役，田地無人耕種：

永樂八年四月戊戌，湖廣、彬州、桂陽縣知縣梁善言：本縣人民充軍數多，戶有一丁者發遣補役，則田地拋荒，稅糧無徵，累及里甲。（《明成祖實錄》卷一〇二）

第三例地方鄰里因勾軍所受的損失。萬曆三年徐貞明疏言：

> 東南民素柔脆，莫任遠戍。今數千里勾軍，離其骨肉。軍壯出於戶丁，幫解出於里甲，每軍不下百金。而軍非土著，志不久安，輒賂衛官求歸。衛官利其賂且可以冒餉也，因而縱之。是困東南之民，而實無補於軍政也。（《明史》卷二二三）

解除軍籍的唯一途徑，明初規定，必須做到兵部尚書才能脫籍為民。[12]《明史》卷一三八《唐鐸傳》記陳質許除軍籍，稱為特恩：

> 潮州陳質父在戍籍。父歿，質被勾補，請歸卒業，帝命除其籍。（兵部尚書）沈溍以缺軍伍持不可。帝曰：國家得一卒易，得一士難。遂除之。然此皆特恩云。[13]

後定制生員特許免勾，但要經考試合格：

> 凡開伍免勾，洪武二十三年令生員應補軍役者，除豁遣歸卒業。二十

九年令生員應起解者，送翰林院考試，成效者開伍，發回讀書。不成者照舊補役。（《大明會典》卷一五四）

永樂時又定例現任官吏免勾：

二年令生勾軍有見任文武官及生員吏典等，戶止三丁者免勾，四丁以上者勾一丁補伍。（同上）

從此官僚階級得豁去當軍的義務，軍伍的勾取只限於無錢無勢的平民了。

勾軍之害，已如上述。一到大舉清軍時，其害更甚。清軍官吏是以清出軍伍的多少定考成的，因此肆意誅求，濫及民戶，唯恐所勾太少。《明史》記宣德時清軍情形：

（趙豫）官松江知府。清軍御史李立至，專務益軍，勾及親戚同姓，稍辯則酷刑榜掠，人情大擾。訴枉者至一千一百餘人。[14]

正德時武定清軍，一州至萬餘人：

（郭侃）官武定知州。會清軍籍，應發遣者至萬二千人。侃曰：武定戶口三萬，是空半州也。力爭之得寢。（《明史》卷二八一《郭侃傳》）

王道論清軍之弊有三：第一是清勾不明；第二是解補太拘；第三是軍民並役。他說：

清勾之始，執事不得其人，上官不屑而委之有司，有司不屑而付之吏胥，賄賂公行，奸弊百出。正軍以富而倖免，貧民無罪而干連，有一軍缺而致數人之命，一戶絕而破蕩數家之產者矣，此清勾不明之弊一也。

國初之制，垛集者不無遠近之異，謫戍者多羅邊衛之科，承平日久，四海一家，或因遷發，填實空曠，或因商宦，流寓他方，占籍既久，桑梓是懷。今也勾考一明，必欲還之原伍，遠或萬里，近亦數千，身膺桎梏，心戀庭闈，長號即路，永訣終天，人非木石，誰能堪此，此解補太拘之弊二也。

邇年以來，地方多事，民間賦役，十倍曩時，鬻賣至於妻子，算計盡乎雞豚，苦不聊生，日甚一日，而又忽加之以軍伍之役，重之以饋送之繁，行齎居送，無地方可以息肩，死別生離，何時為之聚首？民差軍需，交發互

至，財殫力竭，非死即亡，此軍民並役之弊三也。（《順渠先生文集》卷四）

至嘉靖時，軍伍更缺，法令愈嚴，有株累數十家，勾攝經數十年者，丁口已盡，猶移覆紛紜不已。萬曆中南直隸應勾之軍至六萬六千餘，株連至二三十萬人（《明史》卷九二《兵志四》）。衛軍已逃亡的，「勾軍無虛歲，而什伍日虧」。未逃亡或不能逃亡的，卻「平居以壯儀衛，備國容猶不足」[15]。衛所制度到這時候，已經到了完全崩潰的階段了。

募兵／同衛軍一樣，逃亡相繼

從永樂遷都北京以後，每年須用船運東南米數百萬石北來，漕運遂為明代要政。運糧多由各地衛軍負責。宣宗即位後，始定南北衛軍分工之制，南軍轉運，北軍備邊。[16]特設漕運總兵，用衛軍十二萬人（《明史》卷一五三《陳暄傳》）。東南軍力由之大困。弘治元年（一四八八）都御史馬文升疏論運軍之苦說：

各直省運船，皆工部給價，令有司監造。近者漕運總兵以價不時給，請領價自造，而部臣以軍士不加愛護，議令本部出料四分，軍衛任三分，舊船抵三分。軍衛無從措辦，皆軍士賣資產，鬻男女以供之，此造船之苦也。正軍逃亡數多，而額數不減，俱以餘丁充之，一戶有三四人應役者，春兑秋歸，艱辛萬狀，船至張家灣，又雇車盤撥，多稱貸以濟用，此往來之苦也。其所稱貸，運官因以侵漁，責償倍息，而軍士或自載土產以易薪米，又格於禁例，多被掠奪。（《明史》卷七九《食貨志三・漕運》）

江南軍士「多因漕運破家」，江北軍士則「多以京操失業」[17]。南北衛軍因之都廢弛不可用。

明代用全力防守北邊，備蒙古入侵。腹地軍力極弱，且經積弛之後，一有事故，便手足無措。隆慶時靳學顏疏言：

> 夫陷陣摧堅，旗鼓相當，兵之實也。今邊兵有戰時，若腹兵則終世不一當敵，每盜賊竊發，非陰陽醫藥雜職，則丞貳判簿為之將，非鄉民里保，則義勇快壯為之兵，在北則借鹽丁礦徒，在南則借狼土，此皆腹兵不足用之明驗也。（《明史》卷二一四《靳學顏傳》）

所說的雖然是後期情形，其實在前期即已如此。正統時鄧茂七起義，將帥尪怯退避，反由文吏指揮民兵作戰。[18]天順初年兩廣「盜」起，將吏率縮朒觀望，怯不敢戰。[19]至正德時劉寵、劉宸起義，腹地衛軍已全不能用：

> 正德六年（一五一一）劉寵劉宸等自畿輔犯山東河南，下湖廣，抵江西。復自南而北，直窺霸州。楊虎等自河北入山西，復東抵文安，與

寵等合。破邑百數，縱橫數千里，所過若無人。（《明史》卷一八七《馬中錫傳》）

只好調邊兵來作戰。西南和東南則調用素稱剽悍嗜殺的狼土兵。[20]可是狼土兵毫無軍紀，貪淫殘殺，當時有「賊如梳，軍如篦，土兵如鬄」[21]和「土賊尤可，土兵殺我」之謠[22]。甚或調用土達[23]，如毛勝（原名福壽）之捕苗雲南：

正統六年，靖遠伯王驥請選在京番將舍人捕苗雲南，乃命勝與都督冉保統六百人往。……（正統十四年）以左副總兵統河間東昌降夷赴貴州（平賊）。（同上書卷一五六《毛勝傳》）

和勇（原名脫脫孛羅）之平兩廣「盜」：

天順間以兩廣多寇，命充游擊將軍，統降夷千人往討。……成化初趙輔、韓雍征大藤峽，詔勇以所部從征。（同上書卷一五六《和勇傳》）

又行僉民壯法，增加地方兵力。正統二年（一四三七）始募所在軍餘民壯願自效者。十四年（一四四九）令各處招募民壯，就令本地官司率領操練，遇警調用，事定仍復為民。

弘治二年（一四八九）又令：

州縣選取年二十以上五十以下精壯之人，州縣七八百里，每里僉二名。五百里者每里三名。三百里者每里四名。一百里以上者每里五名。春夏秋每月操二次，至冬操三歇三，遇警調集，官給行糧。（《明史》卷九一《兵志》）

富民不願服務，可納錢免僉，由官代募。此種地方兵又稱機兵，在巡檢司者稱為弓兵。到此人民又加上一層新負擔，軍外加兵，疲於奔命。

調用邊兵土兵達兵和僉點民壯，雖然解決了一時的困難，可是邊兵有守邊之責，土兵不易制裁，達兵數目不多，民壯稍後也積弊不可用，而且是地方兵，只供守衛鄉里，不能遠調。王守仁在正德時曾申說當時兵備情形：

贛州財用耗竭，兵力脆弱，衛所軍丁，只存故籍，府縣機（兵）快（手），半充虛文，禦寇之方，百無一恃，以此例彼，餘亦可知。是以每遇盜賊猖獗，輒覆奏請兵，非調土軍，即倩狼達，往返之際，輒已經年，靡費所需，動逾數萬。逮至集兵舉事，即已魍魎潛形，曾無可剿之賊，稍俟班師旋旅，則又鼠狐聚黨，復當不軌之群。機宜屢失，備禦益弛。徵發無救於瘡痍，供饋適增其荼毒。群盜習知其然，愈肆無憚，百姓謂莫可恃，競亦從非。（《陽明集要．經濟集一．選揀民兵》）

在這種情況下，不能不另想辦法。於是有募兵出現。在衛軍民壯以外，又加上第三種軍隊。募兵出而衛軍民壯自以為無用，愈加廢弛。[24]

募兵之制，大約開端於正統末年。募兵和民壯不同，民壯是由地方按里數多少或每戶壯丁多少僉發的，平時定期訓練，餘時歸農，調發則官給行糧，事定還家。完全為警衛地方之用。募兵則由中央派人招募，入伍後按月發餉，東西征戍，一唯政府之命。戰時和平時一樣，除退役外不能離開行伍。正統土木之變，京軍潰喪幾盡，各省勤王兵又不能即刻到達，於是派朝官四出募兵[25]，以為戰守之計。

嘉靖時倭寇猖獗，沿海糜爛，當時人對於衛軍之毫無抵抗能力，不能保衛地方，極為不滿。主張在衛軍和募兵兩者中擇較精銳的精練禦敵，即以所淘汰的軍的糧餉歸之能戰的兵，郎瑛所記「近日軍」即代表此種意見。他說：

古之置軍也防患，今之置軍也為患。何也？太平無事，民出穀以養軍，官有產以助軍，是欲藉其有警以守，盜發以討，所以衛民也。衛民，衛國也。今海賊為害有年矣，未聞軍有一方之守，一陣之敵焉。守敵者非召募之土著，則選調別省兵勇。故見戮於賊也，非地方男婦良民，即遠近召募之眾。是徒有養軍之害，而無衛軍之實，國非亦為其所損哉！

為今之計，大閱軍兵，使較射撲，軍勝於募，則以募銀之半加於軍，募勝於軍，則扣軍糧之半以益募。如此則軍兵各為利而精矣。以練精者上陣以殺賊，餘當減之也。庶民不費於召募之費，國不至於倍常之費，雖為民而實為國矣。（《七修類稿續稿》卷三）

要求用精練的兵作戰。當時將帥都在這要求下紛紛募兵訓練，內中最著名的如戚繼光：

繼光至浙，見衛所兵不習戰，而金華義烏俗稱慓悍，請召募三千人教以擊刺法，長短兵迭用，由是繼光一軍特精。又以南方多藪澤，不利馳逐。乃因地形，制陣法，審步伐便利，一切戰艦火器兵械，精求而更制之，戚家軍名聞天下。（《明史》卷二一二《戚繼光傳》）

譚綸：

東南倭患已四年，朝議練鄉兵禦賊。參將戚繼光請期三年而後用之。綸亦練千人，立束伍法，自裨將以下節節相制，分數既明，進止齊一，未久即成精銳，益募浙東良家子教之。而繼光練兵已及期，因收之為己用，客兵罷不復調。（同上書卷二一二《譚綸傳》）

同時張鏊募兵名振武營[26]，鄭曉[27]、朱先募鹽徒為兵[28]，名將俞大猷所練兵名俞家軍[29]，都卓有成效，在幾年中完全肅清了倭寇。

在另一方面，北邊的邊軍也漸漸地用募兵來代替和補充世軍。《明史》卷二○四《陳九疇傳》：

世宗即位，巡撫甘肅。抵鎮言：額軍七萬餘，存者不及半，且多老弱，請令召募。報可。[30]

嘉靖二十九年又令薊鎮自於密雲、昌平、永平、遵化募兵一萬五千（《大明會典》卷一二九)。隆慶二年以戚繼光為總兵官練薊鎮兵，募浙兵三千做邊軍模範(《明史》卷二一二《戚繼光傳》)。後又續募浙兵九千余守邊，邊備大飭。(同上書《譚綸傳》)甚至京軍也用募兵充伍：

> 嘉靖二十九年，遣四御史募兵畿輔、山東、山西、河南得四萬人，分隸神樞神機。(同上書卷八九《兵志》一)

從此以後，以募兵為主力，衛軍只留空名，置而不用。[31]時人以為募兵較世軍有十便：

> 年力強壯者入選，老弱疲癃，毋得濫竽其中，便一。一遇有缺伍，朝募而夕補，不若清勾之曠日持久，便二。地與人相習，無懷故土逃亡之患，便三。人必能一技與善一事者方得掛名什伍，無無用而苟食者，便四。汰減之法，自上為政，老病不任役者棄之，不若祖軍頂替，有賄官職而瞞年歲者，便五。部科遴揀，一朝而得數什百人，貪弁不得緣以勒指需索，便六。有事而強壯者人可荷戈，不煩更為挑選，便七。家有有力者數人，人皆得為縣官出力，不願者勿強也，便八。壯而不能治生產者，得受糈

於官，無饑寒之患，便九。猛健豪鷙之材，籠而馭之，毋使流為奸宄盜賊，便十。（《客座贅語》卷二）

萬曆末年建州勃興，遼瀋相繼失守，募兵愈多，國庫日絀。募來的兵多未經嚴格訓練，又不能按時發餉，結果也和衛軍一樣，逃亡相繼。熊廷弼《遼左大勢久去疏》：

遼東現在兵有四種：一曰募兵，傭徒廝役，游食無賴之徒，幾能弓馬慣熟？幾能膂力過人？朝投此營，領出安家月糧而暮逃彼營；暮投河東，領出安家銀兩而朝投河西。點冊有名，及派工役而忽去其半；領餉有名，及聞告警而又去其半。此募兵之形也。（《熊襄湣公集》卷三）

甚至內地兵尚未出關，即已逃亡。[32]在遼就地所募兵，得餉後即逃亡過半。[33]天啟時以四方所募兵日逃亡，定法攝其親屬補伍（《明史》卷二五六《畢自嚴傳》）。也只是一個空頭法令，實際上並不能實行。稍一缺餉，則立刻嘩變，崇禎元年川、湖兵戍寧遠時，以缺餉四月大噪，餘十三營起應之，至縛繫巡撫畢自嚴（《明史》卷二五九《袁崇煥傳》）。

「流寇」起後，內外交逼，將帥擁兵的都只顧身家，畏葸不敢作戰。政府也曲意寬容，極意籠絡，稍有功效，加官封爵，唯恐不及。喪師失地的卻不敢少加罪責，唯恐其擁兵叛亂，又樹一敵。由此兵驕將悍，國力日蹙。[34]諸將中左良玉兵最強，擁兵自重，跋扈不肯聽調遣，《明史》說他：

> 多收降寇以自重，督撫檄調，不時應命。……壁樊城，驅襄陽一郡人以實軍，降賊附之，有眾二十萬。……福王立……南都倚為遮罩。良玉兵八十萬，號百萬，前五營為親軍，後五營為降軍，每春秋肄兵武昌諸山，一山幟一色，山谷為滿。軍法用兩人夾馬馳曰過對，馬足動地，殷如雷聲。諸鎮兵唯高傑最強，不及良玉遠甚。（《明史》卷二七三《左良玉傳》）

一人擁兵八十萬，當時號為左兵。在崇禎時代他為要保全私人實力，不聽政府調遣。福王立，他又發動內戰，以致清兵乘虛直搗南京。其他鎮將如高傑、黃得功、劉澤清、劉良佐在北都亡後，擁兵江北，分地分餉，儼然成為藩鎮。他們不但以武力干涉中央政事，還忙於搶奪地盤，互相殘殺。高傑、黃得功治兵相攻，劉澤清、劉良佐、許定國則按兵不動。後來許定國誘殺高傑，以所部獻地降清，劉澤清、劉良佐也不戰降附，黃得功兵敗自殺，南都遂亡。

軍餉與國家財政／衛兵壞而募兵增，財政難以為繼

明初衛軍糧餉，基本上由屯田所入支給。明太祖在初起兵時，即立民兵萬戶府，寓兵於農：

戊戌（一三五八）十一月辛丑，立管理民兵萬戶府。令所定郡縣民武勇者，精加簡拔，編輯為伍，立民兵萬戶府領之。俾農時則耕，閒則練習，有事則用之。事平有功者一體升擢，無功令還為民。（《明太祖實錄》卷六）

又令諸將屯田各處。建國後，宋訥又疏勸採用漢趙充國屯田備邊的辦法，以禦蒙古。他說：

今海內乂安，蠻夷奉貢。惟沙漠未遵聲教。若置之不理，則恐歲久丑類為患，邊圉就荒。若欲窮追遠擊，六師往還萬里，饋運艱難，士馬疲勞。

> 陛下為聖子神孫萬世計，不過謹備邊之策耳。備邊固在乎兵實，兵實又在乎屯田。屯田之制，必當以法漢（趙充國）。……陛下宜於諸將中選其智勇謀略者數人，每將以東西五百里為制，隨其高下，立法分屯。所領衛兵以充國兵數斟酌損益，率五百里一將，布列緣邊之地，遠近相望，首尾相應，耕作以時，訓練有法，遇敵則戰，寇去則耕，此長久安邊之法也。（《西隱文稿》卷一〇《守邊策略》）

同時由海道運糧到遼東，又時遭風覆溺。因之決意興屯，不但邊塞，即內地衛所也紛紛開屯耕種。定制邊地衛所軍以三分守城，七分屯種，內地二分守城，八分屯種。每軍受田五十畝為一分，給耕牛農具，教樹植，復租賦。初稅畝一斗。建文四年（一四〇二）定科則，軍田一分正糧十二石，貯屯倉，聽本軍自支。餘糧為本衛所官軍俸糧。永樂時東自遼左，北抵宣大，西至甘肅，南至滇、蜀，極於交阯，中原則大河南北，在在興屯（《明史》卷七七《食貨志一・田制》）。養兵（數）百萬，基本上由屯田收入支給（同上書卷二五七《王洽傳》）。

除軍屯外，邊上又有商屯。洪武時戶部尚書郁新創開中法：

> 新以邊餉不繼，定召商開中法。令商輸粟塞下，按引支鹽，邊儲以

足。（同上書卷一五〇《郁新傳》）。

商人以遠道輸粟，費用過大，就自己募人耕種邊上閒田，即以所獲給軍，換取鹽引，到鹽場取鹽販賣營利，邊儲以足。

政府經費則戶部銀專給軍旅，不做他用（《明史》卷二二〇《王遴傳》）。戶部貯銀於太倉庫，是為國庫。內廷則有內承運庫，貯銀供宮廷費用，收入以由漕糧改折之金花銀百萬兩為大宗。除給武臣祿十餘萬兩外，盡供御用。邊賞首功不屬經常預算，亦由內庫頒發。國家財政和宮廷費用分開（同上書卷七九《食貨志三・倉儲》）。軍餉又概由屯田和開中支給。所以明初幾次大規模的對外戰爭，如永樂、宣德時代之六次打蒙古，三次打安南，七次下西洋，雖然費用浩繁，國庫還能應付。

可是軍屯和商屯兩種制度，不久便日趨廢弛，國庫也不能維持其獨立性，為內廷所侵用。衛軍壞而募兵增，政府既需補助衛軍餉糈，又加上兵的餉銀，國家經費，入不敷出，只好採取飲鴆止渴的辦法，以出為入，發生加派增稅捐納種種弊政，農民於繳納額定的賦稅以外，又加上一層軍兵費的新負擔。

軍屯之壞，在宣德初年范濟即已上書指出。他說：

洪武中令軍士七分屯田，三分守城，最為善策。比者調度日繁，與造

日廣，虛有屯種之名，田多荒蕪。兼養馬採草伐薪燒炭，雜役旁午，兵力焉得不疲，農業焉得不廢。（同上書卷一六四《范濟傳》）

屯軍因雜役而廢耕，屯的田又日漸為勢豪所占。[35]正統以後，邊患日亟，所屯田多棄不能耕。再加上官吏的需索，軍士的逃亡，屯軍愈困，衛所收入愈少。[36]政府沒有辦法，只好減輕屯糧，免軍田正糧歸倉，止徵餘糧六石。弘治時又繼續削減，屯糧愈輕，軍餉愈絀。

《明史》記：

初永樂時屯田米常溢三之一。常操軍十九萬，以屯軍四萬供之。而受供者又得自耕邊外，軍無月糧，是以邊餉恆足。（《明史》卷七七《食貨志一．田制》）

正統以後政府便需按年補助邊費，稱為年例。

軍屯以勢豪侵占，衛軍逃亡而破壞，商屯則以改變制度而廢弛。《明史．葉淇傳》：

弘治四年為戶部尚書。變開中之制，令淮商以銀代粟，鹽課驟增百餘萬，悉輸之運司，邊儲由此蕭然矣。（同上書卷一八五）

鹽商從此可以用銀買鹽，不必再在邊境屯田。鹽課收入雖然驟增，可是銀歸運司，利歸商人，邊軍所需是月糧，邊地所缺的是米麥，商屯一空，邊餉立絀。《明史・食貨志》說：

弘治中葉淇變法而開中始壞，諸淮商悉撤業歸，西北商亦多徙家於淮。邊地為墟，米石直銀五兩，而邊儲枵然矣。

後來雖然有若干人提議恢復舊制，但因種種阻礙，都失敗了。

明代國家財政每年出入之數，在初期歲收田賦本色米，除地方存留千二百萬石外（同上書卷二二五《王國光傳》），河、淮以南以四百萬石供京師，河、淮以北，以八百萬石供邊，一歲之入，足供一歲之用（同上書卷二一四《馬森傳》）。到正統時邊用不敷，由中央補助歲費，名為年例。

正統十二年（一四四七）給遼東銀十萬兩，宣大銀十二萬兩（畢自嚴《石隱園藏稿》卷六《覆議屯田疏》）。到弘治時內府供應繁多，「光祿歲供增數十倍，諸方織作，務為新巧，齋醮日費巨萬，太倉所儲不足餉戰士，而內府收入，動四五十萬。而宗藩貴戚之求土田，奪鹽利者，亦數千萬計。土木日興，科斂不已。傳奉冗官之俸薪，內府工匠之餼廩，歲增月積，無有窮期。」（《明史》卷一八一《劉健傳》）

財用日匱。國庫被內廷所提用，軍餉又日漸不敷，弘治八年尚書馬文升以大同邊警，至議加南方兩稅折銀（《明史》卷一八一《謝遷傳》）。

正德時諸邊年例增至四十三萬兩（同上書卷二三五《王德完傳》），軍需雜輸，十倍前制（同上書卷一九二《張原傳》）。京糧歲入三百五萬，而食者乃四百三萬（同上書卷二〇一《周金傳》）。嘉靖朝北有蒙古之入寇，南有倭寇之侵軼，軍兵之費較前驟增十倍。田賦收入經過一百五十年的休養生息，反比國初為少。[37]

嘉靖五年銀的歲入止百三十萬兩，歲出至二百四十萬。（同上書卷一九四《梁材傳》）光祿庫金自嘉靖改元至十五年積至八十萬，自二十一年以後，供億日增，餘藏頓盡。（同上書卷二一四《劉體乾傳》）

嘉靖二十九年俺答入寇，兵餉無出，只好增加田賦，名為加派，徵銀一百十五萬。這時銀的歲入是二百萬兩，歲出諸邊費即六百餘萬，一切取財法行之已盡。[38]接著是東南的倭寇，又於南畿浙閩的田賦加額外提編，江南加至四十萬。提編是加派的別名，為倭寇增兵而設，可是倭寇平後這加派就成為正賦。（同上書卷七八《食貨志二・賦役》）

廣東也以軍興加稅，到萬曆初年才恢復常額。（同上書卷二五五《李戴傳》）諸邊年例增至二百八十萬兩。（同上書卷二〇二《孫應奎傳》，同書卷二三五《王德完傳》）隆慶初年馬森上書說：

屯田十虧七八，鹽法十折四五，民運十逋二三，悉以年例補之。在邊則士馬不多於昔，在太倉則輸入不多於前，而所費數倍。（同上書卷二一四《馬森傳》）

派御史出去搜括地方庫藏，得銀三百七十萬也只能敷衍一年。內廷在這情形下，還下詔取進三十萬兩，經戶部力爭，乃命止進十萬兩（同上書卷二一四《劉體乾傳》）。萬曆初年經過張居正的一番整頓，綜核名實，裁節冗費，政治上了軌道，國庫漸漸充實，浸浸成小康的局面。張居正死後，神宗惑於貨利，一面浪費無度，一面肆力搜括，外則用兵朝鮮，內則農民暴動四起，國家財政又到了破產的地步。

萬曆前期的國家收入約四百萬兩，歲出四百五十餘萬兩。歲出中九邊年例一項即占三百六十一萬兩[39]，後來又加到三百八十餘萬兩[40]。每年支出本來已經不夠，內廷還是一味向國庫索銀，皇帝成婚，皇子出閣成婚，皇女出嫁，營建宮殿種種費用都強逼由國庫負擔。[41]

又從萬曆六年起，於內庫歲供金花銀外，又增買辦銀二十萬兩為定制（《明史》卷七九《食貨志三・倉庫》）。結果是外廷的太倉庫光祿寺庫太僕寺庫的儲蓄都被括取得乾乾淨淨，內廷內庫帑藏山積，國庫則蕭然一空。[42]

萬曆二十年哱拜反於寧夏，又接連用兵播州，朝鮮戰役歷時至七年。支出軍費至一千餘萬兩，[43]大半出於加派和搜括所得。《明史・孫瑋傳》記：

朝鮮用兵，置軍天津，月餉六萬，悉派之民間。（同上書卷二四一）

所增賦額較二十年前十增其四，民戶殷足者什減其五。東征西討，蕭然苦兵（《明史》卷二一六《馮琦傳》）。到萬曆四十六年（一六一八）遼東兵起，接連加派到五百二十萬兩：

時內帑充積，帝靳不肯發。戶部尚書李汝華乃援征倭征播例，畝加三厘五毫，天下之賦增二百萬有奇。明年復加三厘五毫。又明年以兵工二部請，復加二厘。通前後九厘，增賦五百二十萬，遂為定額。（同上書卷七八《食貨志二・賦役》；卷二二〇《李汝華傳》）

接著四川、貴州又發生戰事，截留本地賦稅作兵餉，邊餉愈加不夠。從萬曆三十八年到天啟七年（一六一〇—一六二七）負欠各邊年例至九百六十八萬五千五百七十一兩七錢三分（《石隱園藏稿》卷六《詳陳節欠疏》）。兵部和戶部想盡了法子，羅掘俱窮，實在到了無辦法的地步，只好請發內庫存銀，權救邊難，可是任憑呼籲，皇帝堅決不理，楊嗣昌在萬曆四十七年所上的《請帑稿》頗可看出當時情形：

> 今日見錢，戶部無有，工部無有，太僕寺無有，各處直省地方無有。自有遼事以來，戶部一議挪借，而挪借盡矣。一議加派，而加派盡矣。一議搜括，而搜括盡矣。有法不尋，有路不尋，則是戶部之罪也。至於法已盡，路已尋，再無銀兩，則是戶部無可奈何，千難萬苦。臣等只得相率懇請皇上將內帑多年蓄積銀兩，即日發出億萬，存貯太倉，聽戶部差官星夜齎發遼東，急救遼陽。如遼陽已失，急救廣寧，廣寧有失，急救山海等處，除此見錢急著，再無別法處法。（《楊文弱集》卷二）

疏上留中，遼陽、廣寧也相繼失陷。

天啟時諸邊年例又較萬曆時代增加六十萬，京支銀項增加二十餘萬（《石隱園藏稿》卷六《清查九邊軍餉疏》）。遼東兵額九萬四千餘，歲餉四十餘萬，到天啟二年關上兵止十餘萬，月餉至二十二萬（《明史》卷二七五《解學龍傳》），軍費較前增加六倍。新兵較舊軍餉多，在招募時，舊軍多竄入新營為兵，一面仍保留原額，政府付出加倍的費用募兵，結果募的大部仍是舊軍，衛所方面仍需發餉。[44]

從泰昌元年十月到天啟元年十二月，十四個月用去遼餉至九百二十五萬一千餘兩，較太倉歲入總數超過三倍。（《楊文弱集》卷四《述遼餉支用全數疏》）

崇禎初年，一方面用全力防遏建州的入侵，一方面「流寇」四起，內外交逼，兵愈增，餉愈絀。崇禎二年三月戶部尚書畢自嚴疏言：

> 諸邊年例自遼餉外，為銀三百二十七萬八千有奇。今薊、密諸鎮節省三十三萬，尚應二百九十四萬八千。統計京邊歲入之數，田賦百九十六萬二千，鹽課百十一萬三千，關稅十六萬一千，雜稅十萬三千，事例約二十萬，凡三百二十六萬五千有奇。而逋負相沿，所入不滿二百萬，即盡充邊餉尚無贏餘。乃京支雜項八十四萬，遼東提塘三十餘萬，薊、遼撫賞十四萬，遼東舊餉改新餉二十萬，出浮於入已一百十三萬六千。況內供召買，宣大撫賞，及一切不時之需，又有出常額外者。（《明史》卷二五六《畢自嚴傳》）

除遼餉不算，把全國收入，全部用作兵費還差三分之一。崇禎三年又於加派九厘外，再加三厘，共增賦一百六十五萬四千有奇。[45]同年度新舊兵餉支出總數達八百七十餘萬，收入則僅七百十餘萬，不敷至百六十萬（《石隱園藏稿》七《兵餉日增疏》）。崇禎十年增兵十二萬，增餉二百八十萬，名為剿餉：

> 其籌餉之策有四：曰因糧，曰溢地，曰事例，曰驛遞。因糧者，因舊額之糧，量為加派，畝輸糧六合，石折銀八錢，傷地不與，歲得銀百九十二萬有奇。溢地者，民間土地溢原額者，核實輸賦，歲得銀四十萬六千有奇。事例者，富民輸貲為監生，一歲而止。驛遞者，前此郵驛裁省之銀，以二十萬充餉。……初嗣昌增剿餉，議一年而止，後餉盡而賊未平，詔徵其半。至是督餉侍郎張伯鯨請全徵。（《明史》卷二五二《楊嗣昌傳》）

崇禎十二年又議練兵七十三萬，於地方練民兵，又於剿餉外，增練餉七百三十萬。時論以為：

> 九邊自有額餉，概予新餉，則舊者安歸。邊兵多虛額，今指為實數，餉盡虛糜而練數仍不足。且兵以分防不能常聚，故有抽練之議。抽練而其

餘遂不問。且抽練仍虛文，邊防愈益弱。至州縣民兵益無實，徒糜厚餉。以嗣昌主之，事鉅，莫敢難也。（同上）

從萬曆末年到這時，遼餉的四次遞加，加上剿餉、練餉，一共增賦一千六百九十五萬兩。這是明末農民在正賦以外的新增負擔！崇禎十六年索性把三餉合為一事，省得農民弄不清楚和吏胥的作弊。（同上書卷二六五《倪元璐傳》）

因外族侵略和農民起義而增兵，因增兵而籌餉，因籌餉而加賦。賦是加到農民頭上的，官吏的嚴刑催逼和舞弊，迫使農民非參加起義不可，《明史》卷二五五《黃道周傳》說：

催科一事，正供外有雜派，新增外有暗加，額辦外有貼助。小民破產傾家，安得不為盜賊！

結果是朱明統治的被推翻。「流寇」領袖攻陷北京的李自成起事的口號是：從闖王，不納糧！

【注釋】

1《明史》卷一八五《吳世忠傳》：「弘治十一年（一四九八）言：國初設七十二衛，軍士不下百萬。」同書卷八九《兵志》一：「嘉靖二十九年（一五五〇）吏部侍郎王邦瑞攝兵部，因言：『國初京營勁旅不減七、八十萬。』」

2《明史》卷一八一《李東陽傳》，同書卷一九三《費宏傳》：「太倉無三年之積，而冗食日增，京營無十萬之兵，而赴工不已。」卷一九四《梁材傳》：「嘉靖六年（一五二七）時修建兩宮七陵，役京軍七萬，大役頻興，役外衛班軍四萬六千人，郭勳籍其不至者，責輸銀雇役，廩食視班軍。」

3《明史》卷一八〇《張寧傳》：「景泰七年言：京衛帶俸武職，一衛至二千餘人，通計三萬餘員，歲需銀四十八萬，米三十六萬，他折俸物動經百萬。耗損國儲，莫甚於此。而其間多老弱不嫻騎射之人。」

4《明史》卷二七五《解學龍傳》：「天啟二年（一六二二）疏言：國初文職五千四百有奇，武職二萬八千有奇。神祖時文增至一萬六千餘，武增至八萬二千餘。今不知又增幾倍？」

5《明成祖實錄》卷六八：「永樂五年（一四〇七）六月辛卯，御史蔣彥祿言：國家養軍士以備攻戰。暇則教之，急則用之。今各衛所官夤緣為奸，私家役使，倍蓰常數。假借名義以避正差，賄賂潛行，互相蔽隱。」

6《明史》卷一七七《年富傳》：「英國公張懋及鄭宏各置莊田於邊境，歲役軍耕種。」

7王鏊《王文恪公文集》卷一九《上邊議八事》：「今沿邊之民，終年守障，辛苦萬狀。而上之人又百方誅求，雖有屯田而子粒不得入其口，雖有月糧而升斗不得入其家，雖有賞賜而或不得給，雖有首級而不得為己功。」

《明史》卷一八二《劉大夏傳》：「弘治十七年召見大夏於便殿……問軍，對曰：窮與民等。帝曰：居有月糧，出有行糧，何故窮？對曰：其帥侵克過半，安得不窮！」

《明英宗實錄》卷一二六：「正統二年十月辛亥，直隸巡按御史李奎奏：沿海諸衛所官旗，多克減軍糧入己，以致軍士艱難，或相聚為盜賊，或興販私鹽。」

8《明史》卷一六四《曹凱傳》：「景泰中擢浙江右參政。時諸衛武職役軍辦納月錢，至四千五百餘人。」同書卷一八〇《汪奎傳》：「成化二十一年言：內外座營監槍內官增置過多，皆私役軍士，辦月錢。多者至二三百人。武將亦多私役健丁，行伍唯存老弱。」甚至餘軍亦被私役，《明英宗實錄》卷一八六：「正統十四年十二月壬申，兵科給事中劉斌奏：近數十年典兵官員既私役正軍，又私役餘丁。甚至計取月錢，糧不全支。是致軍士救饑寒之不暇，尚何操習訓練之務哉！」

9《明英宗實錄》卷四六：「正統三年九月丙戌，行在兵部奏：天下都司衛所發冊坐勾逃故軍士一百二十萬有奇。今所清出，十無二三。未幾又有逃故，難以遽皆停止。」

10《籌海圖編》卷一一《實軍伍》，兵部尚書張時徹云：「（衛軍）無妻者輒罷革。」《明史》卷九二《兵志》四：「軍士應起解者皆僉妻。」

11《大明會典》卷一五五《兵部三八．軍政二．冊單》：「凡大造之年，除軍黃總冊照舊攢造外，又造兜底一冊，細開各軍名貫，充調來歷，接補戶丁，務將歷年軍冊底查對明白，毋得脫漏差錯。又別造類姓一冊；不拘都圖衛所，但係同姓者摘出類編。又別造類衛一冊，以各衛隸各省，以各都隸各衛，務在編類詳明，不許混亂。其節年問發永遠新軍亦要附人各冊，前葉先查概縣軍戶總數以遞合圖，以圖合都，以都合縣。不許戶存戶絕，有無勾單，務尋節年故牘，補足前數。每於造冊之年，另造一次，有增無減，有收無除。每縣每冊各造一樣四本，三本存各司府州縣，一本送兵部備照。冊高闊各止一尺二寸，不許寬大，以致吏書作弊。」按軍黃《明史》及《明史稿．兵志》均作軍貫，今從《會典》。

12《明史》卷九二《兵志》清理軍伍。同書卷一三八《陳修傳》：「翟善遷吏部尚書，帝欲除其家戍籍。善曰：戍卒宜增，豈可以臣破例。帝益以為賢。」

13《明史》卷一四二《陳彥回傳》：「彥回莆田人，父立誠為歸安丞，被誣論死，彥回謫戍雲南，家人從者多道死，惟彥回與祖母郭在。會赦又弗原，監送者憐而縱之，貧不能歸，依鄉人知縣黃積良。……彥回後擢徽州知府。……當彥回之戍雲南也，其弟彥　亦戍遼東。至是詔除彥回籍。」按以罪謫戍者，如罪不至全家，經請求得由子弟代役，《明史》卷一四三《高巍傳》：「由太學生試前軍都督府左斷事……尋以決事不稱旨當罪，減死戍貴州關索嶺。特許弟侄代役，曰旌孝子也。」《周縉傳》：「遣戍興州，有司遂捕縉械送戍所。居數歲，子代還。」

14《明史》卷二八一《趙豫傳》，同上《張宗璉傳》：「朝遣李立理江南軍籍，檄宗璉自隨。立受黠軍詞，多逮平民實伍。」

吳寬《匏翁家藏集》卷三三《崔巡撫辯誣記》：「宣德初所謂軍政條例始行於天下。御史李立往理蘇、常等府。立既刻薄，濟以蘇倅張徽之凶暴，專欲括民為軍。民有與辯者，徽輒怒曰：汝欲為鬼耶？抑為軍耶？一時被誣與死杖下者，多不可勝數。蘇人恨入骨髓。然畏其威，莫敢與抗也。」

15顧起元：《客座贅語》二《勾軍可罷》：「南都各衛軍在衛者，余嘗於送表日見之。尫羸饑疲，色可憐，與老稚不勝衣甲者居大半。平居以壯儀衛，備國容猶不足，脫有事而責其效一臂力，何可得哉！其原繇尺籍，皆係祖軍，死則其子孫或其族人充之，非盲聾廢疾，未有不編於伍者。又戶絕必清勾，勾軍多不樂輕去其鄉，中道輒逃匿，比至又往往不習水土，而病且死。以故勾軍無虛歲而什伍日虧。且勾軍之害最大，一戶而株累數十戶不止。比勾者至衛所，官衛又以需索困苦之，故不病且死，亦多以苦需索而竄。」

16《明史》卷一四五《朱能傳》：「朱勇以南北諸衛所軍，備邊轉運，錯互非便。請專令南軍轉運，北軍備邊。」

17《劉忠宣公集》卷一《乞休疏》中語。

18《明史》卷一六五《丁瑄傳》：「當是時浙閩盜所在剽掠為民患，將帥率玩寇，而文吏勵民兵拒賊往往多斬獲。閩則有張英王得仁之屬，浙江則金華知府石瑁擒遂昌賊蘇才。處州知府張佑擊賊眾，擒斬千餘人。」

19《明史》卷一六五《葉禎傳》。卷一七七《葉盛傳》：「天順二年巡撫兩廣，時兩廣盜賊蜂起，所至破城殺將，諸將怯不敢戰，殺平民冒功，民相率從賊。」

20狼兵和土兵是湖南、廣西一帶土司的軍隊，參看《明史》卷三一〇《土司傳》和毛奇齡《蠻司合志》。

21《明史》卷一八七《洪鍾傳》：「正德五年，保寧賊起。官兵不敢擊，潛躡賊後，馘良民為功，土兵虐民尤甚。時有謠曰：賊如梳，軍如篦，土兵如鬀。」

22《明史》卷一八七《陳金傳》：「正德六年，江西盜起。金以所屬郡兵不足用，奏調廣西狼土兵，累破劇賊。然所用目兵，貪殘嗜殺，剽掠甚於賊。有巨族數百口闔門罹害者。所獲婦女率指為賊屬，載數十艘去。民間謠曰：土賊尤可，土兵殺我。金亦知民患之，方倚其力不為禁。」

23蒙古降人和內地的土著蒙古人。

24顧炎武《亭林文集》卷六《兵制論》：「正德末始令郡縣選民壯。弘治中制里僉二名若四五名。有調發官給行糧。正德中計丁糧編機兵銀，人歲食至七兩有奇，悉賦之民。此之謂機（兵）快（手）民壯，而兵一增，制一變。又久備益弛，盜發雍豫，蔓延數省，民兵不足用，募新兵，倍其糈，以為長征之軍，而兵再增，制再變。屯衛者曰：我烏知兵，轉漕耳。守禦非吾任也。故有機壯而屯衛為無用之人。民壯曰：我烏知兵，給役耳。調發非吾任也。故有新募而民壯為無用之人。」

25《明史》卷一五七《楊鼎傳》：「也先將寇京師，詔以監察御史募兵兗州。」同書卷一六《石璞傳》：「景帝即位，出募天下義勇。」卷一七五《白圭傳》：「陷土木脫還，景帝命往澤州募兵。」按同書卷一六四《左鼎傳》：「初京師戒嚴，募四方民壯分營訓練，歲久多逃，或赴操不如期。建議編之尺籍。（練）綱等言：召募之初，激以忠義，許事定罷遣。今輒轉輪操，已孤所望。況其逃亡，實迫寒餒。豈可遽著軍籍！邊方多故，倘更召募，誰復應之。詔即除前令。」此為景泰四年事，距召募入伍時已五年。似乎這次所募的大部分是各地民壯，雖未著錄於中央軍籍，卻已入伍四五年，編營訓練，其性質和後來的兵相同了。至於《楊鼎傳》和《白圭傳》所記的募兵，當即為和軍對稱並行的兵，並非地方的民壯。又募兵須由中央，地方長官不得擅募。《明史》卷一六四記李信以擅募被劾可證：「景泰中曹凱擢浙江右參政。鎮守都督李信擅募民為軍，糜餉萬餘石。凱劾奏之。信雖獲宥，諸助信募軍者皆獲罪。」傳中軍當作兵。

26《明史》卷二〇五《李遂傳》：「振武營者（南京）兵部尚書張鏊募健兒以禦倭，素驕悍。（以給餉逾期嘩變）遂奏調振武軍護陵寢，一日散千人。」

27《明史》卷一九九《鄭曉傳》：「募鹽徒驍悍者為兵。」

28《明史》卷二一二《戚繼光傳》：「朱先募海濱鹽徒自為一軍。」

29《明史》卷二一二《俞大猷傳》：「嘉靖四十二年，惠州府參將謝敕與伍端溫七戰失利，以俞家軍至恐之。」

30《明史》卷二〇四《翟鵬傳》：「嘉靖二十一年，起鵬宣大總督。……修邊牆……得地萬四千九百餘頃。募軍千五百人，人給五十畝，省倉儲無算。」

31《明史》卷二五一《蔣德璟傳》：「文皇帝設京衛七十二，計軍四十萬。畿內八府軍二十八萬，又有中都、大寧、山東、河南入衛班軍十六萬，春秋入京操演。深得居重馭輕之勢。且自來征討，皆用衛所官軍，嘉靖末始募兵，遂置軍不用，至加派日增，軍民兩困。」

32《明史》卷二三七《馮應京傳》：「遼陽陷，時議募兵。何棟如自請行。遂齎帑金赴浙江，得六千七百人。……所募兵畏出關，多逃亡。」

33《明史》卷二五九《熊廷弼傳》：「劉國縉募遼人為兵，所募萬七千人，逃亡過半。」並參閱《熊襄湣公集》卷四《新兵全伍脫逃疏》。

34《明史》卷二六四《李夢辰傳》：「崇禎六年冬……累遷本科給事中。復言：將驕軍悍，鄧玘、張外嘉之兵弒主而叛，曹文詔、艾萬年之兵望賊而奔，尤世威、徐來朝之兵離汛而遁。今者張全昌、趙光遠之兵且倒戈為亂矣。滎澤劫庫殺人，偃師列營對壘，且全昌等會剿豫賊，隨處逗留，及中途兵變，全昌竟東行，光遠始西向。驕抗如此，安可不重治。帝頗採其言。」

35《明史》卷一五七《柴車傳》：「宣德六年，山西巡按御史張勖言：大同屯田多為豪右占據。命車往按得田幾二千頃，還之軍。」卷一七六《商輅傳》：「塞上腴田率為勢豪占據，輅請核還之軍。」卷一五五《蔣貴傳》：「成化十年，蔣琬上言：大同、宣府諸塞腴田，無慮數十萬，悉為豪右所占。」卷一八〇《張泰傳》：「弘治五年泰言：甘州膏腴地，悉為中官武臣所據，仍責軍稅。城北草湖，資戍卒牧馬，今亦被占。」卷二六二《孫傳庭傳》：「崇禎九年……西安四衛舊有屯田二萬四千餘頃，其後田歸豪右，軍盡虛籍。」

36 侯朝宗《壯悔堂文集》卷四《代司徒公屯田奏議》：「（諸閫帥蔭職以）肥區歸己，而以其瘠磽者移之軍士，久則竄易厥籍，而糧彌不均。於是不得不寄甲於勢要，而欺隱遂多。欺隱多於是不得不攤稅於佃軍，而包賠愈苦。流病相仍，非朝伊夕，人鮮樂耕，野多曠土，職此之繇。」

37《明史》卷二〇八《黎貫傳》：「嘉靖二年疏言：國初夏秋二稅，麥四百七十萬，而今損九萬，米二千四百七十三萬，而今損二百五十萬。以歲入則日減，以歲出則日增。」

38《明史》卷二〇〇《孫應奎傳》；「俺答犯京師後，羽書旁午徵兵餉。應奎乃建議加派，自北方諸府暨廣西、貴州外，其他量地貧富，驟增銀一百十五萬有奇，而蘇州一府乃八萬五千。」

39《明史》卷二二四《宋傳》：「萬曆十四年遷戶部尚書。言：邊儲大計，最重屯田、鹽策。近諸邊年例銀增至三百六十一萬，視弘治初八倍。」

40《明史》卷二三五《王德完傳》：「萬曆十四年進士……累遷戶科都給事中，上籌畫邊餉議言：諸邊歲例，弘正間止四十三萬，至嘉靖則二百七十餘萬，而今則三百八十餘萬。」

41《明史》卷二二〇《王遴傳》：「故事戶部銀專供軍團，不給他用。帝大婚，暫取濟邊銀九萬兩為織造費。至是復欲行之，遴執爭。未幾詔取金四千兩為慈寧宮用，遴又力持，皆不納。」卷二三七《萬象春傳》：「皇女生，詔戶部光祿寺各進銀十萬兩，象春力諫不聽。」卷二二〇《趙世卿傳》：「福王將婚，進部帑二十七萬，猶以為少。……至三十六年七公主下嫁，宣索至數十萬。世卿引故事力爭，詔減三之一。世卿復言：陛下大婚止七萬，長公主下嫁止十二萬，乞陛下再裁損，一仿長公主例。帝不得已從之。」卷二四〇《朱國祚傳》：「萬曆二十六年詔旨採辦珠寶二千四百萬，而天下賦稅之額乃止四百萬。」《王德完傳》：「今皇長子及諸王冊封冠婚至九百三十四萬，而袍服之費復二百七十餘萬。」卷二四〇《張問達傳》：「帝方營三殿，採木楚中，計費二百二十萬有奇。」

42《明史》卷二三〇《汪若霖傳》：「萬曆三十六年巡視庫藏，見老庫止銀八萬，而外庫蕭然。」

諸邊軍餉積逋至百餘萬。」

43 《明史》卷二三五《王德完傳》：「萬曆二十八年起任工科，極陳國計匱乏，言：近歲寧夏用兵費百八十餘萬，朝鮮之役七百八十餘萬，播州之役二百餘萬。」按畢自嚴所記與此不同，《石隱園藏稿》卷六《清查九邊軍餉疏》：「征哱拜之費用過一百餘萬，兩次征倭之費用過五百九十五萬四千餘兩，征播之費用過一百二十二萬七千餘兩。」

44 《明史》卷二七五《楊文弱集》卷一，萬曆四十七年九月，《請立兵冊清查遼餉確數稿》：「新兵原食一兩二錢，今遞加至一兩八錢。舊兵原食四錢，今遞加至一兩二錢。新兵遞加，往開元等一兩八錢，往鐵嶺等一兩六錢。舊兵遞加，其上等一兩二錢，中等者八錢。」天啟元年六月《三覆議山東河北增兵用餉稿》：「定遼西新舊兵例分為五等，一等月給銀二兩，二等月給銀一兩八錢，三等月給銀一兩五錢，四等月給銀一兩二錢，五等月給銀八錢。」

45 《明史》卷二五六《畢自嚴傳》：「兵部尚書梁廷棟請增天下田賦，自嚴不能止。於是舊增五百二十萬之外，更增百六十五萬有奇，天下益耗矣。」卷二五七《梁廷棟傳》：「畝加九厘之外，再增三厘，於是增賦百六十五萬有奇，海內益怨諮。」按卷二五二《楊嗣昌傳》：「神宗末年增賦五百二十萬，崇禎初再增百四十萬。統名遼餉。」作百四十萬，誤。

下編　大明官僚政治史

官僚治，帝國興；官僚腐，帝國亡

第一章

初生：古代的「官僚訓練班」

武力可用以奪取政權，卻不能用以治國，治國必須建立一個得心應手，御用的官僚機構，而官僚必得用文人。於是，問題來了，從哪兒去找這麼些忠心的而又能幹的文人？

說士／能文能武的忠誠護衛者

現代詞彙中的軍人一名詞，在古代叫作士，士原來是又文又武的，文士和武士的分立，是唐以後的事。

在春秋時代，金字塔形的統治階級，王諸侯大夫以下的階層就是士，士和以上的階層比較，人數最多，勢力也最大。其下是庶民和奴隸，是勞動者，是小人，應該供養和侍候上層的君子。王諸侯大夫都是不親庶務的，士介於上下層兩階級之間，受特殊的教育，在平時是治民的官吏，在戰時是戰爭的主力。

就上層的貴族階級說，士是維持治權的唯一動力，王諸侯大夫如不能得到士的支持，不但政權立刻崩潰，身家也不能保全。就下層的民眾說，士又是庶政的推動和執行人，他們當邑宰，管理租賦，審判案件（因此，士這名詞又含有司法官的意義，有的時候也叫作士師），維持治安，當司馬管理軍隊，當賈正管理商人，當工正管理工人，和民眾的關係最為密切，因之又慣常和民眾聯在一起。

就職業的區分，士為四民之首，其下是農工商。再就教育的程度和地位說，士和大夫最為接近，因之士大夫也就成為代表相同的教育程度和社會地位的一個專門名詞。

士在政治上社會上負有特殊任務，在四民中，獨享教育的特權。為著適應士所負荷的業務，課程分作六種，稱為六藝：禮樂射御書數。內中射御是必修科，其他四種次之。

射是射箭和戰爭技術的訓練，御是駕車，在車戰時代，這一門功課也是非常重要的。

禮是人生生活的軌範，做人的方法，禮不下庶人，在貴族社會中，是最實際的處世之學。

樂是音樂，是調劑生活和節制情感的工具，士無故不輟琴瑟，孔子在齊聞韶，三月不知肉味的故事，正可以代表古代士大夫對於音樂的愛好和欣賞的能力，奏樂時所唱的歌詞是詩，在外交或私人交際場合，甚至男女求愛時，都可用歌詞來表達自己的意思，這些詩被記錄下來，保存到現在的叫《詩經》。

書是寫字，數是算數，要當一個政府或地方官吏，這兩門功課也是非學不可的。士不但受特殊的教育訓練，也受特殊的精神訓練。過去先民奮戰的史跡，臨難不屈，見危授命，犧牲小我以保全邦國的可歌可泣的史詩，和食人之祿忠人之事的理論，深深印入腦中。這兩種訓練養成了他們的道德觀念——忠，忠的意義是應該把責任看得重於生命，榮譽重於安全，在兩者發生衝突時，毫不猶豫犧牲生命或安全，去完成責任，保持榮譽。

在封建時代，各國並立，士的生活由他的主人諸侯或大夫所賜的田土維持，由於這種經濟關係，士只能效忠於主人。到了秦漢的統一的大帝國成立以後，諸侯大夫這一階層完全消滅，士便直屬於君主於國家，忠的對象自然也轉移到對君主對國家了。

士分為文武以後，道德觀念依然不變，幾千年以來的文士和武士，轟轟烈烈，為國家為民族而戰爭，而流血，而犧牲，不屈不撓，前仆後繼，悲壯勇決的事跡，史不絕書。甚至布衣白丁，匹婦老嫗，補鍋匠，賣菜傭，乞丐妓女，一些未受教育的平民百姓，在國家危急時，也寧願破家殺身，不肯為敵人所凌辱，這種從上到下，幾千年來的一貫信念，是我國的立國精神，是我中華民族始終昂然永存，歷經無數次外患而永不屈服，終能獨立自主的真精神。

士原來受文事武事兩種訓練，平時治民，戰時治軍，都是本分。春秋時代列國的卿大夫，一到戰時便統率軍隊作戰，前方後方都歸一體（晉名將郤谷以敦詩書禮樂見稱，是個著例）。到戰國時代，軍事漸趨專業化，軍事學的著作日益增多，軍事學家戰術家戰略家輩出，文官和軍人漸漸開始分別，可是像孟嘗君、廉頗、吳起等人，也還是出將入相，既武且文。

漢代的大將軍、車騎將軍、前將軍、後將軍都是內廷重臣，遇有征伐時，將軍固然應該奉命出征，外廷的大臣如御史大夫和九卿也時常以將軍號統軍征伐，而且文武互用，將軍出為外廷文官，外廷文臣改官將軍，不分畛域，末年如曹操、孫權都曾舉孝廉，曹操橫槊賦詩，英武蓋世，諸葛亮相蜀，行軍時則為元帥，雖然有純粹的職業軍人如呂布、許褚之流，純粹的文人如華歆、許靖之流，在大體上仍是文武一體。一直到唐代李林甫當國以前，還是邊帥入為宰相，宰相出任邊帥，內外互用，文武互調。

李林甫做宰相以後，要擅位固寵，邊疆將帥多用胡人，胡人不識漢字，雖然立功，也只能從軍階爵邑上升遷，不能入主中樞大政，從此文武就判為兩途。安史之亂後的郭子儀，奉天功臣李晟，雖然名義上都是宰相，都是漢人，都通文義，卻並不與聞政事，和前期李靖、李勣出將入相的情形完全不同了。

經過晚唐五代藩鎮割據之亂，宋太祖用全力集權中央，罷諸將軍權，地方守令都以文士充任，直隸中樞，文士治國，武士作戰，成為國家用人的金科玉律，由之文士地位日高，武士地位日低，一味重文輕武的結果，使宋朝成為歷史上最不重武的時代。

仁宗時名將狄青南北立功，做了樞密使，一些文士便群起攻擊，逼使失意而死，南宋初年的岳飛致力恢復失地，也為宰相秦檜所誣殺。文武不但分途，而且成為對立的局面。

明代文武的區分更是明顯，文士任內閣部院大臣，武士任官都督府衛所，遇著征伐，必以文士督師，武士統軍陷陣，武士即使官為將軍總兵，到兵部辭見時，對兵部尚書必須長跪。能彎八石弓，不如識一丁字，一般青年除非科舉無望，豈肯棄文就武。致使武士成為只有技勇膂力而無智識教養的人，在社會上被目為粗人，品質日低，聲譽日降，偶爾有一兩個武士能通文翰吟詠，便群相驚詫，以為儒將。偶爾有一兩個武士發表對當前國事的意見，便群起攻擊，以為干政。結果武士自安於軍陣，本來無教養學識的，以為軍人的職責只是作戰，不必求學識。

這種心理的普遍化，使上至朝廷，下至閭巷，都以武士不文為當然，為天經地義。武士這一名詞省去下一半，武而不士，只好稱為武人了。

近百年來的外患，當國的文士應該負責，作戰的武士亦應該負責。七年來的艱苦作戰，文士不應獨居其功，大功當屬於前線流血授命的武士。就史實所昭示，漢唐之盛之強，宋明之衰之弱，士的文武合一和分立，殆可解釋其所以然。

古代對士的教育和訓練，應加以重視，尤其應該著重道德觀念——對國家對民族盡責的精神的養成。提高政治水準，為什麼而戰和有所不為，徹頭徹腦明白戰爭的意義。要提高士的社會地位，必須文事和武事並重，必須提高政治水準和社會地位，這是今後全國所應全力以赴的課題。

國子監／古代的「官僚訓練班」

一

專制獨裁的君主，用以維持和鞏固統治權的法寶，是軍隊、法庭、監獄、特務和官僚機構，用武力鎮壓，用公文辦事。

明太祖朱元璋原來是紅軍大帥郭子興的親兵，一步步升官，做到韓宋的丞相國公，龍鳳十年（一三六四，元順帝至正二十四年）做吳王，四年後爬上寶座做明朝的開國皇帝。本來是靠武力起的家，化家為國後，有的是隊伍，紅軍嫡系的，敵軍收買過來的，投降的雜牌軍，官民犯罪充軍的，不夠，再按戶口抽壯丁，總數約莫有兩百萬，編制作衛（師）所（團），分駐全國各地，執行武裝彈壓警戒的任務。

明太祖明白，武力可用以奪取政權，卻不能用以治國，而且，軍官大多數不識字，也辦不了公文。即使有識字的，也不能做高級執政官，武人當政，歷史上的例子說明不是好辦法。結論是要治國必須建立一個得心應手，御用的官僚機構，而官僚必得用文人。於是，問題來了。從朝廷到地方，從省府部院寺監到州縣，各級官僚得十幾萬人，白手起家的明太祖，從哪兒去找這麼些忠心的而又能幹的文人？

當然，第一個想到的是元朝的舊官僚。除了在長期戰爭中被消滅了的一部分以外，剩下的會辦事有才力的一批，早已來投效了；不肯來的，用威嚇手段，說是「智謀之士」，「堅守不起，恐有後悔」，也不敢不來（《明史》卷二八五《張以寧傳》附《秦裕伯傳》）。

其餘有的是貪官污吏，有的人老朽昏庸，有的人懷念元朝的恩寵，北逃沙漠（《明史》卷一二四《擴廓帖木兒傳》附《蔡子英傳》），有的人厭惡、恐懼新朝，遁跡江湖，埋名市井（同上書卷二八五《楊維楨傳》《丁鶴年傳》）。儘管新朝用盡了心機，軟話硬拉，要湊齊這個大班子，人數還差得太遠。

第二想到的是元朝的吏。元朝是以吏治國的。從元世祖以後，甚至執政大臣也用吏來充當，造成風氣，中原一帶，稍稍識字能辦公文的，投身台閣做吏，顯親揚名。南方的士人既不能從科舉出身，又不甘心做吏，境況日漸沒落，不免對北方的吏發生妒忌嫌恨的感情（余闕《青陽文集》卷四《楊君顯民詩集序》）。

明太祖是南方人，當然不免懷有南方人共同的看法。他又深知法令愈繁冗，條格愈詳備，一般人不會辦，甚至不能懂，吏就愈方便作弊，舞文弄法，鬧成吏治代替了官治，代替了君治，這是對皇家統治有嚴重損害的（《明太祖實錄》卷二六，卷一二六）。而且，辦公文的訣竅，程序格式條例，成為專業，不是父子，就是師徒世傳，結成行幫，自成團體。行幫是可怕的，把治權交給行幫，起腐蝕作用，更可怕。因此，吏不但不能用，而且得用種種方法來防範、壓制。

在明代，吏不許做官，國子監生有罪罰充吏役，便是這個道理。

第三只好任用沒有做過官的讀書人。讀書人當然想做官，可是有的人也有顧忌，顧忌的是失身分：「海岱初雲擾，荊蠻遂土崩，王公甘久辱，奴僕盡同升。」（貝瓊《清江詩集》卷八《述懷・二十二韻寄錢思復》）和奴僕同升也許還不太重要，重要的是這個政權還不太鞏固，對內未統一，北邊蒙古還保有強大力量。有的人顧忌的是這個政權是淮幫，大官位都給淮人占完了：「兩河兵合盡紅巾，豈有桃源可避秦？馬上短衣多楚客，城中高髻半淮人。」（同上卷五《秋思》）

有的人顧忌的是做了官一有不是，有殺頭的，有戴斬罪辦事的，有鐐足辦事的，有罰做苦工的，有抄家的，甚至還有抽筋剝皮的刑罰。朝官上朝，戰戰兢兢，下朝回家，這天僥倖平安，便闔家歡祝（詳見作者《朱元璋傳》）。做官固然可以發財，可是，要拼著命，甚至帶上闔家闔族的命，有一些人是要多多考慮的。明太祖要讀書人出來做官，還是有人藉故逃避，沒辦法，甚至立下「寰中士夫不為君用」，不肯做官就要殺頭的條文，也可以看出明初官僚人才的缺乏和需要的迫切了。

第四是任用地主做官，稱為薦舉。有富戶、耆民、孝弟力田、稅戶人才（納糧最多的大地主）等名目。有一出來便做尚書府尹、副都御史、布政使、參政、參議等大官的，最多的一次到過三千七百多人（《明史》卷七一《選舉志三》）。可是，還不夠用，而且，這些地主官僚的作風也不完全適合新朝的要求。

舊的人才不夠用，只好想法培養新的了。明太祖用自己的訓練方法，造成大量的新官僚。這個官僚養成所叫作國子監。

《明史・選舉志》說：「學校有二，曰國學，曰府州縣學。」

二

研究明代國子監的材料，除《明史・選舉志》以外，關於南京國子監的，有黃佐的《南雍志》，北京國子監有《皇明太學志》。此外，《大明會典》卷七十八《學校門》也有簡單的記載。

明初制度，參加科舉的必須是學校的生員，學校生員做官則不一定經由科舉。因此，學校是做官所必由的大路，政府和社會都極看重。可是，從明成祖以後，進士獨占了做官的門路，監生出路日壞。從明景帝開生員納粟納馬入監之例以後，國子監成為富豪子弟的京師旅邸，日漸廢弛。從明武宗以後，非府州縣學生也可以納銀入監，做個掛名學生，以依親為名，根本不必入學，國子監到此完全失去初創的意義，只剩下一個招牌了。因之，研究明代學校和政治的關係，洪武一朝是最有代表性的時期。

國子監的前身是國子學。宋龍鳳十一年（一三六五，元順帝至正二十五年）以元故集慶路儒學改建。有博士、助教、學正、學錄、典樂、典書、典膳等官。在建學的前一年，未有校址，先已任命了國子博士和國子助教，在內府大本堂教皇子和冑子（貴族大官子弟）。吳元年（一三六七）定國子學官制，祭酒正四品，司業正五品，博士正七品，典簿正八品，助教從八品，學正正九品，學錄從九品，典膳省注。

洪武四年（一三七二）中書省戶部定文武官祿，祭酒二百七十石，司業一百八十石，博士八十石，典簿七十石，助教六十五石，學正六十石，學錄五十石。十四年又更定官員品數，祭酒一人，從四品，司業二人，正六品，監丞二人，正八品，博士五人，助教十五人，典簿一人，俱從八品，學正十人，正九品，學錄七人，典籍一人，俱從九品。掌饌二人，雜職。又改建國子學於雞鳴山之南。十五年改國子學為國子監。二十四年，又改司業監丞各一人（黃佐《南雍志》卷一《事紀》）。

從祭酒到掌饌都是朝廷命官，任免都出於吏部。學校官在學的職務分工，據洪武十五年欽定的監規：祭酒是正官，衙門首長，專總理一應事務，要整飭威儀，嚴立規矩，表率屬官，模範後進。屬官赴堂稟議事務，質問經史，皆須拱立聽受，不得即便坐列，正官亦不得要求虛譽，輒自起身，有紊禮制。祭酒和其他同僚，是長官和屬僚的關係，就國子監說，是一監之長，勉強比附現代名詞，相當於校長，但是，這個校長並無聘任教員之權，因為一切教員都是部派的。

監丞品位雖低，卻參領監事，凡教官怠於師訓，生員有戾規矩，並課業不精，廩膳不潔，並從糾舉。務要夙夜盡公，嚴行約束，毋得徇情，以致廢弛（同上書卷九《學規本末》）。不但管學生規矩課業，還兼管教員教課成績，辦公處叫「繩愆廳」，器用除公案公椅以外，特備有行撲紅凳二條，撥有直廳皂隸二名，「撲作教刑」。

刑具是竹篦，皂隸是行刑人，紅凳是讓學生伏著挨打的（同上書卷一六《器用》）。照規定，監丞立集愆冊一本，各堂生員敢有不遵學規，即便究治。初犯記錄（記過），再犯決竹篦五下，三犯決竹篦十下，四犯發遣安置（開除、充軍、罰充吏役）（同上書卷九《學規本末》）。

監丞對學生，不但有處罰權，而且有執行刑罰之權，學校、法庭、刑場合而為一。當然，判決和執行都是片面的，學生絕對沒有辯解申說和要求上訴的權利。這職位就管束學生而論，有點像現代的訓導長。

掌饌是管師生膳食的，膳夫由朝廷撥囚徒充役，洪武十五年六月敕諭監丞等：「囚徒膳夫，俱係死囚，若不聽使令，三更五點不起，有誤生員飲食，一兩遍不聽，打五十竹篦，三遍不聽處斬。做賊的割了腳筋，若監丞典簿掌饌管束不嚴，打一百圓棍，如不死，仍發雲南。有通了學裡學外人偷了學裡諸物者處斬，家下人發

雲南，欽此。」（《南雍志》卷一〇《謨訓考》）

這種刑法是超出當時的《大明律》之外的。典簿職掌文案，凡一應學務，並支銷錢糧，季報課業文冊等項，皆須明白稽考。又管出納，又管教務，類似現代學校裡的總務長和教務長。

典籍是圖書館館長。祭酒同時也是教員，和博士助教學正學錄等官，職專教誨，務在嚴立課程，用心講解，以臻成效。如或怠惰，不能自立，以致生員有戾規矩者，舉覺到官，各有責罰（同上書卷九《學規本末》）。換言之，教員如不能使生員循規蹈矩，所遭遇到的不是解聘，而是更嚴重的刑事處分。

學校的教職員全是官。學生呢？來源有兩類，一類是官生，一類是民生。官生又分兩等，一等是品官子弟，一等是土司子弟和海外學生（留學生）。官生是由皇帝指派分發的，出自特恩，民生由各地地方官保送（同上書卷一五）。官生入學，是為了「皇子將有天下國家之責，功臣子弟將有職任之寄」。皇子在內府大本堂，功臣子弟入國學。教之道，以正心為本，學的是如何統治的「實學」，不必像文士那樣記誦辭章（同上書卷一《事紀》）。

洪武十六年文淵閣大學士宋訥任國子監祭酒，明太祖特派太師韓國公李善長諫、禮部尚書任昂和諫院、翰林院等官到監，舉行特別考試，考定教官生員高下，分別班次。又以公侯子弟在學讀書，怕不服教員訓誨，特派重臣曹國公李文忠兼領國子監事，將軍做校長，撲罰違教的官生，整頓學風（《明史》卷六九《選舉志》）。

官生中有雲南、四川等處土官子弟，日本琉球暹羅諸國學生，琉球學生來得最多。就洪武一朝官民生比例，據《南志》卷一五《儲養考》：

洪武四年	官民生二千七百二十八名	
十五年	五百七十七名	
十六年	七百六十六名	
十七年	九百八十名	
二十三年	九百六十九名	
二十四年	一千五百三十二名	官生四十五名 民生一千四百八十七名
二十五年	一千三百九名	官生十六名 民生一千二百九十三名
二十六年	八千一百二十四名	官生四名 民生八千一百二十名
二十七年	一千五百二十名	官生四名 民生一千五百一十六名
三十年	一千八百二十九名	官生三名 民生一千八百二十六名

國子學時代只有洪武四年的生員總數，據《大明禮令》：「凡國學生員，一品到九品文武官子孫弟侄，年一十二歲以上者充補，以一百名為額。民間俊秀年一十五歲以上，能通《四書》大義，願入國學者，中書省聞奏入學，以五十名為額。」（《皇明制書》）則在洪武四年以前，官生與民生的比例是二比一。官生是主體，民生不過陪襯而已。

國子監時代，洪武十五年到二十三年，只舉官民生總數，無法知道比例。從二十四年到三十年，有五個年度的在學人數記錄，二十四年官生占總數三十四分之一，二十五年八十二分之一，二十六年二千零三十分之一，二十七年三百三十分之一，三十年六百十分之一。在這個記錄中，值得指出的：

第一，官生占監生總數比例極小；第二，官生就學比例逐年減少，從四十五名降為三名；第三，洪武二十六年監生員數突然激增，次年又突然減少；第四，官生中琉球生悅慈從洪武二十五年到三十年，留學至少有六年之久。（琉球生入南監，最後一次是嘉靖十七年，二十三年回去的（一五三八—一五四四）。《明史・選舉志》作「成化正德時（一四六五—一五二一）琉球生猶有至者」，是錯的。）

如上文所說，明太祖建立國子學的目的，是為了教育冑子（貴族官僚子弟），甚至在改組為國子監以後，還特派重臣勳戚李文忠兼領，管束官生。為什麼從二十四年以後，官生數目反而年少一年，和民生的比例，從二比一到一比二千零三十，主體變為附庸，完全失去立學的用意呢？

這道理說來也極為簡單：公侯子弟成年的襲爵任官，不必入學，未成年的入學得經聖旨特派，紈褲少年，束髮受經，不過虛應故事，爵位官職原來不靠書本辭章。那麼，除非皇帝特命，又何必入學。此其一。

從洪武十三年胡惟庸黨案發作後，功臣宿將，連年被殺，到洪武末年，除湯和、耿秉文、李景隆、徐輝祖幾家以外，其餘的差不多殺乾淨了。功臣本人被殺，子弟如何能入學？此其二。

至於官僚子弟的入學令，限一百名的有效期限恐怕只是適用在洪武三年之前，以後實施極為嚴格，非奉特旨，不能入學，人數當然不可能太多。此其三（《南雍志》卷一《事紀》，《明史・選舉志》）。而且，大官子弟自有蔭官一途，用不著走國子監這條路，這樣，國子監就自然而然衍變作專門訓練民生做官的衙門了。

洪武二十六年監生人數突增的原因，是因為有新的政治任務，人手不夠，特別擴大保送，下文說詳。

三

民生的來源，分貢監、舉監兩類。國子監的學生通稱監生。貢監出於歲貢，原來依據歷史上的成規，地方官有貢「士」於朝廷的義務。洪武元年令民間俊秀能通文義者，充國子學生。二年立府州縣學。四年正月，詔擇府州縣學生之俊秀通經者入國學，得二千七百二十八人。

到十五年正月，禮部以州縣所貢子弟，推選未至，奏令各按察司，於年二十以上，厚重端秀者，務拔其尤，歲貢一人入監，著為令。從這一命令，可以看出在此以前，保送監生是州縣官的任務，此後則改歸按察司選送。

洪武四年以前，選士於民間，四年以後，選士於地方學校，州縣學和國子監成為學制上的聯繫銜接衙門，民生在地方學校受初級訓練，選拔到國子監受高級訓練，國子監成為全國青年人才集中的場所。十六年又令禮部榜諭天下府州縣學，自明年為始，歲貢生員各一人，正月至京師，從翰林院試經義、四書義各一道，判語一條，中式的（及格）入國子監，不中的原學教官罰停廩祿（扣薪水），生員罰為吏。則又把貢士之權改歸地方學校教官，貢生在入監之前，得經翰林院主持的甄別試驗（《南雍志》卷一《事紀》；《明史・選舉志》）。

學生入監，主持選送的是府州縣官、按察司官、本學教官。入學考試，主持考試的是翰林院官。入監後主持訓育的是國子監官。受訓完畢後，監生的出路，而且是唯一的出路，是替皇帝做官，「學而優則仕」。

貢監據洪武十五年十六年的法令，府州縣學歲貢生員一人，是有一定名額的。

這定額在洪武朝發生過兩次例外，第一次在洪武二十五年四月，「初令天下府學歲貢二人，州學二歲貢三人，縣學每歲貢一人入監，明年如常」。突然增加保送名額，照例歲貢生應於次年正月到京師，因為這法令，洪武二十六年的官民生總數就增加到八千一百二十四名。

第二次在洪武三十年，這一年「本監以坐堂（在學）人少，誠恐諸司再取辦事不敷，移文禮部，上令照二十五年例，於是入監遂眾」。據上文記錄，三十年度的官民生總數是一千八百二十九名，三十一年的名額，雖然沒有記錄，大概和二十六年度的相差不遠。從後一例子的理由，可以明白這兩次增加名額是因為朝廷諸司辦事人員的迫切需要，說明了在學監生同時也是朝廷的辦事人員。

舉監是舉人入監。洪武初年擇年少舉人入國子監讀書。洪武十八年，又令會試下第舉人送監卒業，是補習班或先修班的意思。

監生入學後，還得再經過一次編級考試，分堂（級）肄業。國子監分六堂，六堂又分三等。初等生員通四書、未通經書的，入正義、崇志、廣業三堂，修業期一年半以上。初等生修業期滿，文理條暢的，升中等，入修道、誠心二堂，修業期一年半以上。中等生修業期滿，經史兼通，文理都優的升高等，入率性堂。生員升入率性堂，依學規規定，根據勘合文簿（點名冊）坐堂時日，滿七百天才夠資格。

司業二名，分為左右，各捉調三堂。博士五員，分五經，於彝倫堂西設座教訓六堂，依本經考課（《南雍志》卷九《學規本末》）。

功課內容，分《御制大誥》《大明律令》「四書」「五經」劉向《說苑》等書（後來又加上《御制為善陰騭》《孝順事實》《五倫書》等書）。（《皇明太學志》卷七）最主要的是《大誥》。《大誥》是明太祖自己寫的，有《續編》《三編》《大誥武臣》，一共四冊，主要內容是列舉他所殺的人的罪狀，使人民知所警戒，和教人民守本分，納田租，出夫役，替朝廷當差的訓話。

洪武十九年以《大誥》頒賜監生，二十四年三月，特命禮部官說：「《大誥》頒行已久，今後科舉歲貢人員，俱出題試之。」禮部行文國子監正官，嚴督諸生熟讀講解，以資錄用，有不遵者，以違制論（《南雍志》卷一《事紀》）。違制是違抗聖旨的法律術語，這罪名是很大的。皇帝頒布的殺人罪狀，列作學生的必修功課，而且，作為考試的科目，用法令強迫全國生員非熟讀講解不可，這道理是用不著什麼解釋的。

其次，訓練學生的目的是做官，《大明律令》必然是必讀書。而且「載國家法制，參酌古今之宜，觀之者亦可以遠刑辟」。「四書」「五經」是儒家的經典，洪武五年，明太祖面諭國子博士趙俶：「爾等一以孔子所定經書誨諸生。」（同上書卷一《事紀》）

孔子的思想是沒有問題的，尊王正名，君君臣臣父父子子這一套，最合帝王的需要。可是，孟子就不同了，洪武三年，他開始讀《孟子》，讀到有幾處對君上不客氣的地方，大發脾氣，對人說：「這老頭要是活到今天，非嚴辦不可！」下令國子監撤去孔廟中孟子配享的神位，把孟子逐出孔廟。他認為這本書有反動的毒素，得經過嚴密的檢查。

洪武二十七年（一三九四）特別敕命組織一個「審查委員會」，執行檢刪任務的是當時的老儒劉三吾，把《盡心篇》的「民為貴，社稷次之，君為輕」；《梁惠王篇》「國人皆曰賢」，「國人皆曰可殺」一章；「時日曷喪，予及汝偕亡！」和《離婁篇》「桀紂之失天下也，失其民也，失其民者，失其心也」一章；《萬章篇》「天與賢則與賢」一章；「天視自我民視，天聽自我民聽」；「君有大過則諫，反覆之而不聽，則易位」；以及類似的「聞誅一夫紂矣，未聞弒君也」；「君之視臣如草芥，則臣視君如寇讎」：一共八十五條，以為這些話不合「名教」，全給刪節掉了。只剩下一百七十幾條，刻板頒行全國學校。

這一部經過大手術切割的書，叫作《孟子節文》。所刪掉的八十五條，「課士不以命題，科舉不以取士」[1]。

至於《說苑》，則因為「多載前言往行，善善惡惡，昭然於方冊之間，深有勸誡」：是當作修身或公民課本被指定的。此外，也消極地禁止某些書不許誦讀，如洪武六年面諭趙俶時所說：「若蘇秦、張儀，繇戰國尚詐，故得行其術，宜戒勿讀。」由此可見，學校功課的項目，內容的去取，必讀書和禁讀書，學校教官是無權說話的，一切都由皇帝御定（《南雍志》卷一《事紀》）。有時高興，連考試的題目也出，例如聖制策問十六道，試舉一例，敕問文學之士，整個題目如下：

吁，時士之志，奚不我知，其由我不德而致然耶？抑士晦志而有此耶？嗚呼艱哉！君子得不易，我知，人惟彼蒼之昭鑒，必或福志之將期，然邇來云才者群然而至，及其用也，才志異途，空矣哉！（同上書卷一〇《謨訓考聖制策問》）

日常功課，監規規定：一是寫字。每日寫仿一幅，每幅十六行，行十六字，不拘家格，或羲、獻、智、永，歐、虞、顏、柳，點畫撇捺，必須端楷有體，合格書法，本日寫完，就於本班先生處呈改，以圈改字少為最。逐月通考，違者痛決（打）。

二是背書。三日一次背書，每次須讀《大誥》一百字，本經一百字，「四書」一百字，即平均每日背一百字。不但熟記文詞，務要通曉義理。若背誦講解全不通者，痛決十下。

三是作文。每月務要作課六道：本經義二道，「四書」義二道，詔誥章表策論判語

（公家文書）內科（選）二道。不許不及道數，仍要逐月作完送改，以憑類進。違者痛決。

升到率性堂的學生，採積分制。積分之法，孟月試本經義一道，仲月試論一道，詔誥章表內科一道，季月試經史策一道，判語二條。每試文理俱優與一分，理優文劣者半分，文理紕繆者無分。歲內積至八分者為及格，與出身（官職）。不及格仍坐堂肄業（留級）。試法一如科舉之制，果有才學超越異常者，呈請皇帝特別加恩任官（《南雍志》卷九《學規本末》）。

四

國子監坐堂監生最多的時期，將近萬人，校舍規模是相當宏大的，校址東至小教場，西至英靈坊，北至城坡土山，南至珍珠橋。左有龍舟山，右有雞鳴山，北有玄武湖，南有珍珠河。「延袤十里，燈火相輝。」監內建築，正堂一，支堂六，每堂一十五間，是師生講習的地方。有饌堂二所，是會饌的地方。書樓十四間藏書。光哲堂十五間住琉球官生。號房（學生宿舍）約二千間。此外有射圃、倉庫、醬醋房、水磨房、曬麥場、菜圃、養病房等建築。規模最宏大的是供奉孔子和列代賢哲的文廟（《南雍志》卷七、卷八《規制考》）。

監生穿一定的服裝，形式也是明太祖欽定的，用玉色絹布，寬袖皂緣，皂條軟巾，叫作襴衫。每年冬夏衣由朝廷頒賜。膳食公費，全校會饌。有家眷的特許帶家眷入學，每月支食糧六斗。皇帝特賜，有時賜及學生的家長，例如洪武十二年賜諸生父母帛各四匹。或賜及妻子，如洪武二十七年，賜監生有家屬的六百二十五人，每人鈔五錠（這年官民生總數是一千五百二十人，有家眷的占百分之三十八）。三十年又賜監生夏布大小人五匹，家屬每人二匹（《南雍志》卷一《事紀》）。

監生請假休學，只有在奔喪、完姻、父母年已七十必須侍養，或妻子死亡等情形下，才被准許。而且得由皇帝親自准許。請假日期有嚴格規定，洪武十六年令監生入監三年，有父母者，照地遠近，定限歸省。其欲挈家成婚者亦如之，俱不許過限。父母喪照例丁憂。伯叔兄長喪而無子者，亦許立限奔喪。

十八年令監生有父母年老無次丁者，許還原籍侍養，其妻死子幼者許送還鄉，給予腳力，立限還監，違者罰之。二十二年，禮部奏准，監生畢姻般娶，照省親例入監三年者方許。三十年令監生省親等事，量道路遠近，定具在途往還日月：每日水路一百里，陸路六十里；直隸限四閱月，河南、山東、江西、浙江、湖廣限六閱月，北平、兩廣、福建、山西、陝西限八閱月。其住家月日：省親三閱月，畢姻兩閱月，送幼子還鄉一閱月，丁憂照官員例不計閏，俱二十七月。凡過限兩月以上者，送問復監。

同年有違限監生二百一十七人，祭酒比例擬奏，發充吏役。三十一年又有違限監生二百二十人，命吏部銓除遠方典史以困役之。

不但監生請假休學，要得特許，連教員請假，也必得經過同樣程序，如洪武十二年助教吳伯宗奏請省親，明太祖特許給假四個月就是一個例子。

坐堂期間，管制極端嚴格，表面上歷次增訂的監規，總共五十六款，除關於教官部分以外，關於約束防閑監生的，如：

> 各堂生員，在學讀書，務要明體適用，以須仕進。宜各遵承師訓，循規蹈矩，凡出入起居，升堂會饌，毋得有犯學規。違者痛治。
>
> 各堂生員每日誦受書史，並須在師前立聽講解。其有疑問，必須跪聽，毋得傲慢，有乖禮法。

絕對禁止學生對人對事的批評和團結組織，甚至班與班之間也禁止來往。

> 今後諸生毋得到於別堂，往來相引，議論他人長短，因而交結為非。違者從繩愆廳糾察，嚴加治罪。有等無志之徒，往往不行求師問道，專務結黨恃頑，故言飲食汙惡。切詳此等之徒，果係何人之子？其所造飲食，千百人所用皆善，獨爾以為不善，果君子歟？小人歟？是後必有此生事

者，具實奏聞，令法司枷鐐，禁錮終身，在學役使，以供生徒。

生員往來議論，就難免對學校設施，對政治良窳有意見，有結論，就難免不發生學潮，針對的辦法是隔離和孤立。至於結黨，發生組織力量，就無法管束和訓導了，非嚴辦不可。在太祖朝嚴刑重法，大量屠殺的恐怖空氣中，監生不能也不敢提出原則性的反抗，只好從生活不滿的方面來發洩，因之，故言飲食汙惡，對饑餓的抗議就成為學潮的主題了。

抗議饑餓的行動，如不是集體提出，學規另有專條：「生員毋得擅入廚房，議論飲食美惡，及鞭撻膳夫。違者笞五十，發回原籍，親身當差。」這和枷鐐禁錮終身役使的處分，輕重相去是極大的。此外禁例，如不許穿常人衣服；有事先於本堂教官處稟之，毋得徑行煩紊；凡遇出入，務要有出恭入敬牌；以及無病稱病，出外遊蕩，會食喧嘩，點問（名）不到，不許燕安怠惰，解衣脫巾，喧嘩嬉笑。號房不許私借他人住坐，不許作穢，不許酣歌夜飲等二十七條，下文都是「違者痛決！」

最最嚴重的一款是：

在學生員，當以孝弟忠信禮義廉恥為本，必先隆師親友，養成忠厚之心，以為他日之用。敢有毀辱師長及生事告訐者，即係干名犯義，有傷風化，定將犯人杖一百，發雲南地面充軍（《南雍志》卷九《學規本末》）。

明太祖寄託培養官僚的全部責任於國子監，這一條款就是授權國子監教官，用刑法清除所有不服從不聽調度的反抗分子。毀辱師長的含義是非常廣泛的，無論是語言、行動、思想、文字上的不同意，以至批評，都可任意解釋。被周納的犯人是不能也不許可有辯解的機會的。至於生事告訐，更可隨便運用，凡是不遵從學規的，不滿意現狀的，要求對某方面教學或生活有所改進的，都可以用生事告訐的罪狀片面判決之，執行之。

國子監第一任祭酒宋訥是這條學規的制定人，明初人說他辦學極意嚴酷，以求符合明太祖的政策。在他的任內，監生走投無路，經常有人被強制餓死（這也是有學規的依據的，洪武十五年第二次增訂學規：師生如有病患，不能行履者，許令膳夫供送。若無病不行隨眾會食者，不與當日飲食），以至自縊死。

他連死屍也不肯放過，一定要當面驗明，才許棺殮（趙翼《廿二史札記》卷三一《明史立傳多存大體條》引葉子奇《草木子》，按坊本《草木子》無此條）。後來他的兒子宋復祖繼任司業，也學他父親「誡諸生守訥學規，違者罪至死」（《明史》卷一三七《宋訥傳》）。

學錄金文徵反對宋訥的過分殘暴，想法子救學生，向明太祖提出控訴說：「祭酒辦學太嚴，監生餓死了不少人。」太祖不理會，說是祭酒只管大綱，監生餓死，罪坐親教之師，和祭酒無干。

文徵又設法和同鄉吏部尚書余商量，由吏部出文書令宋訥以年老退休（洪武十八年宋訥七十五歲，已經過了法令規定該致仕的年齡了）。不料宋訥在辭別皇帝時，說出並非真心要辭官，太祖大怒，追問緣因，立刻把余、金文徵和學錄田子真、何操，學正陳潛夫都殺了，還把罪狀出榜在國子監前面，也寫在大誥裡頭。

這次反迫害的學潮，在一場屠殺後被壓平，從此再也沒有人敢替餓死縊死的學生說話了（《南雍志》卷一《事紀》，卷一〇《謨訓考》，《明史・宋訥傳》）。

洪武二十七年第二次學潮又起，監生趙麟受不了虐待，出壁報提出抗議，學校以為是犯了毀辱師長罪。照學規是杖一百充軍。為了殺一儆百，明太祖法外用刑，把趙麟殺了，並且在國子監前立一長桿，梟首示眾（這在明太祖的口頭語，叫梟令，比處死重一等）。

二十八年又頒行《趙麟誹謗冊》和《警愚輔教》二錄於國子監。三十年七月二十三日，又召集祭酒司業和本監教官，監生一千八百二十六員名，在奉天門當面訓話。訓詞說：

恁學生每聽著：先前那宋訥做祭酒呵，學規好生嚴肅，秀才每循規蹈矩，都肯向學，所以教出來的個個中用，朝廷好生得人。後來他善終了，以禮送他回鄉安葬，沿路上著有司官祭他。近年著那老秀才每做祭酒呵，他每都懷著異心，不肯教誨，把宋訥的學規都改壞了，所以生徒全不務學，用著他呵，好生壞事。如今著那年紀小的秀才官人每來署學事，他定的學規，恁每當依著行。敢有抗拒不服，撒潑皮，違犯學規的，若祭酒來奏著恁呵，都不饒：全家發向武煙瘴地面去，或充軍，或充吏，或做首領官。

今後學規嚴緊，若無籍之徒，敢有似前貼沒頭帖子，誹謗師長的，許諸人出首，或綁縛將來，賞大銀兩個。若先前貼了票子，有知道的，或出首，或綁縛將來呵，也一般賞他大銀兩個。將那犯人凌遲了，梟令在監前，全家抄沒，人口遷發煙瘴地面。欽此！（《南雍志》卷一〇《謨訓考》）

這篇有名的訓詞，在中國教育史上是空前的。唯一可以比擬的，大概是北魏太平真君五年（四四四）禁止民間私立學校，違者「師身死，主人門誅」那道敕令吧。

國子監前面的長桿，是專做梟令學生用的，一直到正德十四年（一五一九）明武宗南巡，這個頑皮年輕皇帝，學他祖宗的榜樣，化裝出來偵察，走過國子監前，看見這個怪桿子（那時代還沒有掛旗子的禮俗），弄糊塗了，問明白說是掛學生子腦袋的。他說：「學校豈是刑場！」而且，「哪個學生又敢犯我的法令！」才叫人撤去。

這桿子一共豎了一百二十六年（同上書卷四《事紀》）。

其實，並不是明武宗比他的祖宗更仁慈，而是一百多年來，進士科已經完全代替了國子監的地位，做官的不再從國子監出來，國子監已是破落的冷而又窮的衙門，會饌因為經費不夠停止了，連房子倒塌了，朝廷也不肯修理，靠募捐才能補葺一下。它已失去了明初官僚養成所的地位，當然，也用不著這根刺目的不相稱的桿子了。

國子監既然是為皇家製造官僚的工廠，用嚴刑峻法來揑塑官僚，那麼，皇家對這工廠的技師，自有其劃一的雇用標準。和監規的尺度一樣，明初的國子監教官，是被嚴刑約束著，連一絲一毫自由的氣氛也不許可有的。例如第一任國子學博士和祭酒許存仁，在明太祖幕府十年，是從龍舊臣，洪武元年被劾逮死獄中。表面上的罪名是私用學宮什器，娶妾飾床以象牙，非師臣體，實際上是因為明太祖剛即位做皇帝，存仁便告辭回家，犯了忌諱。

司業劉丞直勸他：「主上方應天順人，興高采烈，你要回家，也該等待一會。」存仁沒理會，果然因此致死（《南雍志》卷一《事紀》，卷二一《劉丞直傳》，《明史・宋訥傳》，劉辰《國初事蹟》）。

第二任祭酒梁貞也得罪放歸田里。第三任魏觀，後來在蘇州知府任上被殺。第四任樂韶鳳以不職病免。第五任李敬以罪免。第六任吳顒因為武官子弟怠學，寬縱不能制裁被斥免。

國子監第一任祭酒是宋訥，屠殺生徒，最被恩禮，可是明太祖還不放心，經常派人伺察，有時還在暗中畫他的相貌，一喜一怒，都有報告（《明史‧宋訥傳》）。第二任龔，得罪的罪狀是有監生告假還家，沒有報告皇帝，祭酒便准了假。明太祖大怒，以為「賣放」，「置於法」。

第三任胡季安坐胡惟庸黨案得罪。第四任楊淞，因為擅自分配學生宿舍，原來有廊房二十間，所住學生以罪被逐，留下空屋，明太祖令北城兵馬司封鑰，楊淞因為宿舍不夠住，自作主張，准許學生住進去，結果是因此「掇禍」（《南雍志》卷一《事紀》）。

最末一任張顯宗就是奉天門訓話裡的年紀小的秀才官人，上任不久，明太祖便死了，算是僥倖沒有意外。統計三十多年來的歷任祭酒，只有以殘酷著名的宋訥善終在任上，死後的恩禮也特別隆重，可以說是例外，其他的不是得罪，便是被殺。

痛決，充軍，罰充吏役，枷鐐終身，餓死，自縊死，梟首示眾，明初的國子監是學校，又是監獄，又是刑場。不只是學生，也包括教官在內，受死刑所威脅的訓練，造成絕對服從的、奴性的官僚。

五

明初的國子學、國子監，所負荷的製造和訓練官僚的任務，據《南志》和《明史・選舉志》所記：

洪武二年，擇國子生試用之，巡行列郡，舉其職者，竣事覆命，即擢行省左右參政，各道按察司僉事及知府等官。

五年四月，以國子生王鐸攝監察御史，擢浙江布政司左參政。

六年九月，纂修日曆，選善書者謄寫，國子生陳益暘等與焉。令吏部選國子生之成材者，量材授主事、給事中、御史等官。

八年三月，命丞相往國子學，考校老成端正、學博經通者，分教天下，令郡縣廩其生徒而立學焉。又命御史台精選以分教北方。於是選國子生林伯雲等三百六十六人，給廩食賜衣服而遣之。六月以國子生李擴等為監察御史。

九年三月，以武英堂紀事國子生黃義為湖廣行省參政，趙信為考功監丞。九月，遣國子生往陝西祭平涼衛指揮秦虎。國子生奉命出使自此始。尋命國子生分行列郡，集事之未完者，如古行人之職，皆量道路遠近，賜鈔為費而遣之。

十年正月，國子生試用於列郡者，皆授縣丞主簿，人賜夏衣一襲，寶鈔三十貫。命中書省臣，凡有親在者，量程給假歸省，然後之官。十月，召國子生分教郡縣者還京師，令吏部擢用。

十二年，上以國子生多未仕者，謂中書省臣曰：「朕甚欲尊顯諸生，慮其未悉朕意。且諸生入學之日久矣，其令歸省其親，賜其父母帛各四疋。有妻孥者攜以來，月與粟錢，務得其歡心。」於是王文囧等一百三十四人皆告歸，有司如詔齎之。

十四年八月，以國子生茹　為承敕郎。

十七年三月，令禮部頒行科舉成式，凡三年大比，子午卯酉年鄉試，辰戌丑未年會試，祭酒司業擇國子生之性資敦厚，文行可稱者應之。是年國子生升至率性堂者，入試文淵閣，擢楊文忠為首，除永福縣丞。

十八年二月會試，此揭榜，國子生多在前列（會試黃子澄第一，殿試丁顯、練子寧居首甲），上大喜。

十九年四月，吏部奏用監生十四人，皆為六品以下官。五月，上以天下郡縣多吏弊民蠹，皆由雜流得為牧民官。乃命祭酒司業擇監生千餘人送吏部，除授知州知縣等職。

二十年二月，魚鱗圖冊成。先是上命戶部核實天下土田，而蘇松富民，畏避徭役，以田產詭寄親鄰佃僕，相習成風，奸弊百出。於是富者愈富，貧者愈貧。上聞之，遣國子生武淳等往，隨稅糧多寡，定為幾區，每區設糧長四人，使集里甲耆民，躬履田畝以量度之。量其方圓，次其字號，悉書主名及尺丈四至，編類為冊，繪狀若魚鱗然，故名。

至是浙江、直隸、蘇州等府縣冊成進呈，上喜，賜淳等鈔錠有差。三月，監生古樸奏言，家貧願仕，冀得祿以養母，上嘉之，除工部主事，迎養就京師。十二月，擢監生李慶署都察院右僉都御史。

二十一年三月，殿試，監生任亨泰廷對第一，召祭酒宋訥褒諭之。命撰進士題名記，立碑於監門。

二十二年二月，初令監生同御史王英、進士齊德照刷文卷。

二十四年三月，以監生許觀會試殿試皆第一，召國子監官褒獎之。八月，初令監生往後湖清查黃冊（全國戶籍）。戶部所貯天下黃冊，俱送後湖收架，委監察御史二員、戶科給事中一員、監生一千二百名，以舊冊比對清查，如有戶口田糧埋沒差錯等項，造冊徑奏。是年選監生有練達政體者，得方文等六百三十九人，命行御史事，稽核天下百司案牘。

二十五年七月，擢監生師逵、墨麟等為監察御史，夏原吉為戶部主事。

二十六年十月，詔祭酒胡季安選監生年三十以上能文章者三百四十一人，命吏部除授教諭等官。以監生劉政、龍鐔等六十四人為行省布政使、按察兩使及參政參議副使、僉事等官。

二十七年八月，遣監生及人才分詣天下郡縣，督吏民修治水利，給道里費而行。

二十九年四月，令吏部以次錄用國子監生，毋使淹滯。六月初令監生年長者，分撥諸司，歷練政事。凡歷事監生，隨本衙門司務，分勤謹平常才力不及奸頑等項引奏。勤謹者仍歷事，闕官以次取用。平常再歷，才力不及送監讀書，奸頑充吏（計南京五府六部等衙門歷事監生二百十八名，戶部等衙門寫本監生二十八名，差撥內外衙門辦事監生一百二十四名）稱為撥歷法。

三十年二月，擢監生盧祥為刑部郎中。

明代官制，都察院右僉都御史正四品，郎中正五品，主事正六品，監察御史正七品，給事中從七品。布政使從二品，參政從三品，參議從四品，按察使正三品，副使正四品，僉事正五品。知府正四品，知州從五品，知縣正七品，縣丞正八品，主簿正九品。教諭無品級。

從洪武二年到三十一年這一時期監生任官的情形來看，第一，監生並沒有一定的任官資序，最高的可以做到地方大吏從二品的布政使，最低的做正九品的縣主簿，以至無品級的教諭。

第二，監生也沒有固定的任官性質，部院官、監察官、地方最高民政財政官、司法官，以至無所不管的親民的府州縣官和學校官，監生幾乎無官不可做。

第三，除做官以外，在學的監生，有奉命出使的，有奉命巡行列郡的，有稽核百司案牘的，有到地方督修水利的，有執行丈量記錄土地面積定糧的任務的，有清查黃冊的，有寫本的，有在各衙門辦事的，有在各衙門歷事的。

第四，三十年來監生的任官，以洪武二年和二十六年為最高，十九年為最多。「故其時布列中外者，太學生最盛。」（《明史》卷六九《選舉志》）

大體說來，從國子學改為國子監以後，監生的出路已漸漸不如初年，從做官轉到做事，朝廷利用大批監生做履畝定糧、督修水利、清查黃冊等基層技術工作。

至於為什麼洪武二年和二十六年大量任用監生做高官呢？理由是第一，剛開國人才不夠，只能以國子生出任高官。第二，洪武二十六年二月藍玉被殺，牽連致死的文武官僚、地方大吏為數極多，多少衙門都缺正官，監生因之大走官運。至於為什麼洪武十九年監生任官的竟有千餘人之多呢，那是因為上一年鬧郭桓貪污案，供詞牽連到直省官吏因而繫死者有幾萬人，下級官吏缺得太多。

至於為什麼在洪武十五年以後，監生做官的出路一天不如一天呢，那是因為從十五年以後，會試定期舉行，每三年一次，進士在放榜後即刻任官，要做官的都從進士科出身，甚至監生也從進士科得官，國子監已不再是唯一的官僚養成所了。進士釋褐授給事、御史、主事、中書、行人、評事、太常、國子博士，或府推官、知州、知縣等官（《明史》卷七〇《選舉志》），監生原來的出路為進士所奪，只好去做基層技術工作和到諸司去歷事了。

六

明代地方學校的建立，始於洪武二年。明太祖以為元代學校之教，名存實亡，戰爭以來，人習於戰鬥，唯知干戈，莫識俎豆。他常說治國之要，教化為先，教化之道，學校為本。如今京師已有太學，而地方學校尚未興辦，面諭中書省臣令府州縣都立學校，禮延師儒，教授生徒，講論聖道。於是大設學校，府設教授，州設學正，縣設教諭各一，訓導府四州三縣二，生員府學四十人，州三十人，縣二十人。師生月廩米人六斗，地方官供給魚肉（《南雍志》卷一《事紀》，《明史》卷六九《選舉志》）。

入學生員享受免役特權，除本身外，還免其家差徭二丁（《大明會典》卷七八《學校》）。在學專治一經，以禮樂射御書數設科分教。

統治地方學校情形，完全和國子監一致。洪武十五年頒禁例十二條於全國學校，鐫立臥碑，置於明倫堂之左，不遵者以違制論，禁例中最重要的有下列各條：

一、今後州縣學生員，若有大事干於己家者，許父兄弟侄具狀入官辯訴。若非大事，含情忍性，毋輕至於公門。

一、生員之家，父母賢智者少，愚癡者多，其父母欲行非為，則當再三懇告。

這兩條，前一條不許生員交結地方官，後一條要使生員為皇家服務，在民間替朝廷清除「非為」[2]。

另一條：

一、軍民一切利病，並不許生員建言。果有一切軍民利病之事，許當該有司、在野賢才、有志壯士、質樸農夫、商賈技藝皆可言之，諸人毋得阻當。惟生員不許！

軍民一切利病即政治問題，地方官、在野人士，甚至農工商人都可提出建議，任何人都有權討論政治，唯獨不許學生說話。並且在同一條文內，重複地說「不許生員建言」，「惟生員不許」，聲色俱厲，呼之欲出。

明太祖為什麼單單剝奪了生員討論政治的權利呢？因為他害怕群眾，害怕組織，尤其害怕有群眾基礎有組織能力的知識分子。他認清這個力量會危害他的統治，因之，非加以高壓，嚴厲禁止，不許有聲音不可。至於其他人士，個別的發言，個別的建議，沒有群眾做後盾，不發生力量，他不但不禁止，反而形式上加以獎勵，學學古代帝王求言的辦法，倒使他可以得到好名譽。

知識青年對於現實政治不能說話，不許有聲音，明太祖的統治就鞏固了。可是，他沒有想到代替說話的是農民的竹竿和鋤頭，朱家的政權，到後來還是被竹竿和鋤頭所傾覆。

地方學校之外，洪武八年又詔地方立社學（鄉村小學），延師儒以教民間子弟。府州縣學和社學都以《御制大誥》和《律令》作主要必修科（《大明會典》卷七八《學校》）。

在官僚政治之下，地方學校只存形式，學生不在學，師儒不講論。社學且成為官吏迫害剝削人民的手段，明太祖曾大發脾氣，申斥地方官吏說：

好事難成。且如社學之設，本以導民為善，樂天之樂。奈何府州縣官不才酷吏，害民無厭。社學一設，官吏以為營生。有願讀書者無錢不許入學，有三丁四丁不願讀書者受財賣放，縱其愚頑，不令讀書。有父子二人，或農或商，本無讀書之暇，卻乃逼令入學，有錢者又縱之。無錢者雖不暇讀書，亦不肯放，將此湊生員之數，欺誑朝廷。

他怕「逼壞良民不暇讀書之家」只好住罷（停辦）社學，不再「導民為善」了（《御制大誥・社學第四十四》）。

從國子監到社學，必讀的書，必考的書，是明太祖所親自寫定的《大誥》（從文理不通、思想昏亂、詞語鄙陋、語氣狂暴、態度蠻橫幾點看來，確非儒生所能代筆），想用以為治國平天下、統一思想的「聖經寶典」。他在書末指出：

朕出是誥，昭示禍福，一切官民諸色人等，戶戶有此一本，若犯笞杖徙流罪名，每減一等，無者每加一等。所在人民，熟觀為戒（《御制大誥・頒行大誥第七十四》）。

又說：

朕出斯令，一曰大誥，一曰續編，斯上下之本，臣民之至寶，發布天下，務必戶戶有之。敢有不敬而不收者，非吾治化之民，遷居化外，永不令歸，的的不虛示（《大誥續編．頒行續誥第八十七》）。

以帝王之威，用減刑用充軍，利誘威脅，命令人民讀他的「至寶」，命令學生熟讀講解他的至寶，可惜，人民是不識「寶」的，利誘不理，威脅無用。成化時（一四六五—一四八七）陸容記《大誥》的下落說：

> 國初懲元之弊，用重典以新天下，故令行禁止，若風草然。然有面從於一時而心違於身後者，如《大誥》，惟法司擬罪云有《大誥》減一等云爾，民間實未之見，況複有講讀者乎！（《菽園雜記》卷五）

明太祖有方法統治學校，屠殺學生，可是，他沒辦法辦社學，也沒辦法使人民讀他的《大誥》。有生死人之權，有富貴貧賤人之權，而終於無人讀他藏他的「至寶」，不要說讀，人民甚至連看都沒有看見，這大概是專制獨裁者應有的共有的悲哀吧！

明代科舉情況與紳士特權／吃得苦中苦，方為人上人

明、清兩代五六百年間的科舉制度，在中國文化、學術發展的歷史上做了大孽，束縛了人們的聰明才智，阻礙了科學的進展，壓制了思想，使人們脫離實際，脫離生產，專讀死書，專學八股，專寫空話，害盡了人，也害死了人，罪狀數不完，也說不完。

這些且不說，光就考試時的情況說，也是氣死人的。明末艾南英《天傭子集》有一篇文章專講考舉人時的苦處：

考試這一天，考場打了三通鼓，秀才們即使遇到大冷天，冰霜凍結，也得站在門外等候點名。督學呢，穿著紅袍坐在堂上，燈燭輝煌，圍著爐子取暖，好不舒服。

秀才們得解開衣裳，左手拿著筆硯，右手拿著布襪，聽候府縣官點名，排個兒站在甬道裡，依次到督學面前。每一個秀才，有兩個搜檢軍侍

候，從頭髮搜到腳跟，光著肚子光著腿，要好幾個時辰才能全搜完，個個凍得牙齒打戰，腰以下都凍僵了，摸著也不像是自己的皮膚。

要是大熱天呢，督學穿著紗衣裳，在陰涼地裡，喝著茶，搖著扇子，涼快得很。秀才們呢，十百一群，擠立在塵埃飛揚的太陽地上，按制度不能扇扇子，穿的又是大布厚衣。到了考場，幾百人夾坐在一起，腥氣、穢氣，蒸著、熏著，大汗通身，衣裳都濕透了，卻一滴水也不敢入口。雖然公家有人管茶水，但誰也不敢喝，喝了就有人在你卷子上打一個紅記號，算是舞弊犯規，文章儘管寫得好，也要扣分，降一等。

冷天也罷，熱天也罷，都得吃苦頭。考的時候，東西兩面站著四個瞭望軍，是監場的，誰也不敢抬頭四面看，有人睏了站一下，打一個呵欠，和隔壁考生說話，以至歪著坐，又是一個紅記號打上了，算犯規，文章儘管好，也扣分，降一等。弄得人人腰脊酸痛，連大小便也不得自由，得忍著些。連動手動腳、抬頭伸腰的自由也被剝奪了，苦哉！

考試座位呢，是衙門裡的工吏包辦的，他們得賺一點錢，貪污了一大半經費，臨時對付，做得很窄小，兩個手膀也張不開；又偷工減料，薄而脆，外加裂縫，坐下重一點，就怕塌下。加上同號的總有十幾個人，座位是用竹子聯著的，誰的手腳稍動一下，聯號的座位便都動搖了，成天沒個停，寫的字也就歪歪扭扭了。

這篇文章寫得實在好，道盡了考生的苦處，也道盡了封建統治者不把學生當人的惡毒待遇。文章裡用督學的擁爐、揮扇相對襯，更把考生的苦況突出了。

清朝繼承了明朝這一套，《兒女英雄傳》寫安驥殿試時，自己背桌子考籃的情況，可以參看。

這樣苦，為什麼人們還是搶著考，唯恐吃不到這苦頭呢？是為了做官。顧公燮《消夏閒記摘抄》記明朝人中舉人的情況：

> 明朝末年的紳士，非常之威風。凡是中了舉人，報信的人都拿著短棍，從大門打起，把廳堂窗戶都打爛了，叫作「改換門庭」。工匠跟在後面，立時修整一新，從此永為主顧。
>
> 接著，同姓的地主來和您通譜，算作一家，招女婿的也來了，有人來拜你作老師，自稱門生。只要一張嘴，銀子上千兩的送，以後有事，這些人便有依靠了。
>
> 出門呢，坐著大轎，前面有人拿著扇啦，掌著蓋啦，諸如此類，連秀才出門，也有門斗張著油傘引路。

有婚喪事的時候，紳士和老百姓是不能坐在一起的，要另搞一個房子叫大賓堂，有功名的人單坐在一起。

清人吳敬梓所作《儒林外史》，窮秀才范進中舉一段絕妙文字，正是顧公燮這一段記載的絕妙注腳。

到中了進士，就更加威風了。上任做官，車啦，馬啦，跟班啦，衣服用具啦，飲食用費啦，都自然會有人支應。上了任，債主也跟著來，按期還債。[3]

即使中不了進士，光是秀才、舉人，也就享有許多特權了。其一是免役。只要進了學，成為秀才，法律規定可免戶內二丁差役。明朝裡役負擔是很重的，要是有二十畝田地的中農，假如家裡不出一個秀才，一輪到里役，便得破家蕩產。[4]以此，一個縣裡秀才舉人愈多，百姓便越窮，因為他們得把紳士的負擔分擔下來。[5]

第二是可以有奴婢使喚。明制，平民百姓是不許存養奴婢的，《大明律》規定：「庶民之家，存養奴婢者，杖一百，即放從良。」

第三是法律的優待。明初規定一般進士、舉人、貢生犯了死罪，可以特赦三次，以後雖然沒有執行，但是，還是受到優待，秀才犯了法，地方官在通知學校把他開除之前，是不能用刑的。如犯的不是重罪，便只通知學校當局，加以處分了事。

第四是免糧。家道寒苦，無力完糧的，可由地方官奏銷豁免。因之，不但秀才自己免了役，免了賦，甚至包攬隱庇，借此發財。廩生照規定由國家每年給膏火銀一百二十兩，不安分的便攬地主錢糧在自己名下，請求豁免，「坐一百，走三百」，不動腿呢，每年一百二十兩，多跑跑縣衙門呢，一年三百兩，是當時的民間口語。

第五便是禮貌待遇了。顧公燮所記的大賓堂是有法律根據的，洪武十二年（一三七九）八月明太祖頒布法令，規定紳士只能和宗族講尊卑的禮法，至於宴會，要另設席位，不許坐於無官者之下。和異姓無官者相見，不必答禮。庶民見紳士要用見官禮謁見。違反的按法律制裁。

有了這樣多特權，吃點苦頭又算什麼呢？

明、清兩代的知識分子，在通過考試之前，封建統治者把他們不當人看待，加以種種虐待。但是，在成為秀才、舉人、進士之後，便成為統治集團的一員了，和庶民不同了，他們分享了統治階級的特權，成為特權階級了。最近有人講明朝後期情況，把秀才也算在市民裡面，把他們下降為庶民，在我看來，是不符合客觀存在的歷史事實的。

皇權的輪子／朱元璋的官僚機構改革

由於歷史包袱的繼承，皇權的逐步提高，隋唐以來的官僚機構，以鞏固皇權為目的的三省制度——中書省出命令，門下省掌封駁，尚書省主施行——中書官和皇帝最親近，接觸機會最多，權也最重。

宋代後期，門下省不能執行審核詔令的任務，尚書省官只能平決庶務，不能與聞國政，三省事實上只是一省當權。到元代索性取消門下省，把尚書省的官屬六部也歸併到中書，成為一省執政的局面。地方則分設行中書省，總攬軍民大政。其下有路、府、州、縣，管理軍民。

三省制的形成有它的歷史背景和原因，就這制度本身而論，把政權分作三份，一個專管決策，一個負責執行，而又另有一個糾核的機構，駁正違誤，防止皇權的濫用和官僚的缺失，從鞏固皇權，維持現狀的意義上說，是很有用的。可是，在事實上，官僚政治本身破壞了、癱瘓了這個官僚機構，皇權和相權的衝突，更有目的地摧毀了這個官僚機構。

官僚政治特徵之一是做官不做事，重床疊屋，衙門愈多，事情愈辦不好，拿薪水的官僚愈多，負責做事的人愈少。例如從唐以來，往往因事設官；尚書都省原有戶部，專管戶口財政，在國計困難時，政府要張羅財帛，供應軍需，大張旗鼓，特設鹽鐵使、戶部使、租庸使、國計使等官，由宰相或大臣兼任，意思是要提高搜刮的效率，可是這樣一來，戶部位低權輕，職守都為諸使所奪，便變成閒曹了。兵部專管軍政，從五代設了樞密使以後，兵部又無事可做了。禮部專掌禮儀，宋代卻又另有禮院。幾套性質相同的衙門，新創的搶了舊衙門的職司，本衙門的官照例做和本衙門不相干的事，或者索性不做事。千頭萬緒，名實不符，十個官僚有九個不知道自己的職司。冗官日多，要官更多，行政效率也就日益低落。[6] 到元代又添上蒙古的部族政治機構，衙門越發多，越發龐大，混亂複雜，臃腫不靈，癱瘓的病象在顯露了。

而且就官僚的服務名義說，也有官、職、差遣之分，官是表明等級、分別薪俸的標識，職以待文學侍從之臣，只有差遣是「治內外之事」的。皇家的賞功酬庸，又有階、勳、爵、食邑、功臣號等名目。以差遣而論，又有行、守、試、判、知、權知、權發遣的小同。其實除差遣以外，其他都是不大相干的。[7]

皇權和相權的矛盾，例如宋太宗討厭中書的政權太重，分中書吏房置審官院，刑房置審刑院[8]，為了分權而添置衙門，其實是奪相權歸之於皇帝。

皇帝的詔令照規矩是必須經過中書門下，才算合法，所謂「不經鳳閣鸞台，何名為敕？」[9]用意是防止皇權的濫用，但是，這規矩只是官僚集團的規矩，官僚的任免生殺之權在皇帝，升沉榮辱甚至誅廢的利害超過了制度的堅持，私人的利害超過了集團的利害，唐武后以來的墨敕斜封（手令），也就破壞了這個官僚制度，摧毀了相權，走上了獨裁的道路。

朱元璋繼承歷代皇權走向獨裁的趨勢，對官僚機構大加改革，使之更得心應手，為皇家服務。

元代的行中書省是從中書省分出去的，職權太重，到後期鞭長莫及，幾乎沒有法子控制了。朱元璋要造成絕對的中央集權，洪武九年（一三七六）改行中書省為承宣布政使司，設左右布政使各一人，掌一區的政令。布政使是朝廷派駐地方的代表、使臣，秉承朝廷，宣揚政令。全國分浙江、江西、福建、北平、廣西、四川、山東、廣東、河南、陝西、湖廣、山西十二布政使司，十五年增置雲南布政使司。[10]

布政使司的分區，大體上繼承元朝的行省，市政使的職權卻只掌民政、財政，和元朝行中書省的無所不統，輕重大不相同了。而且就地位論，行省是以都省的機構分設於地方，布政使則是朝廷派駐的使臣，前者是中央分權於地方，後者是地方集權於中央，意義也完全不同。

此外，地方掌管司法行政的另有提刑按察使司，長官為按察使，主管一區刑名、按察之事。布、按二司和掌軍政的都指揮使司合稱三司，是朝廷派遣到地方的三個特派員衙門，民政、司法、軍政三種治權分別獨立，直接由朝廷指揮，為的是便於控制，便於統治。布政司之下，真正的地方政府分兩級，第一級是府，長官為知府，有直隸州，即直隸於布政使司的州，長官是知州，第二級是縣，長官是知縣，有州，長官是知州，州縣是直接臨民的政治單位。[11]

中央統治機構的改革，稍晚於地方。洪武十三年（一三八〇）胡惟庸案發後[12]廢中書省，仿周官六卿之制，提高六部的地位；吏、戶、禮、兵、刑、工，每部設尚書一人，侍郎（分左右）二人。

吏部掌全國官吏選授、封勳、考課，甄別人才。戶部掌戶口、田賦、商稅。禮部掌禮儀、祭祀、僧道、宴饗、教育及貢舉（考試）和外交。兵部掌衛所官軍選授、訓練和軍令。刑部掌刑名。工部掌工程造做（武器、貨幣等）、水利、交通。都直接對皇帝負責，奉行政令。統軍機關則改樞密院為大都督府，節制中外諸牢。

洪武十三年分大都督府為中、左、右、前、後五軍都督府，每府以左右都督為長官，各領所屬都司衛所，和兵部互相表裡。都督府長官雖管軍籍、軍政，卻不直接統帶軍隊，在有戰事時，才奉令出為將軍總兵官，指揮作戰。戰爭結束，便得交還將印，回原職辦事。[13]

監察機關原來是御史台，洪武十五年（一三八二）改為都察院，長官是左右都御史，下有監察御史百十人，分掌十二道（按照市政使司政區分道）。職權是糾劾百司，辨明冤枉，凡大臣奸邪，小人構黨作威作福亂政，百官猥茸、貪污、舞弊，學術不正和變亂祖宗制度的，都可隨時舉發彈劾。

這衙門的官被皇帝看作耳目，替皇帝聽，替皇帝看，有對皇權不利的隨時報告。也被皇帝看作鷹犬，替皇帝追蹤，搏擊一切不忠於皇帝的官民，是替皇帝監視官僚的衙門，是替皇帝檢舉反動思想、保持傳統綱紀的衙門。

監察御史在朝監視各個不同的官僚機構，派到地方的，有巡按、清軍、提督學校、巡監、茶馬、監軍等職務，就中巡按御史算是代皇帝巡狩，按臨所部，大事奏裁，小事立斷，是最威武的一個差使。

行政、軍事、監察三種治權分別獨立，由皇帝親身總其成。官吏內外互用，其地位以品級規定，從九品到正一品，九品十八級，官和品一致，升遷調用都有一定的法度。百官分治，個別對皇帝負責。系統分明，職權清楚，法令詳密，組織嚴緊。

而在整套統治機構中，互相鉗制，以監察官來監視一切臣僚，以特務組織來鎮壓威制一切官民，都督府管軍不管民，六部管民不管軍，大將在平時不指揮軍隊，動員復員之權屬於兵部，供給糧秣的是戶部，武器的是工部，決定戰略的是皇帝。六部分別負責，決定政策的是皇帝。在過去，政事由三省分別處理，取決於皇帝，皇帝是帝國的首領。可是在這新統治機構下，六部府院直接隸屬於皇帝，皇帝不但是帝國的首領，而且是這統治機構的負責人和執行人，歷史上的君權和相權到此合一了，皇帝兼理宰相的職務，皇權由之達於極峰。[14]

歷史的教訓使朱元璋深切地明白宦官和外戚對於政治的禍害。他以為漢朝、唐朝的禍亂，都是宦官做的孽，這種人在宮廷裡是少不了的，可是只能做奴隸使喚，灑掃奔走，人數不可過多，也不可用作耳目心腹，用作耳目，耳目壞，用作心腹，心腹病，對付的辦法，要使之守法，守法自然不會做壞事，不要讓他們有功勞，一有功勞就難以管束了。定下規矩，凡是內臣都不許讀書識字，又鑄鐵牌立在宮門，上面刻著：「內臣不得干預政事，犯者斬。」又規定內臣不許兼外朝的文武官銜，不許穿外朝官員的服裝，做內廷官不能過四品，每月領一石米，穿衣吃飯官家管。並且，外朝各衙門不許和內官監有公文往來。這幾條規定針對著歷史上所曾發生的弊端，使內侍名副其實地做宮廷的僕役。[15]

對外戚干政的對策，是不許后妃干政，洪武元年（一三六八）三月即命儒臣修《女誡》，纂集古代賢德婦女和后妃的故事，刊刻成書，來教育宮人，要她們學樣。又立下規程，皇后只能管宮中嬪婦的事，宮門之外不得干預。宮人不許和外間通信，犯者處死，斷絕外朝和內廷的來往以至通信，使之和政治隔離。

外朝臣僚命婦按例於每月初一、十五朝見皇后，其他時間，沒有特殊緣由，不許進宮。皇帝不接見外朝命婦，皇族婚姻選配良家子女，有私進女口的不許接受。元璋的母族和妻族都絕後，沒有外家，後代帝王也都遵守祖訓，后妃必選自民家。外戚只是高爵厚祿，做大地主，住大房子，絕對不許與聞政事。[16]

在洪武一朝三十多年中，內臣小心守法，宮廷和外朝隔絕，和前代相比，算是家法最嚴的了。

其次，元代以吏治國，法令極繁冗，檔案堆成山。吏就從中舞弊，無法根究。而且，正因為公文條例過於瑣細，不費一兩年工夫，無從通曉，辦公文、辦公事成為專門技術，掌印正官弄不清楚，只好由吏做主張，結果治國治民的都是吏，不是官，小吏們唯利是圖，毫不顧及全盤局面，政治（其實是吏治）自然愈鬧愈壞。

遠在吳元年，朱元璋便已注意到法令和吏治的關係，指令台省官立法要簡要嚴，選用深通法律的學者編訂律令，經過縝密的商定，去煩減重，花了三十年工夫，更改刪定了四五次，編成《大明律》，條例簡於《唐律》，精神嚴於《宋律》，是中國法律史上極重要的一部法典。

又為簡化公文起見，於洪武十二年立案牘減煩式頒示各衙門，使公文明白好懂，文吏無法舞弊弄權。從此吏員在政治上被斥為雜流，不能做官。官和吏完全分開，官主行政，吏主事務，和元代的情形完全不同了。[17]

和吏文相同的是文章的格式。唐宋以來的政府文字，從上而下的制誥，從下達上的表奏，照習慣是駢驪四六文，儘管有多少人主張復古，提倡改革，所謂古文運動，在民間是成功了，政府卻仍然用老套頭，同一時代用的是兩種文字，廟堂是駢偶文，民間是古文，朱元璋很不以為然，他以為古人做文章，講道理，說世務，經典上的話，都明白好懂，像諸葛亮的《出師表》，又何嘗雕琢，立意寫文章？可是有感情，有血有肉，到如今讀了還使人感動，懷想他的忠義。近來的文士，文字雖然艱深，用意卻很淺近，即使寫得和司馬相如、揚雄一樣好，別人不懂，又中什麼用？因此他要秘書——翰林——作文字，只要說明白道理，講得通世務就行，不許用浮辭藻飾。[18]

到洪武六年，又下令禁止對偶四六文辭，選唐柳宗元《代柳公綽謝表》和韓愈《賀雨表》作為箋表法式。[19]這一改革不但使政府文字簡單、明白，把廟堂和民間打通，現代人寫現代文，就文學的影響說，也可以說很大，韓愈、柳宗元以後，他是提倡古文最有成績的一個人。他自己所做的文章，寫得不好，有時不通順，倒容易懂。信札多用口語，比文章好得多，想來是受蒙古白話聖旨的影響，也許是沒有念過什麼書，中舊式文體的毒比較輕的緣故吧？

唐、宋兩代還有一樣壞風氣，朝廷任官令發表以後，被任用的官照例要辭官，上辭官表，一辭再辭甚至辭讓到六七次，皇帝也照例拒絕，下詔敦勸，一勸再勸再六次七次勸，到這人上任上謝表才算甘休。辭的不是真辭，勸的也不是真勸，大家肚子裡明白，是在玩文字的把戲，誤時誤事，白費紙墨。朱元璋認為這種做法太無聊，也把它廢止了。

【注釋】

1《明史》卷一三九《錢唐傳》，卷五四《禮志四》，李之藻《領官禮樂疏》卷二，全祖望《鮚埼亭集》卷三五辨錢尚書爭孟子事，北平圖書館藏洪武二十七年刊本《孟子節文・劉三吾孟子節文題辭》：「《孟子》一書，中間詞氣之間抑揚太過者八十五條。其餘一百七十餘條，悉頒之中外校官，俾讀是書者知所本旨。自今八十五條之內，課士不以命題，科舉不以取士，壹以聖賢中正之學為本。」

2「非為」是明太祖的口頭和文字上常用術語，含有特別內容，和他常用的「異為」「他為」同義。

3陶奭齡：《小柴桑喃喃錄》上；周順昌：《燼餘集》卷二，《與吳公如書》二。

4《溫寶忠遺稿》卷五，《士民說》。

5顧炎武：《亭林文集・生員論》。

6《宋史》，《職官志》一。

7司馬光：《司馬文正公傳家集》卷二一，《乞分十二等以進退群臣上殿札子》；錢大昕：《潛研堂文集》卷三四，《答袁簡齋書》。

8司馬光：《涑水紀聞》卷三；李攸：《宋朝事實》卷九；李燾：《續資治通鑑長編》卷一二五。

9《舊唐書》卷八七，《劉禕之傳》。

10明成祖永樂元年（一四〇三）以北平布政司為北京，五年置交阯布政使司，十一年置貴州布政使司。宣德三年（一四二八）罷交阯布政使司，除兩京外定為十三布政使司。

11《明史·職官志》。

12《明史·胡惟庸傳》；吳晗：《胡惟庸黨案考》，載《燕京學報》十五期。

13宋濂：《洪武聖政記》，《肅軍政》第四。

14參看《明史·職官志》。

15宋濂：《洪武聖政記》；《明史》卷七四，《職官志》。

16《明史》卷一〇八《外戚恩澤侯表序》，卷一一三《后妃列傳序》，卷三〇〇《外戚傳序》。

17《明太祖實錄》卷二六，卷一一六；《明史》卷七一，《選舉志》。

18《明太祖實錄》卷三九。

19《明太祖實錄》卷八五。

第二章

共治：皇權與紳權

幾千年來皇權與紳權的關係從共存發展到共治，已經江河日下了。元明清三代連共治也說不上，從合夥到做夥計，猛然一跌，跌作賣身的奴隸，紳權成為皇權的奴役了。

論皇權／皇帝執行片面的治權

誰在治天下

在論社會結構裡所指的皇權，照我的理解應該是治權。歷史上的治權不是由於人民的同意委託，而是由於憑藉武力的攫權、獨占。

也許我所用的「歷史」兩個字有語病，率直一點說，應該修正為「今天以前」。我的意思是說，在今天以前，任何朝代任何形式的治權，都是片面形式的，絕對沒有經過人民的任何形式的同意。

假如把治權的形式分期來說明，秦以前是貴族專政，秦以後是皇帝獨裁，最近幾十年是軍閥獨裁。「皇權」這一名詞的應用，限於第二時期，時間的意義是從公元前二二一年到西元一九一一年，有兩千一百多年的歷史。

皇權是今天以前治權形式的一種，統治人民的時間最長，所加於人民的禍害最久，阻礙社會進展的影響最大，離今天最近，因之，在現實社會裡，自覺的或不自覺的毒素中得也最深。例子多得很，袁世凱不是在臨死以前，還要過八十三天的皇帝癮嗎？溥儀不是在遜位之後，還在宮中做他的皇帝，後來又跑到東北，在日本卵翼之下，建立偽滿洲國，做了幾年康得皇帝嗎？不是一直到今天，鄉下人還在盼望真命天子坐龍庭，少數的城裡人也還在想步袁世凱的覆轍嗎？

在封建的宗法制度下，無論是貴族專政，還是皇帝獨裁，或是軍閥獨裁，都是以家族作單位來統治的，都是以血統的關係來決定繼承的原則的。一家的家長（宗主）是統治權的代表人，這一家族的榮辱升沉，廢興成敗，一切的命運決定於這一個代表人的成敗。

在隋代有一個笑話，說是某地的一個地主，想做皇帝，招兵買馬，穿了龍袍，占了一兩個城市，戰敗被俘，在臨刑時，監斬官問他，你父親呢？說太上皇蒙塵在外。兄弟呢？征東將軍死於亂軍之中，征西將軍不知下落。他的老婆在旁罵：「都是這張嘴，鬧到如此下場！」他說：「皇后，崩即崩耳，世上豈有萬年天子？」說完伸脖子挨刀，倒也慷慨。

這一個歷史故事指出為了做幾天、做一兩個城市的皇帝，有人願意付出一家子生命的代價。為了這一家子的皇權迷戀，又不知道有幾百千家被毀滅、屠殺。

「成則為王，敗則為寇。」流氓劉邦，強盜朱溫，流氓兼強盜的朱元璋，做了皇帝，建立皇朝以後，史書上不都是太祖高皇帝嗎？諡法不都是聖神文武欽明啟運俊德成功，或者類此的極人類好德性的字眼嗎？黃巢、李自成呢？失敗了。是盜，是賊，是匪，是寇，儘管他們也做過皇帝。

舊史家是勢利的。不過也說明了一點，在舊史家的傳統概念裡，軍事的成敗決定皇權的興廢，這一點是無可置疑的。

皇帝執行片面的治權，他代表著家族的利益，但是，並不代表家族執行統治。換言之，這個治權，不但就被治者說是片面強制的，即就治者集團說，也是獨占的、片面的。即使是皇后、皇太子、皇兄皇弟，甚至太上皇、太上皇後，就對皇帝的政治地位而論，都是臣民，對於如何統治是不許參加意見的；一句話，在家庭裡，皇帝也是獨裁者。

正面的例子，如劉邦做了皇帝，他老太爺依然是平民，叨了人的教，讓劉邦想起，才尊為太上皇，除了過舒服日子以外，什麼事也管不著。反面的例子，石虎的幾個兒子過問政事，一個個被石虎所殺。

李唐創業是李世民的功勞，雖然捧他父親李淵做了些年皇帝，末了還是來一手逼宮，殺兄屠弟，硬把老頭子擠下寶座。又如武則天要做皇帝，殺兒子，殺本家，一點也不容情。

宋朝的基業是趙匡胤打的，兄弟趙匡義也有功勞，趙匡胤做皇帝年代太久了，「燭影斧聲」，趙匡義以弟繼兄。後來趙匡胤的長子德昭，在北征後請皇帝行賞，也只是一個建議而已，匡義大怒說，等你做皇帝，愛怎麼辦就怎麼辦！一句話逼得德昭只好自殺。

從這些例子，可以充分說明皇權的獨占性和片面性。權力的占有欲超越了家庭的感情，造成了無數骨肉相殘的史例。皇帝不和他的家人共治天下，那麼，到底和誰共治呢？有一個著名的故事，可以答覆這個問題，和皇帝治天下的是士大夫。故事的出處是宋李燾《續資治通鑑長編》卷二二一。

熙寧四年（一〇七一）三月戊子，上召二府對資政殿，文彥博言：「祖宗法制具在，不須更張，以失人心。」

上曰：「更張法制，於士大夫誠多不悅，然於百姓何所不便。」

彥博曰：「為與士大夫治天下，非與百姓治天下也。」

上曰：「士大夫豈盡以更張為非，亦自有以為當更張者。」

這故事的意義，在於第一，辯論的兩方都同意，皇權的運用是與士大夫治天下，非與百姓治天下。第二，文彥博所說的失人心，宋神宗承認是於士大夫誠多不悅，人心指的是士大夫的心。第三，文彥博再逼緊了，宋神宗就說士大夫也有贊成新法的，不是全體反對。

總之，儘管雙方對於如何鞏固皇權——即保守的繼承傳統制度或改革的採用新政策——的方案有所歧異，但是，對於皇權是與士大夫治天下，皇權所代表的是士大夫的利益，絕非百姓的利益，這一基本的看法是完全一致的。

那麼，為什麼皇帝不與家人治天下，反而與無血統關係的外姓人士大夫治天下呢？理由是家人即使是父子兄弟夫婦，假如與皇帝治天下的話，會危害到皇權的獨占性、片面性，「太阿倒持」是萬萬不可以的。

其次，士大夫是幫閒的一群，是食客，他們的利害和皇權是一致的，生殺予奪之權在皇帝之手，作耳目，作鷹犬，六轡在握，驅使自如，士大夫願為皇權所用，又為什麼不用？而且，可以馬上得天下，不能以馬上治天下，馬上政府是不存在的。治天下得用官僚，官僚非士大夫不可，這道理不是極為明白嗎？士大夫治天下也就是社會結構裡的紳權，這問題留在論紳權時再說。

皇權有約束嗎？

皇權有沒有被約束呢？費孝通先生說有兩道防線，一道是無為政治，使皇權有權而無能。一道是紳權的緩衝，在限制皇權，使民間的願望，能自下上達的作用上，紳權有他的重要性（這條防線不但不普遍，而且不常是有效的）。於此，我們來討論費孝通先生所指的第一道防線。

假如費先生所指的無為政治的意義，即是上文所引的文彥博的話：「祖宗法制具在，不須更張。」因承祖先的辦法，不求有利，但求無弊，保守傳統的政治原則，我是可以同意的。或者如另一例子，《漢書‧曹參傳》說他從蓋公學黃老治術，相齊九年，大稱賢相，蕭何死，代為相國，一切事務，無所變更，都照蕭何的老辦法做，擇郡國吏謹厚長者做丞相史，有人勸他做事，就請其喝酒，醉了完事。漢惠帝怪他不治事，他就問：「你可比你父親強？」說：「差多了。」「那麼，我跟蕭何呢？」「也似乎不如。」曹參說：「好了，既然他倆都比我倆強，他倆定的法度，你，垂拱而治，少管閒事；我，照老規矩做，不是很好嗎？」

這是無為政治典型的著例。這種思想，一直到十七世紀前期，像劉宗周、黃道周一類的官僚學者，還時時以「法祖」這一名詞，來勸主子恪遵祖制。假如無為政治的定義是法祖，我也可以同意的。

成問題的是無為政治並不是使皇帝有權而無能的防線。

相反，無為政治在官僚方面說，是官僚做官的護身符，不求有功，但求無過，好官我自為之，民生利弊與我何干，因循、敷衍、顢頇、不負責任等官僚作風，都從這一思想出發。一句話，無為政治即保守政治，農村社會的保守性、惰性，反映到現實政治，加上美麗的外衣，就是無為政治了（關於這一點，無為政治和農業的關係，我在另一文章農業與政治上談到）。

在皇帝方面說，歷史上的政治術語是法祖。法祖的史例很多，一類如宋代的不殺士大夫，據說宋太祖立下遺囑「不殺士大夫」。從太祖以後，大臣廢逐，最重的是過嶺，即謫戍到嶺南去，沒有像漢朝那樣朝冠朝衣赴市，說殺就殺，不是下獄，就是強迫自裁。甚至如明代的夏言正刑西市。

為什麼宋代特別優禮士大夫呢？因為宋代皇帝是「與士大夫治天下」的緣故。一種例如明代的東西廠和錦衣衛，兩個恐怖的特務機構，衛是明太祖創設的，廠則從明成祖開頭，這兩個機構做的孽太多了，配說禍「國」殃民（這個「國」嚴格的譯文是皇權），反對的人很多，當然以士大夫為主體，因為士大夫也和平民一樣，在廠衛的淫威之下戰慄恐懼。可是在祖制的大帽子下，這兩個機構始終廢除不掉。

到明代中期，士大夫們不得已而求其次，用祖制來打祖制，說是祖制提人（逮捕）必須有駕帖或精微批文（逮捕狀），如今廠衛任意捉人，鬧得人人自危，要求恢復祖制，捉人得憑駕帖；這樣，兩個祖制打了架，士大夫們在邏輯上已經放棄原來的立場，默認特務可以逮捕官民，只不過要有逮捕狀罷了。

前一例因為與士大夫治天下，所以優禮士大夫，政治上失寵失勢的不下獄，不殺頭，只是放逐到氣候風土特別壞的地方，讓他死在那裡（宋代大臣過嶺生還的是例外），從而爭取士大夫的支持。後一例子，時代不同了，士大夫不再是夥計，而是奴才，要罵就罵，要打就打，廷杖啦，站籠啦，抽筋剝皮，諸般酷刑，應有盡有，明殺暗殺，情況不同。一落特務之手，絕無昭雪之望，祖制反而成為殘殺士大夫的工具了。

從這類例子來看，無為政治——法祖並不是使皇權有權而無能的防線。從另一方面看，祖先的辦法，史例，有適合於提高或鞏固皇權的，歷代的皇帝往往以祖制的口實接受運用。反之，只要他願意做什麼，就不必管什麼祖宗不祖宗了。例如要加收田賦，要打內戰，要侵略邊境弱小民族，要蓋宮殿等等，一道詔書就行了。好像明武宗要南巡，士大夫們說不行，祖宗沒有到南邊去玩過，不聽，集體請願，大哭大鬧，明武宗發了火，叫都跪在宮外，再一頓板子，死的死，傷的傷，無為政治不靈了，年輕皇帝還是到南邊去大玩了一趟。

那麼，除祖宗以外，有沒有其他的制度或辦法來約束或防止皇權的濫用呢？我過去曾經指出，第一有敬天的觀念。皇帝在理論上是天子，人世上沒有比他再富於威權的人，他做的事不會錯，能指出他錯的只有比他更高的上帝。上帝怎麼來約束他的兒子呢？用天變來警告，例如日食、山崩、海嘯，以及風、水、火災，疫癘之類都是。從《洪範》發展到諸史的五行志，從董仲舒的學說發展到劉向的災異論，天人合一，天災和人事相適應，士大夫們就利用這個來做政治失態的警告。

但是，這著棋是不靈的，天變由你變之，壞事還是要做，歷史上雖然有在天變時，做皇帝的有易服避殿素食放囚，以至求直言的諸多記載，也只是宗教和政治合一的儀式而已，對實際政治是不能發生改變的。

第二是議的制度。有人以為兩漢以來，國有大事，由群臣集議，博士儒生都可發表和政府當局相反的意見，以至明代的九卿集議，清代的王大臣集議，是庶政公之輿論，是皇權的約束。其實，並不如此。第一，參加集議的都是官僚，都是士大夫。第二，官高的發言的力量愈大。第三，集議的正反結論，最後還是取決於皇帝個人。第四，議只是皇權逃避責任的一種制度，例如清代雍正帝要殺他的兄弟，怕人說閒話，提出罪狀叫王大臣集議，目的達到了，殺兄弟的道德責任由王大臣集議而減輕。

由此，與其說這制度是約束皇權的，毋寧說它是鞏固皇權的工具。

此外，如隋唐以來的門下封駁制度、台諫制度，在官僚機構裡，用官僚代表對皇帝詔令的同意副署，來完成防止皇權濫用的現象，一切皇帝的命令都必須經過中書起草，門下審核封駁，尚書實行的連鎖行政制度，只存在於政治理論上，存在於個別事例上。所謂「不經鳳閣鸞台，何謂為敕？」詔令不經過中書、門下的，不發生法律效力。可是，說這話的人，指斥這手令（墨敕斜封）政治的人，就被這個手令所殺死，不正是對這個制度的現實諷刺嗎？

又如諫官，職務是對人主諫諍過舉，聽不聽是絕無保證的，傳說中龍逢、比干諫而死，是不受諫的例，史書上的魏徵、包拯直言進諫，英明的君主如唐太宗、宋仁宗明白諫官的用意是為他好，有受諫的美名，其實，不受諫的史例更多。諫諍的目的在於維護政權的持續，說是忠君愛主，其實也就是愛自己的官位財產，因為假如這個皇權垮了，他們這一集團的士大夫也必然同歸於盡也。

從上文的說明，所得到的結論，皇權的防線是不存在的。雖然在理論上，在制度上，曾經有過一套以鞏固皇權為目的的約束辦法，但是，都沒有絕對的約束力量。

假如從另一角度來看，上文所說的這一些，也許正是費孝通先生所說的紳權的緩衝。不同的是我所指的這一些並不代表民間的願望，至多只能說是士大夫的願望，其方向也不是由下而上的，而是皇權運用的一面。這些約束不但不普遍，而且是常常無效的。

論紳權／與皇帝共治天下

「紳權固當務之急矣！」

前幾天，讀到胡繩先生的《梁啟超及其保皇黨思想》（《讀書與出版》第三卷第三期）。他指出梁啟超是主張「興紳權」的人，以興紳權為興民權的前提：

受「甲午之戰」失敗的刺激，又受「維新運動」宣傳的影響，湖南省出現了一批新的紳士，他們企圖以一省為單位實行一些新政，達到省自治的目的，以便在全國危亡時，一省還可自保。這樣的想法在當時各省的紳士門閥中都有，不過在湖南，因地方長官同情卵翼這些想法，所以特別發達。

梁啟超入湘後，除辦時務學堂外，又和當地紳士合組南學會。康有為這時仍全神貫注於向皇帝上書，而梁啟超則展開了在湖南紳士中的工作。他甚至鼓吹「民權」，但他說的卻是：「欲與民權，宜先興紳權；欲興紳權，宜以學會為之起點。」又說：「紳權固當務之急矣，然他日辦一切事捨官莫屬也。即今日欲開民智，開紳智，欲假手於官力者尚不知凡幾也。」（《上陳寶箴書》）——由此可見，他的想法是在官僚的支持下建立地方紳士的權力，這就是他的「民權」思想。

這一段話不但清理出五十年前梁啟超的紳權論，也指出五十年前一般紳士對救亡維新的看法。其要在「欲興民權，宜先興紳權（開紳智）；欲興紳權，宜以學會為之起點」。結論是學會為興民權之起點的起點，而辦這些事，欲假手於官力者不知凡幾也。

梁啟超先生本人是當時的紳士，他看紳權和民權是兩件事，紳權和官權則是一件事，無論就歷史的或現實的意義說，都是正確的。

五十年前的保皇黨，五十年後的自由主義者，何其相似到這步田地？歷史是不會重演的，紳權也無從興起，即使有更多的「援」，更多的「貨」，也還是不相干！

「為與士大夫治天下」

官僚、士大夫、紳士，是異名同體的政治動物，士大夫是綜合名詞，包括官僚、紳士兩專名。官僚、紳士必然是士大夫，士大夫可以指官僚說，也可以指紳士說。官僚是士大夫在官時候的稱呼，而紳士則是官僚離職、退休、居鄉（當然居城也可以），以至未任官以前的稱呼。例如梁啟超以舉人身分，在辦學堂，辦報，辦學會，非官非民，可以做官，或將要做官。而且，已經脫離了平民身分，經常和官府來往，可以和官府合作。

紳士的身分是可變的，有尚未做官的紳士，有做過多年官的紳士，也有做過了官的紳士，免職退休，不甘寂寞，再去做官的。做過大官的是大紳士，做過小官的是小紳士，小官可以爬到大官，小紳士也有希望升成大紳士，自己即使官運不亨，還可指望下一代。不但官官相護，官紳也相護，不只因為是自己人，還有更複雜的體己利害關係。

譬如紳士的父兄親黨在朝當權，即使不是權臣而是御史之類有彈劾權的官咧。更糟的是居鄉的宰相公子公孫，甚至老太爺、老岳丈，一紙八行，可以摘掉地方官的印把子，這類人不一定做過官，甚至不一定中過舉，一樣是大紳士。至於秀才、舉人、進士之類，眼前雖未做官，可是前程遠大，十年八年內難保不做巡方御史，以至頂頭上司，地方官是絕不敢怠慢的。《儒林外史》上范進中舉後的情形，便是絕好的例子。

因此，與其說，紳士和地方官合作，不如說地方官得和紳士合作。在通常的情形下，地方官到任以後的第一件事，是拜訪紳士，聯歡紳士，要求地方紳士的支持。歷史上有許多例子指出，地方官巴結不好紳士，往往被紳士們合夥告掉，或者經由同鄉京官用彈劾的方式把他罷免或調職。

官僚是和紳士共治地方的。紳權由官權的合作而相得益彰。

貪污是官僚的第一德性，官僚要如願地發揚這德性，其起點為與紳士分潤，地方自治事業如善堂、積穀、修路、造橋、興學之類有利可圖的，照例由紳士擔任；屬於非常事務的，如辦鄉團、救災、賑饑、丈量土地、舉辦捐稅一類，也非由紳士領導不可，負擔歸之平民，利益官紳合得。兩皆歡喜，離任時的萬民傘是可以預約的。

上面所說的地方自治事業，和現代所謂「自治」意義不同，不容混為一談。而且，這類事業名義上是為百姓造福，實質上是為官僚紳士聚財，假使確曾有一絲絲利及平民的話，那也只是漏出來的涓滴而已。現代許多管稅收的衙門牆上四個大字「涓滴歸公」，正確的解釋是只有一涓一滴歸公，正和這個情形一樣。

往上更推一層，紳士也和皇權共治天下。

紳權和皇權的關係，即士大夫的政治地位在歷史上的變化，大體上可以分三個時期，第一時期從秦到唐，第二時期從五代到宋，第三時期從元到清。當然這只是大概的劃分，並不包含有絕對的年代意義。

具體的先從君臣的禮貌來說吧，在宋以前，有三公坐而論道的說法，賈誼和漢文帝談話，不覺膝之前席，可見都是坐著的。唐初的裴監甚至和高祖共坐御榻，十八學士在唐太宗面前也都還有坐處。可是到宋朝，便不然了，從太祖以後，大臣在皇帝面前無坐處，一坐群站，三公群卿立而論政了。到明清，不但不許坐，站著都不行，得跪著奏事了，清朝大官上朝得穿特製的護膝，怕跪久了吃不消。由坐而站而跪，說明了三個時期君臣的關係，也說明了紳權的逐步衰落和皇權的節節提高。

從形式再說到本質。

前一時期的典型例子是魏晉六朝的門閥制度。漢代的若干世宦家族，如關西楊氏、汝南袁氏之類，四世三公，門生故吏遍天下，莊園遍布州縣，奴僕數以千計，有雄厚的經濟基礎。在黃巾動亂時代，地方豪族如孫策、馬超、許褚、張遼、曹操之類，為了保持土地和特殊權益，組織地主軍隊保衛鄉里，造成力量，有部曲，有防區，小軍閥投靠大軍閥，三個大軍閥三分天下，這兩類家族也就占據高位，變成高級官僚了。

大軍閥做了皇帝，這些家族原是共建皇業的，利害共同，在九品中正的選舉制度下，「上品無寒門，下品無士族」，大官位為這些家族所獨占。東晉南渡，司馬家和王、謝等家到了建康，東吳的舊族顧、陸、朱、張諸家雖然是本地高門，因為是亡國之餘，就吃了虧，在政治地位上屈居第二等。

這些高門世執國政，王、謝子弟更平步以至公卿，到劉裕以田舍翁稱帝，陳霸先更是寒人，在世族眼光裡，皇家只是暴發戶，朝代儘管改換，好官我自為之。

士大夫集團有其傳統的政治社會經濟以至文化地位，非皇權所能增損，紳權雖然在侍候皇權——因為皇帝有軍隊——目的在以皇權來發展紳權，支持紳權。經隋代兩帝的有意摧殘，取消九品中正制，取消長官辟舉僚屬辦法，並設進士科，用公開的考試制度，以文字來代替血統任官，但是，文字教育還是要錢買的，大家族有優越的經濟地位、人事關係，唐朝三百年的宰相，還是被二十個左右的家族所包辦。

門閥制度下的紳權有歷史的傳統，有莊園的經濟基礎，有包辦選舉的工具，甚至有依門第高下任官的制度，有依族姓高下締婚的風氣，高門華閥成為一個利害共同的集團。

並且，公卿子弟熟習典章制度，治國（辦例行公事）也非他們不可。在這情形下，紳權是和皇權共存的，只有兩方合作才能兩利。而且，皇帝人人可做，只要有軍力便行。士大夫卻不然，寒人門役要成為士大夫，等於駱駝穿針孔，即使有皇帝手令幫忙，也還是辦不到。

何事非君，紳權可以侍候任何一姓的皇權，一個擁有大軍的軍閥，如得不到士大夫的支持，卻做不了皇帝。考試制度代替了門閥制度，真正發揮作用是十世紀的事。

經過甘露之禍、白馬之禍，多數的著名家族被屠殺。經過長期的軍閥混戰，五代亂離，倖存的士族失去了莊園，流徙各地，到唐莊宗做皇帝，要選懂朝廷典故的舊族子弟做宰相都很不容易了。宋太祖太宗只好擴大進士科名額（唐代每科平均不過三十人，宋代多至千人）。用進士來治國，名額寬，考取容易，平民出身的進士在數量上壓倒了殘存的世族。進士一放榜即授官，進士出身的官僚紳士和皇權的關係是夥計和掌櫃，掌櫃要買賣做得好，得靠夥計賣勁，宋朝家法優禮士大夫，文彥博說為與士大夫共治天下，正是這個道理。

和前一時期不同的，前期的世族子弟有了莊園，才能中進士做官，再去擴大莊園。這時期呢，做了官再置莊園，名臣范仲淹置蘇州義莊，派兒子討租，討得幾船穀子便是好例子。

更應該注意的是印刷術發明了，得書比較容易，書籍的流通比較普遍，知識也比較不為少數家族所囤積獨占，平民參加考試的機會增加了；「遺金滿籯，不如教子一經」。念書，考進士，做官，發財，「萬般皆下品，唯有讀書高」。「天子重英豪，文章教爾曹」。政府的提倡，社會的鼓勵，做官做紳士得從科舉出身，竭一生的聰明才智去適應科舉，「天下英雄入我彀中」，皇權永固，官爵恩澤，出於皇帝，士大夫不能不為皇帝所用，共存談不上，共治也將就一下了。皇家是士大夫的衣食飯碗，非用全力支持不可，士大夫是皇家的管家幹事，俸祿從優，有福同享，君臣間的距離不太近，也不太遠，掌櫃和夥計間的恩意是密切照顧到的。

從共存到共治已經江河日下了。元明清三代連共治也說不上，從合夥到做夥計，猛然一跌，跌作賣身的奴隸，紳權成為皇權的奴役了。

蒙古皇朝以馬上得天下，也以馬上治天下，軍中將帥就是朝廷的官僚，軍法施於朝堂，朝官一有過錯，一頓棍子板子鞭子，挨不了被打死，僥倖活著照樣做官。明太祖革了元朝的命，學會了這一套，殿廷杖責臣僚，叫作「廷杖」，在歷史上大大有名。

光打還不夠，有現任官鐐足辦事的，有戴斬罪辦事的。不但禮貌談不上，連生命都時刻在死亡的威脅中。皇帝越威風，士大夫越下賤，要不做官吧，有官法硬給綁出去，非做不可，再不幹，便違反了皇章，「士不為君用」，得殺頭。君臣的關係一變而為主奴，說是主奴吧，連起碼的主子對奴才的照顧也不存在的。

前朝的舊家巨室被這個黨案、那個逆案給掃蕩光了，土地財產被沒收。老紳士絕了種，用八股文所造成的新紳士來代替，新紳士是從奴化教育裡成長的，不提反抗，連挨了打都是「恩譴」，削職充軍，只要留住腦袋便感謝聖恩不盡，服服貼貼，比狗還聽話。到清朝，旗人對皇帝自稱奴才，漢官連自稱奴才的資格也不夠，不但見皇帝得跪，連見同事的王爺貝勒也得跪。

到西方強國來侵掠，打了幾次敗仗，訂結了多少次屈辱條約以後，皇權動搖，洋權日盛，對皇權的自卑被洋人所代替，結果是洋權控制了皇權，洋教育代替了八股，舊士大夫改裝為知識分子以及自由主義者，出奴入主，要說說洋人所說的話，要聽聽國外的輿論，要做做外國人所示意的，在被譴責被訓斥之後，還得陪笑臉，以興紳權為興民權之起點，辦報紙，立學會，假手於官力，為自己找「新路」，這些紳士除了服裝以外，面貌是和五十年前那些人一模一樣的。

紳權在歷史上的三變，從共存到共治，降而為奴役，真是一代不如一代。歷史說明了兩千年來紳權的沒落和必然的淘汰。梁啟超的時代過去了，我們今天來研究這一五十年前被提出的課題，不但很有趣，也是很重要的。

關於歷史上紳士所享受的特權，將在另一文中討論。

再論紳權／永遠的特權階級

士庶之別

唐代柳芳論魏晉以來的士族——紳士家族——在政治上的特權說：

魏氏立九品，置中正，尊世冑（世代做官的），卑寒士（祖先不曾做過官的），權歸右姓（大家族）已。其州大中正、主簿，郡中正、功曹，皆取著姓士族為之，以定門冑，品藻人物，其別貴賤，分士庶，不可易也。[1]

士族的成立是由世代做官而來的，凡三世有三公的稱為膏粱，有尚書、中書令僕（射）的為華腴，祖先做過領（軍）、護（軍）而上的為甲姓，九卿和方伯的為乙姓，散騎常侍、大中大夫的為丙姓，吏部正員郎為丁姓，統稱四姓，也叫右族。就個別的紳士家族而論，士族南渡的為僑姓，王、謝、袁、蕭是大族；東南士著叫吳姓，朱、張、顧、陸最大；山東為郡姓，王、崔、盧、李、鄭是大族；關中的郡姓以韋、裴、柳、薛、楊、杜最著名；代北為虜姓，如元、長孫、宇文、于、陸、源、竇等家族都是。從四世紀到十世紀大約七百年間，中國的政治舞臺被這三十個左右的紳士家族所獨占。

士族子弟做官依族姓門第高下，有一定的出身，甲族子弟二十歲便任官。後門則須滿三十歲才能考試做小官。[2]名家有國封的，初出仕便拜員外散騎侍郎。[3]謝景仁到三十歲才做著作佐郎，有人替他抱屈說，司馬庶人父子怎麼能不垮？謝景仁這樣人三十歲才做這個官！[4]

甚至同一家族，還分高下，王家有烏衣諸王和馬糞諸王兩支，馬糞王是甲族，甲族是不做台憲官的；王僧虔做御史中丞，自己解嘲說，這是烏衣諸郎的坐處，我將就做一下。[5]至於做郎官的，那更是絕少的事。[6]

北魏孝文帝曾和廷臣辯論士庶任官的典制。

孝文帝問：「近世高卑出身，各有常分，此果如何？」

李沖對：「未審上古以來，張官列位，為膏粱子弟乎？為致治乎？」

孝文帝：「當然是為致治。」

李沖：「然則陛下何為專取門品，不拔才能乎？」

孝文帝：「苟有過人之才，不患不知。然君子之門，借使無當世之用，要自德行純篤，朕故用之。」

李沖：「傅說、呂望，豈可以門第得之？」

孝文帝：「非常之人，曠世乃有一二耳。」

秘書令李彪：「陛下若專取門第，不審魯之三卿，孰若四科？」

著作佐郎韓顯宗：「陛下豈可以貴襲貴，以賤襲賤？」

孝文帝：「必有高明卓然、出類拔萃者，朕亦不拘此制。」

不久，劉昶入朝。

孝文帝告訴劉昶：

> 或言唯能是寄，不必拘門，朕以為不爾。何者，清濁同流，混齊一等，君子小人，名器無別，此殊為不可。我今八族以上，士人品第有九，九品之外，小人之官複有七等。若有其人，可起家為三公。正恐賢才難得，不可止為一人，渾我典制也。[7]

這段談話說明士庶在政治上的相對地位，士是君子，是清流，是德行純篤的。庶人呢，是小人，是濁流，是要不得的。要維持治權，就得士庶有別，使之高卑出身，各有常分。

其次，士族都是大地主，大莊園的占有者。大量土地的取得手段是兼併，官僚資本轉變為土地資本。更重要的方式是無條件的占領，非私人的產業如山林湖沼，豪強的紳士逕自封占，據為己有，這情形到處都是，皇權被損害了，嚴立法禁，不許紳士強占，可是紳士集團不理會，政府沒辦法，妥協了，採分贓精神，依官品立格，准許紳士有權按照官品高下封山占水，下面一段史料說明了五世紀中期的情形：

揚州刺史西陽王子尚上言：山湖之禁，雖有舊科，人俗相因，替而不奉，山封水，保為家利。自頃以來，頹弛日甚，富強者兼嶺而占，貧弱者薪蘇無托，至漁採之地，亦又如茲，斯實害人之深弊，為政所宜去絕，損失舊條，更申恆制。

子尚是皇族，代表皇家利益要求重申禁令，政府當局根據壬辰詔書所立法制，占山護宅強盜律論，贓一丈以上皆棄市，尚書右丞羊希以為：

壬辰之制，其禁嚴刻，事既難遵，理與時弛，而占山封水，漸染復滋，更相因仍，便成先業，一朝頓去，易致怨嗟。今更刊革，立制五條：凡是山澤，先恆熂爈，養種竹木雜果為林芿，及陂湖江海魚梁鰍場，恆加功修作者，聽不追奪。官品第一第二聽占山三頃，第三、第四品二頃五十畝，第五、第六品二頃，第七、第八品一頃五十畝，第九品及百姓一頃，皆依定格，條上貲薄。若先已占山，不得更占，先占闕少，依限占足。若非前條舊業，一不得禁。有犯者水土一尺以上，並計贓依常盜律論。停除咸康二年壬辰之科。從之。[8]

即承認過去的封占為合法，並規定各官品的封占限額。皇權向紳權屈服了，紳士由政治的獨占侵入經濟，享有封山占水的特權。此外，士族還有不服兵役的特權。[9]

士大夫和寒人

士族是一個特殊的階級，不但嚴格講求譜系閥閱、郡望房次、官位爵邑，來保證朝廷官位的占有，並且嚴格舉行同階層的通婚，用通婚來加強右族的團結。當時寒人要加入這個集團，比登天還難。隨便舉幾個例子，如宋文帝時的要官秋當、周赳，不見禮於同官張敷，《南史》卷三十二《張敷傳》：

敷遷正員中書郎，中書舍人秋當、周赳並管要務，與敷同省名家，欲詣之，赳曰：彼若不相容接，便不如勿往，詎可輕行？當曰：吾等並已員外郎矣，何憂不得共坐。敷先旁設二床，去壁三四尺。二客就席，敷呼左右曰：移我遠客！赳等失色而去。

徐爰被拒交於王球、殷景仁：

中書舍人徐爰有寵於上，上嘗命王球及殷景仁與之相知。球辭曰：士庶區別，國之章也，臣不敢奉詔。上改容謝焉。[10]

蔡興宗不禮王道隆，王曇首見秋當不命坐，王球拒接弘興宗：

齊明帝崩，右軍將軍王道隆任參國政，權重一時，躡履到興宗前，不敢就席，良久方去，竟不呼坐。元嘉初，中書舍人秋當詣太子詹事王曇首，不敢坐。其後中書舍人弘興宗為文帝所愛遇，上謂曰：卿欲作士人，得就王球坐，乃當判耳。殷、劉並雜，無所益也。若往詣球，可稱旨就席。及至，球舉扇曰：君不得爾！弘還，依事啟聞。帝曰：我便無如此何！[11]

紀僧真要做士大夫，被拒於江：

> 永明七年（四八九）侍中江為都官尚書。中書舍人紀僧真得幸於上，容表有士風。請於上曰：臣出於本縣武吏（《南史》作臣小人出自本縣武吏），遭逢聖時，階榮至此，為兒昏得荀昭光女，即間無所復須。唯就陛下乞作士大夫。上曰：此由江謝瀹，我不得措意，可自詣之。僧真承旨詣，（登榻）坐定，便命左右曰：移吾床遠客。僧真喪氣而退，告武帝曰：士大夫故非天子所命。[12]

南朝中書舍人關讞表啟，發署詔敕，為天子親信，權傾天下，最是一時要官。歷來多用寒人武吏。[13]雖然地要權重，有的還承皇帝特敕，要求和士大夫交遊，可是，都被拒絕了，士庶不但有別，而且，士族深閉固拒，絕對不給寒人以禮貌，更不必說准許寒人參加士大夫集團了。

在朝廷如此，在地方也是一樣，最著名的例子是庾華父子，庾華拒鄧元起做州從事：

華為荊州別駕。初梁州人益州刺史鄧元起功勳甚著，名地卑瑣，願名掛士流。時始與忠武王憺為州將，元起位已高，而解巾不先州官，則不為鄉里所悉。元起乞上籍出身州從事，憺命華用之，華不從，憺大怒，召華責之曰：元起已經我府，卿何為苟惜從事？華曰：府是尊府，州是華州，宜須品藻。憺不能折，遂止。

庾喬又拒范興話做州主簿：

喬復仕為荊州別駕。時元帝為荊州刺史，而州人范興話以寒賤仕叨九流，選為州主簿，又皇太子及之，故元帝勒喬聽興話到職。及屬元日，州府朝賀，喬不肯就列，曰：庾喬忝為端右，不能與小人范興話為雁行。元帝聞，乃進喬而停興話。興話羞慚，還家憤卒。[14]

寒人處處碰壁，被摒於士大夫集團之外，只有兩條路可走，一條是以才力得主知，擠到要地，做要官，卻做不了大官、清流官。一條路是從軍，用戰功用武力來搶地盤，進一步搶政權，篡位做皇帝，如劉裕和陳霸先，前者是田舍翁，後者是寒人，便是著例。

寒人被抑勒出清流之外，和寒人有同樣情況，庶人中的工商，憑藉雄厚的財力，操奇計贏，長袖善舞，要進一步保障既得利益和發展業務，也用盡一切手段，擠進政治舞臺來了。紳士們感覺威脅，一致抗拒，運用政治權力，限制工商出仕，抑勒工商不入流品，工商任官的只能任低級官。如西元四七七年的法令：

北魏太和元年，詔曰：工商皂隸，各有厥分，而有司縱濫，或染流俗（流俗，《北史》作清流）。自今戶內有工役者，官止本部丞，若有勳勞者，不從此制。[15]

到隋文帝開皇十六年（五九六）更下詔制定，工商不得仕進。[16]唐制工商雜類不得預於仕伍[17]，「依選舉令：官人身與同居大功以上親，自執工商，家專其業者不得仕。其舊經職任，因此解黜，後能修改，必有事業者，三年以後聽仕。其三年外仍不修改者，追毀告身，即依庶人例」[18]。則不但工商不能入仕，連已入仕的官人同居大功以上親也不許經營工商業了。

【注釋】

1《新唐書》卷一九九，《柳沖傳》。

2 參見《南史》卷六，《梁武帝紀》。

3 參見《南史》卷二十，《謝弘微傳》。

4 參見《南史》卷十九，《謝景仁傳》。

5 參見《南史》卷二十二，《王僧虔傳》。

6 參見《南史》卷二十二，《王筠傳》。

7 《資治通鑑》卷一百四十。

8 《南史》卷三十六，《羊玄保傳》。

9 參見《南史》卷三十四，《沈懷文傳）。

10 《南史》卷二十三，《王球傳》。

11 《南史》卷二十九，《蔡興宗傳》。

12 《資治通鑑》卷一三六；《南史》卷三十六，《江傳》。

13 參見《南史》卷六十，《傅昭傳》；卷七十七，《恩幸傳序》。

14 《南史》卷四十九，《庾蓽傳》。

15 《資治通鑑》卷一三四。

16 參見《資治通鑑》卷一七八。

17 參見《舊唐書》卷四十八，《食貨志》上；卷四十三，《職官志》。

18 《唐律疏議》四，《詐偽》。

第三章

腐化：古代官僚政治的潛規則

大事化為小事，小事化為無事。從騙到推，到拖，而無，這是官僚政治的潛規則。

航海攻心戰術／大事化小，小事化無

明崇禎十五年（一六四二）九月，李自成決黃河，灌開封，十月，大敗明督師孫傳庭於郟縣、南陽。十一月，清軍分道入侵，連破薊州、真定、河間、臨清、兗州，北京震動。

兵科給事中曾應遴上條陳，提出航海攻心戰術。大意是由政府造戰船三千艘，載精兵六萬，從登萊渡海，直入三韓，攻後金國腹心。這樣一來，清軍非退不可。崇禎帝大為嘉許，以為真是妙算，可以克敵制勝，手令「該部議奏」。

造船是工部的職掌，作戰歸兵部管。工部署印侍郎陳必謙復奏：照老規矩，和作戰有關的工程，由兵、工二部分任，請特敕兵部分造戰船一千五百艘。

內閣票擬（簽呈），奉旨「工程由兵、工二部分任，即日興工」。造船要一筆大款子，工部分文無有，估價工料銀是六百萬兩。於是上奏：「因內戰交通斷絕，地方款項不能解京。本部庫藏空空，無可指撥。只有開封、歸德等府積欠臣部料價銀五百多萬兩，可以移作造船之用。」

這時候，開封被水淹沒，歸德等府為農民起義軍所占領。內閣奉旨：「著工部勒限起解，造船攻心，以救內地之急。」

兵部尚書張國維也說：「部庫如洗，只有鳳陽等府積欠臣部馬價銀四百餘萬兩，足現在正額，不必另行設法。應速催解部，以應造船之用。」

事實上，鳳陽一帶經幾次戰爭破壞，加上蝗災、旱災，已經上十年沒有人煙了。

內閣票擬，奉旨：「下部勒限起解，以應部用。」

這是閏十月中旬的事，正當嘉許、撥款、勒限，以及「興工」的時候，清軍又已攻破東昌、兗州了。

工部想想不妙，到頭來還是脫不了干係，又提出具體建議，說是：「戰船經費，雖已有整個計畫。但是如今京師戒嚴，九門緊閉。工匠絕跡，無從興工。原有都水司主事奉派到淮安船廠打造漕船，彼處物料現成，工匠眾多，不如就令帶造戰船，赳日可成，庶不誤東征大事。」

內閣又票擬，奉旨依議，特給勒諭，以專責成。

這時候已經十二月初旬了。

船廠主事沒有拿到一文錢，要造三千條戰船，自然辦不了。又上條陳說：

「造船攻心，大臣妙算，事關國家大計，當然擁護。不過臣衙門所造的是內河運糧之船，並非破浪出海之船。運船、海船，構造不同，形式不同，材料不同，帆柁不同，索纜器物不同，操駕水手不同，當然，建造的工匠也不同。如隨便敷衍承造，一旦誤事，負不起責任。要造海船，要到福建、廣東去造，材料、工匠都合式，不如特敕閩廣撫臣，勒限完工，就於彼處招募水手，由海道乘風北上，直抵旅順口上岸，奮武以震刷皇威，快睹中興盛事。此係因地因材，事有必然，並非推諉。」

公文上去了，到第二年二月中旬，內閣票擬，奉旨：「下部移諮福廣，敕限造船，以紓京畿倒懸之急。」由都察院移諮閩廣撫臣照辦，是二月底的事。

五月，清軍凱旋，京師解嚴。

九月，兩廣總督沈猶龍、福建巡撫張肯堂會銜奉報，第一段極口稱頌閣臣的妙算，聖主的神威。第二段說臣等已經召集工人，預備木料，擁護國策，以成陛下中興盛業。第三段順筆一轉，說是不過如今北方安定，而閩廣民窮財盡，與其勞民傷財，造而不用，不如暫時停工。

內閣票擬，奉旨下部：「是！」於是這件糾纏了一年，費了多少筆墨的航海攻心戰術的公案就此結束。

所謂官僚政治，有三個字可以形容之：一騙，二推，三拖。

曾應遴要憑空建立一個六萬人的海軍，一無錢，二無兵，三無計畫，更談不到組織、訓練、武器、服裝、給養、運輸、指揮這一些大問題。信口胡柴，提出口頭建議，這是騙。

崇禎帝何嘗不明白這道理，只是明白了又怎麼樣呢？當時無處借款，也無人助戰，無友邦支持，一切都無，總得要表示一下呀，於是手令「該部議奏」，也是騙。

工部說這工程該和兵部分任，這是推。

閣臣簽呈，由兵、工兩部分任，一個錢不給，叫人從紙上空出一隊海軍，這是騙。

工部說錢是有的，在沉淪的開封和淪陷的歸德。兵部說我也有錢，在十年無人煙的淮西，這又是騙。

建議，再建議，簽呈又簽呈，一上一下個把月，這是拖。

騙而下不了場，又一轉而推，工部把這差事推給船廠主事，船廠主事推給閩廣撫臣，又是奏本、票擬，從北京到淮安，淮安到北京，又從北京到閩廣，閩廣到北京，（中間還有從閩到廣，從廣到閩，會銜這一段公文旅行。）來來去去，去去來來，半年過去了，從推又發生拖的作用，推和拖本質上又都是騙。

最後，清兵撤退了，皆大歡喜，內閣以一「是」字了此公案。

大事化為小事，小事化為無事。

從騙到推，到拖，而無。這故事是中國官僚政治的一個典型例子。也有人說，過去中國的政治，是無為政治，那麼，就算這故事是一個無為政治的故事吧。[1]

宋明間統治階級內部矛盾／古代官僚集團的利益角逐

從北宋一直到明末，將近七百年左右時間，儘管換了不少朝代，一個統治階級替換原來的統治階級，一個家族推翻原來的統治家族，爬上統治的寶座，除舊布新，廢止舊的某些苛政，頒布一些新的鞏固統治的法令。但是，地主階級統治的本質並沒有改變，依然是占人口極少數的地主統治集團騎在廣大農民頭上吸吮脂膏，進行窮凶極惡的剝削。

在這期間，農民為了反抗地主階級的壓迫，曾經舉行過無數次的武裝起義。

在統治階級集團內部，也由於經濟情況的變化，特別是東南地區經濟的發展、繁榮、壯大，文化水準的提高，要求對束縛生產力的某些規章制度做適當的改變，要求在政治上有他們自己地區的代言人；也由於南北長期分裂、對立，南北地主階級之間也因而形成一種互相輕蔑、不信任的心理狀態。

同樣，由於各地區經濟、政治情況的不同，統治階級內部由於生產資料占有情況和剝削方式的不同發生了矛盾。前兩者造成了地區間的相互矛盾；而後者又造成了超越地區間的矛盾，這一些人與那一些人的矛盾。

政局的變化和改革的浪潮一個接著一個，南方地區和中原地區的地主階級代表人物發生矛盾，這一群地主代表和那一群地主代表發生矛盾，形成統治階級內部的鬥爭，反映在政治上是新舊黨爭和其他形式的政治鬥爭。例如北宋前期北方豪族王旦、寇準和南方新興地主階級代表王欽若、丁謂的鬥爭，中期北方豪族韓琦、富弼、司馬光和南方新興地主階級代表王安石、呂惠卿之爭，後期的北方豪族代表和南方新興地主階級代表蔡京之爭，這種鬥爭一直繼續到南宋。

中間金、元入侵，雖然情況改變了，民族壓迫成為主要的矛盾，地主階級內部矛盾退居次要地位，但是通過民族壓迫，北人和南人在政治地位上的差別就更顯著了。

到明代，北方地主階級和南方的地主階級代表的利害衝突，又隨著東南地區經濟的進一步發展而發展，在政治上表現為當權的北方官僚有意地排斥南方的新進人物。有時也表現為當權的南方官僚有意地排斥北方的官僚。在中期倭患嚴重時代，更發展為沿海主張對外通商的地主和內地主張斷絕通商地主的嚴重鬥爭。

統治階級內部矛盾的一個方面的具體表現，是掌握政權的首相地位的爭奪和當時官僚主要出身門路進士的爭奪。

以宋朝史事為例，如真宗朝首相王旦是大名府莘縣（今山東莘縣）的豪族，祖父三代都做官。王欽若是臨江軍新喻（今江西新餘）人。真宗要任命王欽若做宰相，王旦說：「我看祖宗朝從來沒有南方人管國家大事的。雖然古人說過立賢無方，但是，也只適用於賢士啊。我做宰相，不敢排斥人。說的是公論。」真宗只好算了。王旦死後，王欽若才做宰相，他告訴人說：「王旦一句話，遲了我十年做宰相。」[2]

王欽若在宋真宗天禧元年（一〇一七）八月被任命為左僕射平章事，由此可見在這一年以前，沒有一個南方人曾經做過宰相。宋人筆記因此臆造出宋太祖曾經立石政事堂，說南人不可為相，要後代遵守。事實上宋太祖即位於九六〇年，這時南方有荊南、蜀、南漢、南唐、吳越五國。到九六三年荊南才投降，九六五年蜀孟昶降，九七一年取南漢，九七五年降南唐，至於吳越，直到宋太宗太平興國三年（九七八）吳越王錢俶才納土投降。

王旦、寇準所指的南人，大體上指的是南唐、吳越地區的人，九七五年以前，南唐、吳越都沒有劃歸宋的版圖，怎麼有可能讓這兩個地區的人做宋的宰相呢？

也應該指出，這個故事雖然是臆造的，並無其事，但是，在政治上輕視、排斥南人，不使南人當國執政，卻是當時北方地主階級的比較普遍的企圖。這個故事是正確地反映了當時的統治階級內部鬥爭情況的。

寇準是華州下邽（今陝西渭南縣東北）人，和王旦一樣，極力排斥南人。一〇一五年的進士考試，照規矩，要由皇帝召見考取前幾名的進士，根據各人的儀表語言，決定誰是第一名。這次被召見的有新餘人蕭貫和膠東（今山東平度）人蔡齊。蔡齊儀狀秀偉，舉止端重，真宗一見就喜歡他。寇準又說：「蕭貫南方下國人，不應該放在第一。」蔡齊就考第一了。真宗很高興。寇準自命很高，很討厭南方人輕巧。召見以後，他出來告訴同事說：「又給中原奪得一個狀元了。」[3]

不只是文官、進士，連武官也是如此。

一〇〇六年，有人建議諸路巡檢要選擇武勇、心力強明的，請不要用福建、荊湖、江浙、川峽地方的人。真宗也覺得不對，對王欽若說：「人的勇怯，不一定是南人北人的關係，用這辦法區別，不是用人之道。」[4]因為武官是不參與政治的，因此，真宗沒有採納。

元代的台省重要官員，絕大多數都是北方人。漢人、南人在萬數人中找不到一兩個。[5]

明初有科場案，洪武三十年（一三九七）會試放榜，泰和（今江西泰和）人宋琮考第一，北方人一個也沒有錄取。北方的舉人大鬧，說主考官劉三吾等都是南方人（劉三吾是湖南茶陵人），有私心。明太祖大怒，叫侍講張信等檢閱考卷，結果不滿意，考生又攻訐說是劉三吾故意拿不好的卷子復閱。明太祖越發生氣，把張信等考官殺了，劉三吾以年老充軍。狀元宋琮也被罰充軍。

明太祖親自出題另考，取了六十人，全是北方人。當時叫作南北榜，又叫春夏榜。[6]

明英宗時的吏部尚書王翱，鹽山（今河北鹽山）人。性不喜南士，引用的多是北方人。[7]北方人很喜歡他。到後來桐廬（今浙江桐廬）人姚夔做吏部尚書，又反過來，多引薦南人了。[8]

明武宗時首相焦芳是泌陽（今河南泌陽）人。他深惡南人，每退一南人就高興。連談到古人，也是破口罵南人，只要是北方人就稱讚。作了一幅南人不可為相圖送給當權的太監劉瑾。[9]

後期的東林黨爭，也包含有地方的因素。

一六五四年清世祖和漢臣談話，指出明末北人南人各自為黨，把明朝搞壞了。[10]東林書院在江蘇無錫，東林黨人多是南人，魏忠賢是北方人，他的主要爪牙如馮銓等也多是北人，順治的話是有些道理的。這七百年間統治階級的內部鬥爭，表現的一個方面是北方地主階級和南方地主階級代表人物間的鬥爭，這一批地主代表和另一群地主代表之間的鬥爭。宋、元的統治者都是從北方用武力統一南方的，首都也在北方，自然而然地構成了以北人為主的官僚集團。

明代雖然從南方起事，統一北方，但是明太祖從政治上考慮，有意識地扶植北方人出身的官僚，到明成祖遷都北京，情況改變，北人在政治上就越發吃得開了。

從宋到明，東南地區的經濟情況逐步改變，生產更加發達了，對外貿易發展了，念書識字的人多了，文化水準在不斷提高。相反，中原地區由於戰爭的破壞，生產下降，經濟重心逐步轉移到東南地區。特別是從宋太宗以後，進士科擴大考取名額，從唐朝的每科三五十人，擴大到幾千人以至萬人。

同時，由於印刷術的發明和書籍的商品化，以及東南地區的經濟上升，進士科的地區比例發生變化，南人愈來愈占較大的比重，官僚集團的地區比例也隨之而發生相應的變化。

通過考試加入官僚集團的南人，不能不代表本地區新興的地主階級和以地主階級為中心的對外貿易集團的利益，要求變革一些不符合他們利益的規章制度，建立保護他們利益的新制度、新辦法。這種變革的要求就被中原的地主階級斥責為「輕巧」，斥責為變亂祖宗成法，堅決反對。道理站不住時就只好拿天變來嚇唬了。宋代新法派的領袖王安石的名言：「天變不足畏，人言不足恤，祖宗不足法。」就是針對這種情況發出的抗議。

論士大夫／吊在半空中的兩面派

照我的看法，官僚、士大夫、紳士、知識分子，這四者實在是一個東西。雖然在不同的場合，同一個人可能具有幾種身分，然而，在本質上，到底還是一個。在這裡，為了討論上的方便，我們還是不能不按照這四個不同的名詞，分開來討論所謂「士大夫」。

平常，我們講到士大夫的時候，常常就會聯想到現代的「知識分子」。這就是說，士大夫與知識分子，兩者間必然有密切的關係。官僚就是士大夫在官位時的稱號，紳士則是士大夫的社會身分。本來，士大夫是封建社會的標準產物，而知識分子則是半封建半殖民地社會的標準產物。

或者說，今日的知識分子，在某些方面相當於過去時代的士大夫，過去的士大夫有若干的特性還殘存在今日知識分子的劣根性裡面。

從歷史上來看，大夫原來在士之上，大夫是王侯的家臣，而士則是大夫的家臣。古代的士，原是武士，主要的職責是從事戰爭，是武士而非文士。一向被王侯大夫養著，叫作養士，這裡所謂「養」，正和養雞養豬養牲口同一道理，同一性質。「食人之祿，忠人之事。」受誰豢養，給誰效勞，吃誰的飯，替誰做事，有奶便是娘，要想吃得肥吃得飽就得賣命去幹。

到後來由於社會的動盪變化，王侯貴族失去了所繼承的一切，不但沒有人養得起士，連原來養士的人也不能不被人所養了。這時候，士不可能再捧著舊衣缽，吃閒飯，只好給人家講講故事、教書、辦事、打雜，做儐相辦紅白大事，做秘書跑腿過日子，於是一變而為文士，從幫凶變成幫閒的。跟著，找到了新路，不是做王侯的家臣，而是從選舉徵辟等途徑，攀上了高枝兒，做皇帝的食客雇工，搖身一變為大夫，為官僚。

於是，幾千年來，士大夫連成了一個名詞，具有特定的內容、特徵。

士大夫的內容，特徵是什麼呢？分析地說：

第一，士大夫有享受教育機會的特權，獨占知識，囤積知識，出賣知識，「學成文武藝，貨與帝王家」。

知識商品化，就這點而論，士大夫和今天的知識分子完全一樣。過去的國立學校，無論是太學、國子學、國學，以至國子監等等，學生入學的資格是依父祖的官位品級，平民子弟極少機會入學，甚至完全不許入學。

第二，士大夫的地位，處於統治者和被統治者之間，上面是定於一尊的帝王，下面是芸芸的萬民。對主子來說是奴才，奴才是應該忠心替主人服務的，依權附勢，從服務得到權位和利益，分享殘羹剩飯。對人民來說，他們又是主子了，法外的榨取、剝削、誅求，兼併土地，包庇賦稅，走私囤積，無所不用其極。對上面是一副奴顏婢膝的臉孔，對下面是另一副威風凜凜的臉孔，這兩副面孔正如《鏡花緣》裡所描寫的，對人一副笑臉，背後的一副用布蒙住，士大夫用的這塊布，上面寫著「仁義道德」四個大字。

對主子勸行王道、仁政，採取寬容作風，留母雞下蛋。對人民，欺騙、威嚇、麻醉，製造出種種理論，來掩飾剝削的勾當。比如大家都反饑餓，他們曾說：「沒飯吃，平常事。飯該給有功的人吃，因為人家在保護你們。為什麼要吵吵鬧鬧呢？何況有的是草根、樹皮！」甚至說：「要那麼些錢幹什麼，已經差強人意了，還要鬧，失去清高身分！」理論沒人理，跟著是刑罰，所謂「齊之以刑」。

再不生效，更嚴重的一套就來了。兩面作風，其實是一個道理，就是不要變，不要亂。如果非變不可，也要慢慢地變，一點一滴地變，溫和地變，萬萬不能亂，為的是一變就不能不損害他們的既得利益，亂更不得了，簡直要從根挖掉他們的基業。他們要保持現狀，要維持原來的社會秩序，率直一點說，也就是維持自己的財產和地位，這類人用新名詞說，就是所謂自由主義者。

第三，士大夫享有種種特權，例如，免賦權，免役權，做各級官吏之權，居鄉享受特殊禮貌之權，包辦地方事業之權，打官司奔走公門之權，做買賣走私漏稅之權，畜養奴婢之權，子孫繼承官位和受教育之權等等。老百姓要繳納田租，他們可以不繳，法律規定，官品越高，免賦越多，占有土地的負擔越小，造成了經濟地位的優越。

老百姓要抽壯丁，「有吏夜捉人」，不管三丁抽一或是五丁抽二，總之是要出人，但是，士大夫卻不必服役，例如南北朝時代士族不服兵役，明朝也有「家裡出了個生員，就可免役二丁」的規定。

說到做官，這本是士大夫的本分，即使不做官了，在鄉做紳士，也還享有特殊禮貌，老百姓連和紳士同起坐、同桌吃飯都是不許可的。如果鄉里要舉辦一些事業，所謂「自治」，例如修路、救災、水利、學校等等，士大夫是天然的領袖。要販運違法貨物，有做官的八行書就可免去關卡留難。畜養奴婢，只要財力許可，幾千幾萬都為法律所承認。

此外，還有師生，同年、同鄉、親戚，種種關係可以運用，任何角落裡都有人情面子，造成一股力量，條條大路都可通行。

第四，相反的，士大夫對國家民族沒有義務，不對任何人負責。不當兵，不服役，不完糧納稅，一切負擔都分嫁給當地老百姓。一個地方的士大夫愈多，地方的百姓就愈苦。遇有特殊變故，要「有錢出錢，有力出力」的時候，出力的固然是百姓，出錢的還是百姓，士大夫是一毛不拔的，有時候還從中漁利，發一筆捐獻財。

第五，因為知識被專利，所以輿論也被壟斷了。歷史上所謂「清議」一向是士大夫包辦的。只有士大夫才會寫文章著書，才有資格說話，老百姓是沒有份的，即使說了也不過是「芻蕘之見」，上達不了，即使上達了，也無人看重。東漢後期的太學生，明末的東林黨，清代末年的戊戌變法，都只是站在士大夫立場上，對損害他們的另一剝削集團的鬥爭——對宦官、外戚、貴族的鬥爭，和老百姓是不大相干的。

第六，士大夫也就是地主，因為他們可以憑藉地位來取得大量土地，把官僚資本變成土地資本，士大夫和地主其實是同義語。反之，光是地主而非士大夫是站不住的，苛捐雜稅，幾年工夫就可以把這些不識時務的地主毀滅。因之，地主子弟千方百計要鑽進士大夫集團，高升一步，來保全並發展產業。

地主所看到的是收租的好處，看不見的是農民的困苦。通常形容士大夫「四體不勤，五穀不分」，不但不明白農民的痛苦，甚至連孔子那樣人，都以不坐車而步行為失身分。因之，在思想上，在政治上，都是保守的，共同的要求是保持既得利益，無論如何要鞏固維護現狀，反對一切變革、進步。

從整個集團利益來看，士大夫是反變革的，反進步的，也是反動的。最多，也只能走上改良主義的道路。當然，也有形式上是進步的，例如一八九八年的康有為、梁啟超，要求變法，對當時守舊官僚來說，比較上是進步的，可是在本質上，他們要求變法的目的，是在保存舊統治權，保存皇帝，也就是保存他們自己的地位和利益，他們的進步立場，只是士大夫本位的形式上的進步，和一般人民的利益並不一致。

由上面的分析可知，士大夫是站在人民普遍憤怒與專制恐怖統治之間，也站在要求改革要求進步與保守反動之間。用新名詞來說是走中間路線，兩面都罵。對上說不要剝削得太狠心，通通都刮光了那我們吃什麼。對下則說：你們太頑強，太自私，太貪心，又沒有知識，又骯髒，專門破壞，專門搗亂，簡直成什麼東西。

其實這些都可以回敬給他們，等於自己罵自己。他們之所以要表示超然的態度，上不著天，下不著地，吊在半空間，這是有好處的。像清朝的曾左李諸公，幫助清朝穩定了江山，便青雲直上，在漢人滿人之間發展自己。兩面罵的好處是萬一舊王朝倒了，便可投到新主人的懷抱裡，他不是曾經罵過那已經倒了的舊王朝嗎？反正不管誰上臺總有他們的戲唱，這就是士大夫走中間路線的妙用與作風。

這種士大夫的典型例子，在歷史上可以找到不知多少，簡直數不勝數。這裡只隨便舉幾個談談。

一個是錢謙益，明末時候的人，少年時候和東林黨混在一起，反貪污，反宦官。後來被政敵一棍打下來之後立刻變成了「無黨無派」，在鄉間住了幾年又變成了

「社會賢達」。一六四四年機會一到，一躍而為禮部尚書，無黨無派和社會賢達的頭銜都不要了。

對東林黨人則說：我是當年反貪污反宦官的健將，對當局則拼命獻身。清兵一來，首先投降的就是他，死後清廷把他放入「貳臣傳」之內。此公不但政治節操如此，在鄉間當社會賢達時就是標準的土豪劣紳，無惡不作。

第二個是侯恂，《桃花扇》裡面所說的侯朝宗的父親，此公是明末的重臣，李自成入北京，他就降李自成，清兵入關他就降清，可以說是三朝元老。

還有，再舉個明末的例子吧，《燕子箋》的作者阮大鋮。他是有名的戲劇家，《燕子箋》《春燈謎》，技巧都不壞，為了娛樂討好弘光皇帝，清兵快到南京時，他還在忙著找好行頭，在宮裡獻演自己的大作。

此公一生，可以分為整整七個時期：第一期，沒有大名氣，依附同鄉東林重望左光斗（阮是安徽人），鑽進黨去，成了名。第二期，急於做官，要過癮，要做又大又有權的官。東林看不慣他的卑劣手段，不給他幫忙，於是此公一氣之下，立刻投奔魏忠賢，拜在門下做乾兒子，成為東林的死對頭。替乾爹出主意，大抄黑名單。

第三期，東林給魏閹一網打盡，他也扶搖直上，和乾爹關係很好。可是他很明白大勢，預留地步，每次見乾爹都花錢給門房買下名片，滅了證據，自打主意。

第四時期，魏黨失敗了，此公立刻反咬一口，清算總帳，東林、魏黨兩邊都罵。為什麼呢？——表明他是中間分子，不偏不倚。可是人民眼睛是雪亮的，還是給他削了官，掛名逆案，嗚呼哀哉，一輩子都沒有做官的希望了。於是閒居十九年，做社會賢達寫寫劇本，成為第一流的文學家。

第五期，南方名士們創立復社，熱鬧得很，貴公子都在裡面。此公窮居無聊，沉不住氣，於是談兵說政，到處抬出東林的招牌來做自我宣傳，想混進復社去把黨人收作自己的群眾。說：「我是老東林，跟你們上代有交情，你們捧捧我吧！」不想那些青年人可真凶，火氣大，讓他下不來，發宣言（揭帖）指出他一樁一樁的罪狀，一棍打擊下去，此公又吃了一次虧，氣得發昏。

第六時期，北都傾覆，政局變了，南朝一個軍閥馬士英給福王保鏢成立新政府。阮受了幾年氣，於是又勾上了馬相國，做了兵部尚書。此公於是神氣十足，一邊大發議論，武力不以對外，清兵來還好說話，左兵來可難活命。外戰不來，內戰拼命，一邊重翻舊案，排斥東林，屠殺青年，利用特務，要大報舊仇。開了兩紙黑名單，一紙五十三名，一紙百零八名，的的確確送了不少人進集中營，也的的確確殺了不少人。同時大肆貪污（所謂「職方賤似狗，都督滿街走」，正是南京政府的寫照，也正是這樣把南京搞垮了台）。

第七時期，清兵南下，此公投降了，但是看看福建又建立了新政府，想投機通通消息，結果為清軍所殺。此公的變化多端，大概前所未有，然而萬變不離其宗，總是那麼一副嘴臉，為自己打算。

當然，也有天良還剩一絲絲兒的，例如吳梅村，也是風流才子，而且是士大夫的領袖。明亡後，清朝逼他做官，因為怕死，守不住節，只好去做官了。把過去半生的清名，連同社會賢達的牌子都打爛了，一念之差，在威迫利誘之下走錯了路，悔恨交加，臨死時做了一首絕命詞：

「萬事催華髮，論龔生天年竟夭，高名難沒，吾病難將醫藥治，耿耿胸中熱血，待灑向西風殘月。剖卻心肝今置地，問華佗，解我腸千結，追往恨，倍淒咽，故人慷慨多奇節，為當年沉吟不斷，草間偷活，艾灸眉頭瓜噴鼻，今日須難訣絕，早患苦重來千疊，脫屣妻孥非易事，竟一錢不值何須說，人世事，幾完缺？」

如以上許多例子，豈不是士大夫都是沒有骨頭的？都是出賣自己靈魂的？或者都是「難將醫藥治」的？假如引歷史上某一時期如南朝作例——史家都說是「南朝無死難之臣」，這是錯的——當時，政權雖不斷變換，而士大夫階層所形成的集團的特權並沒有變更，這一個集團有著政治力量所不能摧毀的，在社會、政治、經濟、軍事各方面的領導地位，他們本身的利益既不受朝代變換的傾軋，那他們又為什麼要替寒人出身的一些皇帝死節呢？

假如再引別的時代的例子，例如漢代的范滂、陳蕃，唐代的顏真卿、張巡、許遠，宋代的文天祥，明代的楊繼盛、楊漣、左光斗、史可法，清代的譚嗣同，為了他們的信念，為了他們的階層利益，為了他們所保衛的特權而死，史書叫作忠臣義士的，這一類的例子也很多。

這一些人都是士大夫，雖然失敗，是有骨頭的，有血有肉，有靈魂的，是忠於封建社會的封建道德的——和前一類的人正是一個鮮明的對比。當兩個朝代交換，或者是社會有很大的改革的時候，往往是對人的一種考驗。現在恐怕又是到了一個考驗的時候了，這考驗包括你也包括我。我們看見了許多阮大鋮、吳偉業、錢謙益；同時我們也看見許多譚嗣同、范滂、文天祥。

面對著這考驗，也有許多人打著自由主義的招牌出現，那麼也讓歷史來考驗他們吧。歷史是無情的，在這考驗下面，我們將會看到歷史的悲劇，也是這些自由主義者的悲劇。固然我們不希望今後的文學作品裡再發現「絕命詞」一類的作品，然而歷史始終是無情的。

【注釋】

1參看戴笠、吳殳：《懷陵流寇始終錄》卷十五，《和看花行者的談往》。

2李燾：《續資治通鑑長編》卷九〇；《宋史》卷二八二，《王旦傳》。

3《長編》卷八四。

4《續資治通鑑長編》卷六三。

5 葉子奇：《草木子》卷三，《克謹篇》。

6 《明史》卷一三七，《劉三吾傳》。

7 《明史》卷一七七，《王翱傳》。

8 《明史》卷一七七，《姚夔傳》。

9 《明史》卷三〇六，《焦芳傳》。

10 《順治東華錄》二三。

第四章

堅守：古代有理想、有道德的皇權衛士

　　有這樣一群人，他們為自己的階層利益而戰，他們為自己所保衛的特權而死，他們始終忠於封建社會的封建道德，但是他們也堅持自己的信念，他們有血有肉，有靈魂，史書上管他們叫作忠臣義士。

海瑞罵皇帝／一個直言不諱到讓皇上氣炸的超級毒舌

在封建時代，皇帝是不可侵犯的，連皇帝的名字都要避諱，一個字不幸成為「御諱」，就得缺筆鬧殘廢，不是缺胳膊，就是缺腿，成為不全的字。[1]人們不小心把該避「御諱」的字寫了正字，就算犯法，要吃官司，判徒刑。至於罵皇帝，那是很少聽說過的事。真正罵過皇帝，而又罵得非常痛快的是海瑞。

海瑞罵嘉靖皇帝最厲害的幾句話說：「現在人民的賦役要比平常多許多，到處都是這樣。您花了許多錢，用在宗教迷信上，而且一天比一天多，弄得老百姓都窮得光光的，這十幾年來鬧到極點。天下人民就用您改元的年號嘉靖，取這兩個字音說，『嘉靖』皆淨，家家窮得乾乾淨淨，沒有錢用。」

這樣大膽直接罵皇帝的話，不僅嘉靖當了幾十年皇帝沒有聽見過，就是從各朝各代的古書上也很難找到。但卻句句刺痛了他的要害，嘉靖又氣又惱，十分冒火。

原來嘉靖做皇帝時間長了，懶得管事，不上朝，住在西苑，成天拜神做齋醮（宗教儀式），上青詞。青詞是給天神寫的信，要寫得很講究，宰相嚴嵩、徐階都因為會寫青詞得寵。政治腐敗到極點，朝臣中有人提意見的，不是殺頭，便是革職、監禁、充軍，嚇得沒人敢說話。

海瑞在嘉靖四十五年（一五六六）二月上的治安疏，便是針對當時的問題，向皇帝提出的質問，要求改革。他在疏中說：

「你比漢文帝[2]怎麼樣？你前些年倒還做些好事。這些年呢，只講修道，大興土木。二十多年不上朝，濫派官職給人。跟兩個兒子也不見面，人家以為你薄於父子。以猜疑誹謗殺戮臣下，人家以為你薄於君臣。盡住西苑不回宮，人家以為你薄於夫婦。弄得天下吏貪將弱，到處有農民暴動。這種情況，你即位初年也有，但沒有這樣嚴重。現在嚴嵩雖然罷相了，但是沒有什麼改革，還不是清明世界。我看你遠不如漢文帝。」

嘉靖自比為堯，號堯齋。海瑞說他連漢文帝也不如，他怎麼能不冒火。

海瑞接著又說：「天下的人不滿意你已經很久了，內外大小官員誰都知道。「你一意修道，只想長生不老，你的心迷惑了。過於苛斷，你的性情偏了。你自以為是，拒絕批評，你的錯誤太多了。你一心想成仙得道，長生不老。你看堯、舜、禹、湯、文王、武王[3]哪個活到現在？你的老師陶仲文教你長生之法，他已經死了。他不能長生，你怎麼能求長生呢？你說上天賜你仙桃、藥丸，那就更怪了，桃、藥是怎麼來的呢？是上天用手拿著給你的嗎？

「你要知道，修道沒有什麼好處，應該立即醒悟過來，每天上朝，研究國計民生，痛改幾十年的錯誤，為人民謀些福利。

「目前的問題是君道不正，臣職不明，這是天下第一件大事。這事不說，別的還說什麼！」

嘉靖看了，大怒，把奏本丟在地下，叫左右立刻逮捕海瑞，不要讓他跑了。宦官黃錦在旁邊說：「聽說這人自知活不了，已向妻子作臨死告別，托人準備後事，家裡的傭人都嚇得跑光了，他不會逃。這個人素性剛直，名聲很大，居官清廉，不取官家一絲一粟，是個好官呢！」

嘉靖一聽海瑞不怕死，倒愣住了，又把奏本撿起來，一面讀，一面嘆氣，下不了決心。過了好些日子，想起來就發脾氣，拍桌子罵人。

有一天發怒打宮婢，宮婢私下哭著說：「皇帝挨了海瑞的罵，卻拿我們來出氣。」嘉靖又派人私下察訪，有誰和海瑞商量出主意的。同官的人都怕連累，看到海瑞就躲在一邊，海瑞也不以為意，在家等候坐牢。

嘉靖有時自言自語說：「這人真比得上比干[4]，不過我還不是紂王。」

他叫海瑞是畜物，口頭上和批處海瑞案件的文件上都不叫海瑞的名字。病久了，又有氣，和宰相徐階商量，要傳位給太子，說：「海瑞的話都對，只是我病久，怎麼能上朝辦事呢？」又說：「都是自己不好，不自愛惜，鬧了這場病。要是能上朝辦事，怎麼會挨這個人的罵。」下令逮捕海瑞下獄，追查主使的人。刑部論處海瑞死刑，嘉靖也不批覆。過了兩個月，嘉靖死了，新皇帝即位，才放海瑞出來，仍回原職，做戶部主事[5]。

海瑞大罵皇帝，同情他和支持他的人到處都是，他的名聲越來越大了。萬曆十四年（一五八六），海瑞被人向皇帝誣告，青年進士[6]顧允成、彭遵古、諸壽賢替他辯誣申救，寫的文章中說：「我們從十幾歲時，就聽說海瑞的名聲，認為是當代的偉人，永遠被人瞻仰，這是任何人都不能趕得上的。」這是當時青年人對他的評價。

東林黨之爭／一支重整道德的十字軍

東林黨之爭是明朝末年歷史上的一個特徵。

首先應該明確這樣一個問題，歷史上所謂黨，與我們今天所說的黨是兩回事，不能把歷史上所說的黨和今天的政黨混同起來。歷史上所說的黨並沒有什麼組織形式，參加哪個黨是沒有任何形式的，既不要交黨費，也沒有組織生活，更沒有黨章和黨綱。然而在歷史上又確實叫作黨。

歷史上所謂黨是指的什麼呢？是指政治見解大體相同的一些人的集團，也就是統治階級內部某些人無形的組合。明朝的東林黨，它的情況大致是這樣：在江蘇無錫有個書院叫東林書院，這是一所學校。當時有兩個政府官員，叫顧憲成和顧允成，兩兄弟在北京做官的時候，由於他們的政治見解與當時的當權人物相抵觸，便辭官不做，回家後在東林書院講學。

他們很有學問，在地方上聲望很高，為人也正派。這樣，和他們意氣相投的人跟他們的來往便越來越多了。不但在地方上，就是在北京，有一些官員跟他們的來往也比較多。他們以講學為名，發表一些議論朝政的意見。這樣，從萬曆二十二年（一五九四）開始，一直到明朝被推翻，前後五十年間，在明朝政治上形成了一批所謂東林黨人和另外一批反對東林黨的非東林黨人。

非東林黨人後來形成齊（山東）、楚（湖北）、浙（浙江）三派，與東林黨爭論不休。這五十年中間，在幾件大事情上都有爭論。你主張這樣，他反對；他主張那樣，你反對。舉例來說，黨爭中最早的一個問題，就是所謂「京察」問題。

「京察」這兩個字大家都認識，但是不好懂。這是古代歷史上的一種制度，就是政府的官員經過一定的時期要考核，相當於現在的考勤考績。主持考勤考績的是吏部尚書、吏部侍郎（相當於現在的內務部部長、副部長），他們主管文官的登記、資格審查、成績考核及任免、升降、轉調、俸給、獎恤等事。

當時考取進士以後，有一部分進士就安排做科道官。科就是六科給事中，道就是十三道御史。六科就是按照六部（吏、戶、禮、兵、刑、工）來分的。道是按照行政區劃來設置的。當時全國有十三個布政使司，設了十三道御史，譬如浙江道有浙江道御史。科道官都是監察官，當時叫作「言官」。他們本身沒有什麼工作，只是監察別人的工作，提出贊成的或者反對的意見。他們的任務就是說話，所以叫「言官」。

每次「京察」，吏部提出某些人稱職，某些人不稱職。一五九四年舉行「京察」

的時候，就發生了爭論，這一部分人說這些人好，那一部分人說不好。凡是東林黨人說好的，非東林黨人一定說不好。爭論中摻和了封建社會的鄉里（同鄉）關系。譬如齊、楚、浙就是鄉里關係。不管這件事情正確不正確，只要是和我同鄉的人，都是對的。還有一種同門的關係。所謂同門就是指同一個老師出身的。不管事情本身怎麼樣，只要跟我是同學，就都是對的。至於對親戚、朋友則更不用說了。就在這樣的封建關係組合之下，從一五九四年「京察」開始，一直爭吵了五十年。

繼「京察」問題之後，接著發生了「國本之爭」。

所謂「國本」就是國家的根本。我們今天說國家的根本就是人民，沒有人民就沒有國家。當時並沒有這樣的概念。那時候所謂「國本」是指皇帝的繼承人問題。

萬曆做了多年皇帝，按照過去的慣例，他應該立一個皇太子，以便他死後有一個法定的繼承人。可是他不喜歡他的大兒子，他所喜歡的是他的小老婆（鄭貴妃）生的兒子福王（以後封在河南洛陽），所以他就遲遲不立太子。有些大臣就叫起來了，他們認為國家的根本很重要，也就是說第二代的皇帝很重要，應該早立太子。凡是提議立太子的，萬曆就不高興，他說：我還活著，你們忙什麼！這樣，有人主張早立太子，有人反對立太子，爭吵起來了，這就叫「國本之爭」。

跟著又發生了一個案子叫「梃擊案」。

有一天早晨，突然有一個人跑到宮裡來見人就打，一直打到萬曆的大兒子那裡去了。當然，這個人馬上被逮住了。可是這裡發生了一個問題，是誰叫他到宮裡來打萬曆的大兒子的？當時有人懷疑是鄭貴妃指使的。這是宮廷問題，卻成了當時政治上的一個大問題，引起了爭吵，東林黨與非東林黨大吵特吵。

萬曆做了四十八年皇帝，死了。他的大兒子繼位不到一個月又死了。怎麼死的呢？搞不清楚。據說他在病的時候，有一個醫生給他紅丸藥吃，吃了以後就死了。這樣就發生了一個問題，這個皇帝是不是被毒死的？是誰把他毒死的？因此又發生了所謂「紅丸案」。各個集團之間又爭吵起來了。

正在爭吵的時候，發生了另外一個問題：就是這個只做了個把月的皇帝死了以後，他的兒子繼位，還沒成年。這個短命皇帝有個妃子李選侍，她住在正宮裡不肯搬出來。她有政治野心，想趁這個小孩做皇帝的機會把持朝政。這樣，又發生了爭論，有一些人出來罵她：你這個妃子怎麼能霸著正宮？逼著她搬出去了。這個案件叫「移宮案」。京戲裡有一齣戲叫《二進宮》，就是反映這件事的，不過把時代改變了，把孫子的事情改成了祖父的事情。

「梃擊」「紅丸」「移宮」是當時三大案件，成為當時爭論最激烈的事件。在這樣的情況下，政治上出現了什麼現象呢？每一件事情出來，這批人這樣主張，那批人那樣主張，爭論不休，整天給皇帝寫報告。到底誰對誰不對？從現在來看，東林黨與非東林黨之爭，一般地說，道理在東林黨方面。

東林黨的道理多，非東林黨的道理少。但是，東林黨是不是完全對呢？在某些問題上也不完全對。這樣爭來爭去，爭不出個是非來，結果只有爭論，缺乏行動，許多政治上該辦的事沒人去管了。後來造成這種現象：某些正派的官員提出他的主張，這個主張一提出來，馬上就有一批人來攻擊他，他就不能辦事，只好請求辭職。

皇帝不知道這個人對不對，不做處理，把事情壓下來。這個官既不能辦事，辭職也辭不成，怎麼辦？乾脆自己回家。他回家以後政府也不管，結果這個官就空著沒人做。到萬曆後期，政治紀律鬆懈到這樣的地步：哪個官受了攻擊就把官丟了回家，以至六部的很多部長都沒人做了。

萬曆皇帝到晚年根本不接見臣下，差不多一二十年不跟大臣見面，把自己關在宮廷裡，什麼事情也不管。大臣們有什麼事情要跟他商量也見不著。政治腐化，紀律鬆懈，很多重要的問題得不到解決，卻專搞無原則的糾紛。大是大非沒人管了，成天糾纏在一些枝節問題上面。這種無休止的爭吵影響到一些重大的政治事件的發展。譬如日本侵略朝鮮，中國到底應不應該援助朝鮮，在這個問題上發生了爭論。後來還是派兵去支援了朝鮮，第一個時期打了勝仗，收復了平壤。後來又派兵去，由於麻痹大意，打了敗仗。打了敗仗以後，政府裡又發生爭論了，主和派覺得和日本打仗沒有必要，支援朝鮮意義不大，不如放棄軍事辦法，轉而採取政治辦法來解決問題。

他們主張把豐臣秀吉封為日本國王，並答應和他做買賣。歷史上封王叫作朝，做買賣叫作貢，所謂朝貢，說得通俗一點，就是你帶些物資來賣給我，我給你一些物資做交換。在這種情況下，明朝政府只好一面按照主戰派的主張，繼續派兵援助朝鮮；一面派人暗中往來日本進行和議。後來明軍與朝鮮軍大敗日本侵略軍。日本願和了。明朝政府便按照主和派撤兵議和的主張，允許議和。並派人到日本去辦外交，封豐臣秀吉為國王。

但日本國內本來已經有天皇，因此豐臣秀吉不接受王位，而且提出了很強硬的條件。結果外交失敗了。日軍重新侵略朝鮮。明朝政府只好再次出兵，最後打敗了日軍。由於追究外交失敗的責任，又引起了爭論。

這種影響在「封疆案」的問題上表現得更加明顯。萬曆死後，東林黨在政府做官的人越來越多了。

這時北京有一個「首善書院」（在北京宣武門內），在這裡講學的也是東林黨人。這些人在政治上提出意見時，非東林黨人就起來攻擊，要封閉這個書院。東林黨人當然反對封閉。這樣吵了二三十年。這個爭論最後演變成什麼局面呢？

當時萬曆皇帝的孫子熹宗（年號天啟，是崇禎皇帝的哥哥）很年輕，不懂事，光貪玩。他寵信太監魏忠賢，軍事、政治各個方面都是太監當家。一些地主階級的知識分子由於在魏忠賢門下奔走而當了官。凡是屬於魏忠賢這一派的，歷史上稱為

「閹黨」。閹黨裡面沒有什麼正派人。東林黨是反對閹黨的。因此，黨爭發展到這個時候，就變成了地主階級的知識分子與宦官的鬥爭。

這個鬥爭影響到東北的軍事形勢。在萬曆以前，東北的建州女真已經壯大起來了，不斷進攻遼東，占領了許多城市。到天啟時代，明朝防禦建州女真的軍事將領熊廷弼提出一系列的軍事上和政治上的主張，他認為跟建州女真進行軍事鬥爭時，明朝軍隊不能退回到山海關以內，而應該在山海關以東建立軍事據點。

當時前方的另一個軍事將領叫王化貞，他不同意這個意見，他認為只能依靠山海關來據守。熊廷弼雖然是統帥，地位比王化貞高，但是沒有軍事實權。而王化貞得到了魏忠賢的支持。這樣，熊廷弼的正確意見因為得不到支持而不能貫徹，結果打了敗仗，王化貞跑回來了，熊廷弼也跑回來了，山海關以東的很多地方都丟了。北京震動，面臨著很嚴重的軍事危機。

在這種情況下又發生了有關「封疆案」的爭論。當時追究這次失敗的責任，到底是熊廷弼的責任，還是王化貞的責任？

從當時的具體軍事形勢來看，熊廷弼是正確的，但他沒有軍隊來支持。王化貞有十幾萬軍隊，堅持錯誤的主張，因此王化貞應該負責。但是因為熊廷弼得罪了很多人，結果把這個責任推到他身上，把他殺了。很顯然，這樣的爭論和處理大大地影響了前方的軍事形勢。

「封疆案」以後，跟著就是魏忠賢對東林黨人的屠殺。因為一些在朝的東林黨人認為魏忠賢這樣胡搞不行，就向皇帝寫信控告他的罪惡。當時有楊漣等人列舉了他的二十四條罪狀。這些東林黨人的行為得到了其他官員的支援。這樣，東林黨和閹黨就面對面地鬥爭起來。

由於魏忠賢軍權在握，又指揮了特務，而東林黨人缺乏這兩樣武器，結果大批的東林黨人被殺。當時被殺的有楊漣、左光斗、周順昌、黃尊素、繆昌期等。其中周順昌在蘇州很有聲望，當特務逮捕他的時候，蘇州的老百姓起來保護他。最後這次人民的鬥爭還是失敗了，人民吃了苦頭，周順昌被帶到北京殺害了。

熹宗死了以後，明朝最後的一個皇帝——崇禎皇帝比他哥哥清楚一點，他把魏忠賢這夥人收拾了，把一些閹黨分子都殺了（魏忠賢是自己上吊死的）。但是這場鬥爭是不是停止了呢？沒有停止，東林黨人跟魏忠賢的餘孽在崇禎十七年（一六四四）的時候還在繼續鬥爭。

崇禎五年（一六三二），一些東林黨人的後代跟與東林黨有關係的地方上的知識分子組織了一個團體，叫作「復社」，以後又有「幾社」，有大批青年知識分子參加。表面上他們是以文會友，寫文章，寫詩，是學術研究組織，實際上有政治內容。大家可能看過《桃花扇》這齣戲，這齣戲裡的侯朝宗、陳貞慧、吳應箕、冒辟疆四公子都是復社裡面的人。當時李自成已經占領了北京，崇禎上吊死了。

這個消息傳到了南方，沒有皇帝怎麼辦？這時一些閹黨人物就想擁小福王（由崧）來做皇帝。原來萬曆把最喜歡的那個兒子福王（常洵）封在河南洛陽，這是老福王。這個人很壞，在他封到洛陽時，萬曆給他四萬頃土地，河南的土地不夠，還把鄰省的土地也給他，老百姓都恨透了。李自成進入洛陽以後，把老福王殺掉了。小福王由崧（這也不是個好東西）逃到南京。

當時在南京掌握軍事實權的是過去和魏忠賢有關係的閹黨人物馬士英，替他出主意的也是一個閹黨分子，叫阮大鋮，他們把小福王抓到手中，把他捧出來做皇帝。可是政府裡面另外一批比較正派的人，像史可法、高弘圖、姜日廣等主張立潞王（常淓）做皇帝。這個人很明白清楚。但馬士英他們先走了一步，硬把福王捧出來做了皇帝。這樣，在南京小朝廷裡又發生了東林黨與非東林黨之爭。

因為馬士英和阮大鋮是當權的，史可法被排擠出去，去鎮守揚州。在清軍南下的時候，史可法堅決抵抗，在揚州犧牲了。馬士英和阮大鋮在南京搞得不像樣，清軍一步步逼近南京。這時候小福王在做什麼呢？在跟阮大鋮排戲。也就在這個時候，上面說的四公子就起來反對阮大鋮，他們出布告，揭露阮大鋮過去是魏忠賢的乾兒子，名譽很不好，做了很多壞事，不能讓他在政府裡當權。號召大家起來反對他。南京國子監的學生也支持他們的主張，這樣就形成一個學生運動。

侯朝宗這些人雖然得到廣大知識分子的支持，但是他們根本沒有實力。而馬士英、阮大鋮有軍事力量。結果有的人被逮捕了，有的人跑掉了。不久之後，清軍占領南京，小福王的政權也就被消滅了。

黨爭從一五九四年開始，一直到一六四五年，始終沒有停止過。無論是在政治問題上，還是在軍事問題上，都爭論不休。

這種爭論是什麼性質的呢？這是地主階級內部的矛盾。開始是東林黨和齊、楚、浙三黨之爭，後來演變為東林黨與閹黨之爭。由於東林黨的主張在某些方面是有利於當時的生產和發展的，因此他們得到了人民的支持。但是反過來說，所有的東林黨人都反對農民起義。這是他們的階級本質決定的。

譬如史可法這個歷史人物，從他最後這段歷史來說是應該肯定的。那時候，清軍南下包圍揚州，他的軍事力量很薄弱，也得不到南京的支持，孤軍據守揚州。但他寧肯犧牲不肯投降。這是有民族氣節的人。我們中國人是有骨氣的，史可法就是這種有骨氣的代表人物。但是他以前的歷史就不好追究了。

他以前幹什麼呢？鎮壓農民起義。在階級鬥爭極為尖銳的時候，這些人的階級立場是極為清楚的，反對農民起義，鎮壓農民起義。即使在他抗拒清軍南下的時候，還要反對農民起義。有沒有同情農民起義呢？沒有。不可能要求統治者來同情被統治者的反抗。對於這樣一段黨爭的歷史，要具體分析，具體研究。

黨爭跟明朝的政治制度有關係。明太祖在洪武十三年（一三八〇）取消了宰相，取消了中書省，搞了幾個機要秘書到內廷來辦事情。到明成祖時搞了個內閣，這個政府機構。內閣的權力越來越大，代替了過去的宰相，雖然沒有宰相之名，但是有宰相之實。至於給皇帝個人辦事的有秘書，就是在宮廷裡面設立一個機構，叫作「司禮監」。這是一個內廷機構，不是政府機構。

司禮監有一個秉筆太監，皇帝要看什麼政府報告，讓秉筆太監先看；皇帝要下什麼書面指示，也讓秉筆太監起稿。皇帝年紀大一些、知識多一些的，還能辨別是非，是不是同意，他自己有主見。可是一些年輕的皇帝就搞不清楚，結果司禮監的秉筆太監就操縱政治，掌握了政權。因為用人和行政的權力都給了司禮監，結果形成了明朝後期的太監獨裁。

在明朝歷史上有很多壞太監，像明英宗時代的王振，明武宗時代的劉瑾，天啟時代的魏忠賢等。太監當家的結果，就造成了政府與內廷之爭，也就是統治階級內部地主階級知識分子與太監爭奪政權的鬥爭。明朝後期五十年的東林黨之爭就是在這樣的背景之下進行的。

隨著太監權力的擴大，不但中央被他們控制了，地方也被他們控制了。

洪武十三年（一三八〇）以後，地方上設有三司（都指揮使司、布政使司、按察使司）。三司是各自獨立的，都受皇帝的直接指揮。到了永樂時代，當一個地區發生了軍事行動，像農民起義或其他的群眾鬥爭爆發的時候，這三個司往往意見不統一，各管各的。結果只好由中央政府派官員去管理這個地方的事。這個官叫巡撫。

巡撫是政府官員，常常是由國防部副部長即兵部侍郎擔任。巡撫出去巡視各個地方，事情完了就回來。可是由於到處發生農民戰爭和民族與民族之間的戰爭，這個官去了以後就回不來了，逐漸變成一個地方的常駐官了。因為巡撫是中央派去的，所以他的地位在三司之上。

過去三司使是地方上最大的官，現在三司使上面又加了一個巡撫。但這能不能解決問題呢？還是不能解決問題。為什麼呢？因為巡撫只能指揮這一個地區的軍事行動，比如浙江的巡撫就只能管浙江這一個地方。可是遇到軍事行動牽涉幾個省的時候，這個巡撫就不能管了。於是又派比巡撫更高的官，即派國防部部長——兵部尚書出去做總督。

總督管幾個省或一個大省。有了總督之後，巡撫就變成第二等官了，三司的地位則更低了。可是到了明朝後期，總督也管不了事。為什麼呢？因為戰爭擴大了，農民戰爭和遼東的戰爭往往牽涉五六個省。五六個省就往往有五六個總督，誰也管不了誰。結果只好派大學士出去做督師。總督也歸他管。這是一方面。

另一方面，明朝為了鎮壓各地人民的反抗，就派軍官到各地去鎮守，叫作總兵官，也就是總指揮。統治者對總兵官不放心，怕他搞鬼，因此總是派一個太監去監督，叫作監軍。哪個地方有總兵官，哪個地方就有監軍。監軍可以直接向皇帝寫報告，因為他是皇帝直接派出去的。因此，不但總兵官要聽他的話，就是像巡撫這一類的地方官也要聽他的話。這樣，就形成了中央和地方都是太監當家的局面，明朝的政治變成太監的政治了。

此外，明朝的皇帝貪圖享受，為了滿足自己生活上的欲望，哪個地方收稅多就派一個太監去，哪個地方有礦藏也派一個太監去，叫作「稅使」「礦使」。全國的主要礦區，東北起遼東，西南到雲南，以及武漢、蘇州等大城市都有稅使、礦使搜刮民脂民膏。這些太監很不講道理，他們的任務就是弄錢。他們根本不懂得什麼礦，更不懂得怎麼開採，卻要開礦。只要聽說這個地方有金礦就要開，而且規定要在這裡開三百兩、五百兩。如果開不出來怎麼辦？就要這個地方的老百姓來賠。老百姓要反抗，他就說你的房子下面有礦，把房子拆了開礦。

收稅也很厲害。蘇州有很多機戶，紡織工人數量很大。他們要加稅，每一張織機要加多少錢。老百姓交不起就請願。請願也不行。結果就起來反抗，把太監打死，形成市民暴動。蘇州市民暴動出了一個英雄人物，叫作葛賢。這個人後來被殺了。因為明朝政府要屠殺參加暴動的市民，他挺身出來頂住了。

不僅在蘇州，在武漢、遼寧、雲南各個地方都發生了市民暴動。有的地方把太監趕跑了，有的地方把太監下面的人逮住殺了。市民暴動是明朝後期歷史的一個特徵。人民的生活日益困難，不但農民活不下去，城市工商業者也活不下去了，他們便起來反對暴政。

因此，當時一些比較有見解的政治家，就在政治上提出了一些主張。譬如大家知道的海瑞就是這樣。

他提出了什麼主張呢？他做蘇州巡撫，管理江蘇全省和安徽一部分。這個地區的土地情況怎樣呢？前面說到明朝初年土地比較分散，階級鬥爭比較緩和。可是一百多年以後，情況改變了，土地全部集中在大地主、大官僚的手中，而且越來越集中。就在海瑞所管轄的地區松江府，出了一個宰相叫徐階，他就是一個大地主，家裡有二十萬畝土地。土地都被大地主占有，農民沒有土地，只能逃亡。

土地過分集中，使農民活不下去，階級矛盾越來越尖銳。海瑞看出了毛病，他想緩和這種情況。當然，他不能也不知道採取革命的手段。他採取什麼辦法呢？他認為要解決人民的生活問題，要使人民不去搞武裝鬥爭反對政府，就必須使這些窮人有土地可種。土地從哪裡來呢？土地都在大地主手裡，而大地主所以取得這些土地，主要的手段是非法的強占。因此他提出這樣一個政治措施：要求他管轄地區內的大地主階級，凡是強占的土地一律退還給老百姓，使老百姓多多少少有一些土地可以耕種，能夠活下去。這樣來緩和階級矛盾。

他堅決主張這種做法。這一來，大地主階級就聯合起來反對他，結果這個蘇州巡撫只做了半年多就被大地主階級趕跑了。

海瑞的辦法能不能解決當時的土地問題？當然不可能。把大地主階級強占的一部分土地歸還給老百姓能不能稍微緩和一下階級矛盾呢？可以緩和一下。可是辦不到，因為地主階級不肯放棄他們已經到手的東西。海瑞是非失敗不可的。

類似海瑞這樣的政治家當時還有沒有呢？有的。他們也感到了階級矛盾和階級鬥爭的嚴重性，認為這個政權維持不下去。但是能不能提出一個解決的辦法呢？誰也沒有辦法。不但統治階級，就連農民起義的領袖也提不出解決的辦法來。

階級矛盾日益尖銳，最後形成了明末的農民大起義。

崇禎時代，各地方的農民都起來鬥爭，最後形成兩支強大的軍事力量，一支以李自成為首，一支以張獻忠為首。

他們有沒有明確地提出解決階級矛盾的辦法呢？也沒有。李自成後期曾經提出「迎闖王，不納糧」的口號爭取廣大農民的支持，結果他的隊伍一下子就發展到一百多萬，農民、小手工業者、城市貧民都跟著他走。但是不納糧也不能解決問題。

現在有一個資料，就是山東有一個縣，李自成曾經統治過那個地方，當時有人主張分田給百姓。分了沒有呢？沒有分。他提不出明確的辦法，不但提不出消滅地主階級的根本方針，甚至連孫中山那樣的「平均地權」的辦法也提不出。所以消滅封建剝削，消滅地主階級這個根本問題，在古代歷史上的任何時期都不能解決。

不但地主階級知識分子、官僚提不出解決辦法，就是反對封建地主階級的農民起義領袖也提不出解決的辦法，這個問題只有在我們這個時代才能解決。我們研究過去的農民革命、農民起義時，不能把我們今天的思想意識強加於古人，我們這個時代能辦到的事，不能希望古人也能辦到，否則就是非歷史主義的觀點。

目前史學界在有些問題上存在一些偏向，總希望把農民起義的領袖說得好一些，說得完滿一些，不知不覺地把自己所理解的東西加在古人身上，這是不科學的，我們只能根據歷史事實來理解、來解釋、來研究和總結歷史，而不可以採取別的辦法。

附帶講一個小問題。前面提到巡按御史，到底巡按御史是個什麼官？我們經常看京戲，很多京戲裡都有這麼一個官。所謂八府巡按，威風得很。他是幹什麼的呢？我們前面講過御史，就是十三道御史，是按照行政區劃設置的。每一道御史的職務就是監察他這個地區的官吏和政務，同時，中央有一個機構叫都察院。都察院的官吏叫左、右都御史，左、右都御史下面是左、右副都御史，左、右副都御史下面是左、右僉都御史，再下面就是御史和巡按御史。

巡按御史是由都察院派出去檢查地方工作的，凡是地方官有違法失職的，他們有權提出意見來，他們還可以監察司法工作，有的案子判得不正確，他們可以提出意見。老百姓申冤的，地方官那裡不能解決問題，可以到巡按御史這裡來告。這就是戲上八府巡按的來源。

御史的官位大不大呢？不大，只是七品官，當時縣官也是七品官，知識分子考上進士以後，有一批人就分配做御史。御史管的事情很少，可是在地方上有很高的職權，為什麼呢？因為他代表中央，代表都察院，是皇帝的耳目之官。建立這樣一種制度的目的是什麼呢？目的是想通過巡按御史的監察工作，來緩和當時人民和政府之間的矛盾，解決一些問題。貪官污吏，提出來把他罷免；冤枉的案子幫助平反。於是老百姓對這樣的官員寄予很大的希望，希望他們能幫助自己申冤。

這種願望，在當時的一些文學作品中得到了反映，雖然這些人在實際政治生活中並沒有解決什麼問題，但是一些文學家、藝術家在一定程度上反映了人民的要求，創作了許多這類題材的作品，特別是明清兩代有很多劇本是反映這個思想的。

這些作品大體上有這樣一些共同的內容：一類是描寫老百姓受了冤枉，被大地主、大官僚陷害，被關起來或者判處了死刑，最後一個巡按給他翻了案。或者是描寫皇莊的莊頭作威作福，不但莊田範圍以內的佃農，就是莊田附近的老百姓也受他們的欺侮。姑娘被搶走了，家裡面的東西被搶走了，後來遇上俠客打抱不平，或者清官出來把問題解決了。

在明朝後期和清朝前期，有不少的小說、劇本是描寫這些惡霸、莊頭的殘暴行為的，這是一類。另一類作品反映了當時知識分子的出路問題。

當時的知識分子無非是通過考試中秀才、中舉人、中進士，中了進士幹什麼呢？當巡按御史。因此有很多作品是這樣的題材：一位公子遇難，在後花園裡遇到一位小姐，小姐贈送他多少銀子。以後上北京考上了進士，當上了八府巡按。最後夫妻團圓，這個時期的文學作品大體上有這幾方面的題材，反映了這個時期的政治生活、階級鬥爭的一些問題。

于謙／一腔熱血，竟灑何地？

有一首《石灰吟》：

千錘萬擊出深山，烈火焚燒若等閒，
粉骨碎身全不惜，要留清白在人間。

這首詩是明朝于謙寫的，經過千錘萬擊，不怕烈火焚燒，不怕粉骨碎身，要留下清白在人間，寫的是石灰，同時也象徵了于謙自己的一生。

于謙（一三九八－一四五七），字廷益，浙江錢塘（今杭州）人。小時候很聰明，性格堅強。明成祖永樂十九年（一四二一）二十四歲時中了進士。明宣宗宣德初年（一四二六）做了御史（監察官），明宣宗的叔父漢王高煦在山東造反，明宣宗親自帶兵討伐，高煦投降，明宣宗叫于謙當面指斥高煦罪狀，于謙義正詞嚴，說得有聲有色，明宣宗很賞識他，認為是個了不起的人才。接著于謙被派巡按江西，發現有幾百件冤枉的案件，都給平反了。

宣德五年（一四三〇），明朝政府為了加強中央的權力，特派中央比較能幹的官員去治理重要的地方，五月間派況鐘、何文淵等九人為蘇州等府知府。到九月又特派于謙、周忱等六人為侍郎（中央的副部長），巡撫各重要省區。明宣宗親自寫了于謙的名字給吏部，破格升官為兵部右侍郎（國防部的副部長），巡撫河南、山西兩省，宰相也支持這主張。

明朝制度，除了南北兩直隸（以北京和南京為中心的中央直轄地區）以外，地方設有十三個布政使司，每個布政使司（通稱為省）設有布政使管民政賦稅，按察使管刑名司法，此外還有都指揮使管軍政，號稱三司，是地方上三個最高長官，職權不同，彼此都不能互相管轄。布政使是從二品官，按察使是正三品官，都指揮使是正二品官，兵部右侍郎雖只是正三品官，卻因為是中央官，又是皇帝特派的，奉有敕書（皇帝的手令）可以便宜行事，是中央派駐地方的最高官員，職權就在三司之上了。

于謙做河南山西巡撫，前後一共十九年（一四三〇——一四四八），除周忱連任江南巡撫二十一年以外，他是當時巡撫當中任期最長的一個。

于謙極重視調查研究工作，一上任便騎馬到處視察，所到地方都延請當地有年紀的人談話，瞭解地方情況，政治上的得失利弊，老百姓的負擔、痛苦，該辦的和不該辦的事，一發現問題，立刻提出具體意見，寫報告給皇帝。遇有水災、旱災，也及時上報，進行救濟。他對地方的情況很清楚，政治上的措施也很及時，因之，得到人民的歌頌和支持。

明英宗正統六年（一四四一）他向皇帝報告，為了解決缺糧戶的暫時困難，當時河南、山西倉庫裡存有幾百萬石糧食，建議在每年三月間，由州縣官調查，報告缺糧戶數的所需糧食數量，依數支借，到秋收時歸還，不取利息。對老病和窮極不能歸還的特許免還。還規定所有州縣都要存有預備糧，凡是預備得不夠數的，即使任期滿了也不許離任，作為前一措施的物質保證，這一款由監察官按時查考。皇帝批准了這一建議。這樣一來，廣大的缺糧戶，在青黃不接的時候，就可以免除地主的高利貸剝削了，他為窮困的農民辦了好事。

黃河經過河南，常常鬧決口，造成水災。于謙注意水利，在農閒時動用民力，加厚堤身，還按里數設亭，亭設亭長，負責及時督促修繕。在境內交通要道，都要種樹、鑿井，十幾年間，榆樹、柳樹都成長了，一條條的綠化帶，無數的水井，使行道的人都覺得陰涼，沿途都有水喝。

大同是邊上要塞，巡按山西的官員很少到那裡去，于謙建議專設御史監察。邊地許多將領私自役使軍人，為他們私墾田地，國家的屯田日益減少，邊將私人的墾田卻日益增加，影響到國家的收入和邊防的力量，于謙下令沒收邊將的私田為國家屯田，供給邊軍開支。

于謙做了十九年巡撫，政治清明，威信很高，強盜小偷都四散逃避，老百姓過上了比較安定的生活。由於他政治上的成就，明朝政府升他為兵部左侍郎，支二品俸祿，仍舊做巡撫的官。

在這十九年中，于謙的建議到了北京，早上到，晚上就批准，是有其政治背景的。原來這時的皇帝是年輕人，明英宗當皇帝時才十歲，太皇太后和皇太后（皇帝的祖母和母親）很敬重元老重臣三楊：楊士奇、楊溥、楊榮，這三個老宰相都是從明成祖時就當權的，很正直，有經驗，也有魄力，國家大事都由他們作主張。

他們同意于謙做巡撫，對于謙很信任，于謙有了朝廷上三楊的支持，才能在地方辦了一些好事。到了正統後期，正統五年（一四四〇）楊榮死，七年楊士奇死，太皇太后死，十一年楊溥死，三楊死後，朝廷上不但沒有支持于謙的力量，反對于謙的政治力量反而日益增加了，于謙的政治地位動搖了。

反對于謙的政治力量主要來自兩方面，一是宦官，一是權貴。

宦官王振是明英宗的親信，英宗做了皇帝，他也做了內廷的司禮監太監（皇帝私人秘書長）。英宗年輕，什麼事都聽他的，只是宮裡有老祖母管著，朝廷上有三楊當家，王振還不大敢放肆。到了正統五年以後，太皇太后死了，楊榮也死了，楊士奇因為兒子犯法判死罪不管事，楊溥老病，新的宰相名位都較輕，王振便當起家來了，誰也管不住了，英宗叫他做先生，公侯勳貴叫他做翁父，專權納賄，無惡不作。

他恨于謙不肯逢迎，正統六年三月，趁于謙入朝的時候，借一個題目，把于謙關在牢裡，判處死刑。關了三個月，找不出于謙的罪狀，只好放了，降官為大理寺少卿。

另一種反對于謙的力量是權貴。照例地方官入朝，是要送禮以至納賄賂給朝廷權貴的。于謙是清官，在山西、河南十九年，父母和兒子住在杭州，老婆留在北京，單身過著極清苦的生活。每次入朝，不但不送禮、納賄，連普通的人事也不送，空手去，空手回，他有一首著名的詩，為河南人民所傳誦的：

手帕蘑菇與線香，本資民用反為殃，
清風兩袖朝天去，免得閭閻話短長。

他這樣做，老百姓雖然很喜歡，朝廷權貴卻恨死他了。

雖然如此，山西、河南的官吏和百姓卻非常想念于謙，到北京請願要求于謙回去的有一千來起。河南的周王和山西的晉王（皇帝的家族）也說于謙確是好官，朝廷迫於民意，只好讓于謙再回去做巡撫。這時，山東、陝西鬧災荒，流民逃到河南的有二十幾萬人，于謙請准朝廷，發放河南、懷慶兩府的存糧救濟，又安排田地、耕牛和種子，讓流民安居樂業。

這十九年中，于謙的父母先後死了，照當時禮法，應該辭官在家守孝三年，父母兩喪合計六年。朝廷特別命令他「起復」，不要守孝，回家辦了喪事便復職。

統十三年（一四四八）于謙被召入京，回到兵部左侍郎任上。

第二年發生「土木堡之變」。

瓦剌是蒙古部族之一，可汗脫脫不花，太師也先，知院阿剌各擁重兵，以也先為最強，各自和明朝通好往來，也經常和明朝發生軍事衝突。照規定，每次來的使臣不超過五十人，明朝政府按照人數給予各種物資，也先為了多得物資，逐年增加使臣到兩千多人，明朝政府要他減少人數，也先不肯。瓦剌的使臣往來，有時還沿途殺掠。

到正統末年，也先西破哈密，東破兀良哈，威脅朝鮮，軍事力量日益強大。明朝使臣到瓦剌的，也先提出各種無理要求，使臣怕事，一一答應，回來後又不敢報告，也先看到使臣所答應的事都沒有下落，認為明朝背信，極不高興。

正統十四年也先派使臣三千人到北京，還虛報名額，交換的馬匹也大多駑劣，禮部（管對外工作和朝廷禮儀的部）按實有人數計算，對提出要求的物資也只給予五分之一，還減了馬價，也先大怒，決定發兵入侵。

正統十四年（一四四九）七月，瓦剌大舉入侵，脫脫不花攻遼東，知院阿剌攻宣府（今河北宣化市），也先親自領軍圍大同，參將吳浩戰死，羽書警報，不斷送到北京。

軍事情況緊急，王振決策，由明英宗親自率領軍隊阻擊，朝廷大臣以吏部尚書王直和兵部尚書鄺埜、兵部左侍郎于謙為首堅決反對，王振不聽，命令英宗的弟弟郕王留守，帶領朝廷主要官員和五十萬大軍向大同出發。鄺埜隨軍到前方，于謙留在北京管理部事。

王振的出兵是完全沒有計劃的。他根本不會打仗，卻指揮著五十萬大軍。大同守將西寧侯宋瑛、武進伯朱冕、都督石亨等和也先戰於陽和（今山西陽高），為王振的親信監軍太監郭敬所制，胡亂指揮，全軍覆沒，宋瑛、朱冕戰死，石亨、郭敬逃歸。明英宗的大軍到了大同，連日風雨，軍中夜驚，人心恟懼，王振還要向北進軍，郭敬背地裡告訴他敵軍情況，才決定退兵。路上又碰著大雨，王振原來打算取道紫荊關經過他的家鄉蔚州（今河北蔚縣），請明英宗到他家做客的，走了一程，又怕大軍過境，會糟蹋他家的莊稼，又下令取道宣府，這樣一折騰，鬧得軍士暈頭轉向。

到宣府時，也先大軍追上襲擊，恭順侯吳克忠拒戰敗死。成國公朱勇、永順伯薛綬帶四萬人迎戰，到鷂兒嶺，敵軍設下埋伏，又全軍覆沒。好容易走到土木堡（今北京市官廳水庫附近），諸將商量進入懷來縣城據守，王振要保護行李輜重，便下令就地宿營。

這地方地形高，沒有蔭蔽，無險可守，掘地兩丈還不見水，也先大軍追到，把水源都占據了，軍士又饑又渴，擠成一堆。第二天，也先看到明軍不動，便假裝撤退，王振不知是計，立刻下令移營，陣腳一動，瓦剌騎兵便四面衝鋒，明軍倉皇逃命，陣勢大亂，敵軍衝入，明軍崩潰，死傷達幾十萬人，明朝政府的高級官員五十多人都被敵軍所殺，王振也死在亂軍中。明英宗被敵軍俘擄。這次不光彩的戰役就叫「土木堡之變」。

土木敗報傳到北京，北京震動。達時明軍的精銳都已在土木覆沒了，北京空虛，形勢極為危急。翰林院侍講（為皇帝講書的官）徐是蘇州人，在土木之變前，看到局面不好，就打發妻子老小回蘇州去了。敗報傳到後，郕王召集文武百官商量對策，徐珵大聲說，從天文看，從曆數看，天命已去了。只有南遷，才能免禍。

這個主意是亡國的主意，當時要照他的意見辦，明朝政府從北京撤退到南方，瓦剌進占北京，黃河以北便會全部淪陷，造成歷史上南北朝和金宋對立的局面。于謙堅決反對說，北京是全國根本，一動便大勢去了，宋朝南渡的覆轍，豈可重蹈。並且說主張南遷的人應該殺頭。大臣胡濙、陳循和太監金英都贊成于謙的主張，郕王也下了堅守的決心，徐珵不敢再說話了，從此恨死了于謙。

明朝政府雖然決定堅守，但是北京剩下的老弱殘兵不滿十萬人，上上下下都膽戰心驚，怕守不住。于謙建議徵調各地軍隊到京守衛，分別部署前方要塞軍事，人心才稍稍安定。郕王十分信賴于謙，升他為兵部尚書（國防部部長），領導北京的保衛戰。

王振是土木敗軍的禍首，群臣提出要追究責任，王振的黨羽馬順還倚仗王振的威風，當面叱責提出這主張的人，引起了公憤，給事中（官名，管稽察六部和各機關的工作）王竑抓住馬順便打，群臣也跟著打，把馬順打成肉泥，朝班大亂，連守衛的衛士也呼噪起來了。郕王嚇得發抖，站起來要走，于謙趕緊上前拉住，並教郕王宣布馬順有罪應該處死，這才扭轉了亂紛紛的局面。

退朝時，于謙穿的衣裳，袖子和下襟都裂開了。吏部尚書（管選用罷免官員的部長）王直看到他，拉住手嘆口氣說，國家只靠著你！像今天的事，一百個王直也辦不了。從此，郕王和朝廷大臣、京城百姓都倚靠于謙，認為他有擔當，可以支撐危局。于謙也毅然決然把國家的事情擔當起來。

英宗被俘，他的兒子還是小孩子，當時形勢，沒有皇帝是不行的。大臣們商量立郕王為皇帝，郕王再三推辭。于謙說，我們是為國家著想，不是為了任何個人。郕王才答應。九月，郕王即位為皇帝，是為明景帝。

于謙建議景帝，瓦剌得勝，一定要長驅南下。一要命令守邊諸將協力防守；二要分道招募民兵；三要製造兵器盔甲；四要派遣諸將分守九門，結營城外；五要遷城關居民入城，免遭敵軍殺掠；六要派軍隊自運通州存有的大量糧食作為軍餉，不要被敵人利用。又保薦一些有能力的文官出任巡撫，軍官用為將帥。景帝一一依從，並命令于謙提督各營軍馬，統率全軍。

也先帶著明英宗，率軍南下，每到一個城池，便說皇帝來了，要守將開門迎接，守將遵從于謙的指示，說我們已經有了皇帝了，拒不接受。也先利用明英宗要挾明朝政府不成功，很喪氣。明朝北部各個城池雖然因此保住了，明英宗卻也因此對于謙懷恨在心。

瓦剌大軍突破紫荊關，直入包圍北京。都督石亨主張收兵入城，堅壁拒守。于謙反對，認為怎麼可以向敵人示弱，使敵人越發輕視呢。下令諸將統兵二十二萬分別在九門外拒守，親自率領石亨和副總兵范廣、武興列陣德勝門外，和也先決戰。通告全軍，將不顧軍，先退者斬其將，軍不顧將，先退者後隊斬前隊。將士知道只有決戰才有生路，都奮勇爭先。

由於于謙保衛北京的主張是和北京人民的利益一致的，獲得了廣大人民的支持。也先原來認為北京不戰可下，一見明軍嚴陣以待，便洩氣了，派人提出要大臣出迎明英宗，要索金帛，和于謙等大臣出來商議等條款，都被拒絕，越發氣沮。進攻德勝門，明軍火器齊發，也先弟中炮死。轉攻西直門，又被擊退。進攻彰義門，當地的老百姓配合守軍，爬上房頂吶喊，投擲磚石，又被擊退。

相持了五天，敵軍始終沒有占到便宜，聽說各路援軍就要到達，怕歸路被截斷，只好解圍退兵，北京的保衛戰就此勝利結束。景帝以于謙功大，加官為少保（從一品），總督軍務。

景泰元年（一四五〇）大同守將報告也先派人來講和，于謙嚴令申斥守將，從此邊將都堅決主戰，沒有一個人敢倡議講和的。

也先看到明朝有了新皇帝，不承認明英宗，便在蒙古重立英宗為皇帝，來和明朝對抗，結果明朝政府置之不理，這個法寶也不靈了。俘虜到皇帝，不但沒有用處，還得供養，成了累贅，便另出花招，派使臣聲明願意送還皇帝，製造明朝統治階級的內部矛盾。明朝大臣都主張派使迎接，景帝很不高興，說我本來不願做皇帝，是你們要我當的。于謙說，皇位已定，不可再變。也先既然提出送回皇帝，理當迎接，萬一有詐，道理在我們這面。

景帝一聽說皇位不再更動，忙說依你依你。派大臣接回英宗，一到北京，就把這個皇帝關在南宮裡。

從景泰元年到景泰七年（一四五〇—一四五六），于謙在兵部尚書任上，所提的意見，明景帝沒有不同意的。朝廷用人，也一定先徵求于謙意見，于謙不避嫌怨，有意見便說，由此，有些做不了大官的人都恨于謙，有些大官作用比不上于謙的，也恨于謙，特別是徐珵，他一心想做大官，拜託于謙的門客，想做國子祭酒（大學校長），于謙對景帝說了，景帝說，這人倡議逃亡，心術不正，怎能當這官，敗壞學生風氣。徐珵不知于謙已經推薦，反而以為是于謙阻撓，仇恨越發深了。改名有貞，等候機會報復。

大將石亨原先因為打了敗仗削職，于謙保薦領軍抗敵立了功，封侯世襲。他嫌于謙約束過嚴，很不樂意。保衛北京之戰，于謙是主帥，功勞最大，結果石亨倒封了侯爵，心裡過意不去，寫信給景帝，保薦于謙的兒子做官。于謙說國家多事，做臣子的照道理講不該顧私恩。石亨是大將，沒有舉薦一個好人，一個行伍有功的，卻單單舉薦我的兒子，這講得過去嗎？而且我對軍功，主張防止僥倖，絕不敢以兒子冒功。石亨巴結不上，反而碰了一鼻子灰，越發生氣。

都督張打仗失敗，為于謙所劾。太監曹吉祥是王振門下，也深恨于謙。這批人共同對于謙不滿，便暗地裡通聲氣，要搞倒于謙，出一口氣，做升官的打算。

于謙性格剛直，處在那樣一個時代，遇事都有人出來反對，只靠景帝的信任，做了一些事。他在碰到不如意事情的時候，便拍胸嘆氣說：這一腔熱血，竟灑何地？他又看不起那些庸庸碌碌的大臣和勳臣貴戚，語氣間時常流露出來，恨他的人便越發多了。

他堅決拒絕講和，雖然明英宗是因為明朝拒和，也先無法利用才被送回來的，心裡卻不免有些不痛快。這樣，在明景帝統治的七年間，在表面上，于謙雖然權力很大，在另一面，卻上上下下都有人對他懷恨，只是不敢公開活動而已。

于謙才力過人，當軍務緊急，頃刻變化的時候，他指揮若定，眼睛看著報告，手頭屈指計算，口授機宜，合於實際，底下的工作人員看著，不由得衷心佩服。號令嚴明，不管是勳臣宿將，一有錯誤，便報告皇帝行文申責，幾千里外的守將，一得到于謙指示，無不奉行。思慮周密開闊，當時人沒有能比得上的。憂國忘身，雖然立了大功，保住了北京城，接還了皇帝，卻很謙虛，口不言功。生性樸素儉約，住的地方才蔽風雨，景帝給他一所西華門內的房子，幾次辭謝不許才搬過去。土木之變後，索性住在辦公室裡不回家。晚年害了痰病，景帝派人去看，發現他生活過於儉約，特別叫宮內替他送去菜肴。

有人說皇帝寵待于謙太過了，太監興安說，這人日日夜夜為國家操心，不問家庭生活。他要去了，朝廷哪兒能找得這樣的人！死後抄家，除了皇帝給的東西以外，更沒有別的家財。

景泰八年正月，明景帝害了重病，不能起床。派石亨代他舉行祭天儀式。石亨認為景帝活不長久了，便和徐有貞、曹吉祥、張等陰謀打開南宮，迎明英宗復位，史稱奪門之變。

明英宗第三次做了皇帝，辦的第一件事就是把于謙和大學士（宰相）王文關在牢裡。石亨等誣告于謙、王文謀立外藩（明朝皇帝的本家，封在外地的），法司判處謀逆，應處死刑。審案時，王文據理申辯，于謙笑著說，這是石亨等人的主意，申辯有什麼用。判決書送到明英宗那裡，英宗還覺得有些過意不去，說于謙實在有功。徐有貞說，不然，不殺于謙，奪門這一著就說不出名堂來了。于謙、王文同時被殺，明景帝也被絞死，這一年于謙六十歲，明景帝才三十歲。

于謙死後，家屬被充軍到邊地。大將范廣、貴州巡撫蔣琳也因為是于謙所提拔的牽連被殺。還刻板通告全國，說明于謙的罪狀，這個板子一直到成化三年（一四六七）才因有人提出意見毀掉。

曹吉祥是于謙的死對頭，可是他的部下指揮朵兒卻深感于謙的忠義，到刑場祭奠痛哭，曹吉祥大為生氣，把他打了一頓。第二天，朵兒又去刑場祭奠了。都督同知陳逵冒著危險，收拾于謙的屍首殯葬，過了一年，才歸葬杭州。

廣大人民深深悼念于謙，當時不敢指名，作了一個歌謠：

鷺鷥冰上走，何處覓魚嗛？

魚嗛是于謙的諧音，這個民族英雄的形象是永遠留存在人民的記憶中的。

明末抗清英雄張煌言有一首詩：

國亡家破欲何之？西子湖頭有我師，
日月雙懸於氏廟，乾坤半壁嶽家祠。

于謙的事蹟直接教育了這個有骨氣的好漢，寧死勿屈，保持了民族的正氣。

石亨的黨羽陳汝言代于謙做兵部尚書，不到一年就被撤職抄家，有很多金銀財寶，明英宗叫大臣們參觀，並說，于謙在景泰朝極被親信，死後沒有一點家業，陳汝言怎麼會有這麼多！石亨聽了，說不出一句話。過些日子，邊方傳來警報，英宗很發愁，恭順侯吳瑾在旁邊說，要是于謙在的話，不會有這情況。英宗聽了也說不出一句話。

于謙的政敵都先後失敗，徐有貞充軍雲南，石亨下獄死，曹吉祥造反滅族。

明憲宗成化初年（一四六五），于謙的兒子于冕遇赦回家，寫信給皇帝申冤，明憲宗恢復了于謙的官位，派人祭奠，祭文中說：「當國家之多難，保社稷以無虞，惟公道之獨持，為權奸所並嫉，在先帝已知其枉，而朕心實憐其忠。」這幾句話，傳誦一時。

于謙的名譽恢復了。明孝宗弘治二年（一四八九）諡于謙為肅湣，並建立祠堂，號為旌功。明神宗萬曆時又改諡忠肅。杭州、開封、山西和北京的人民都建立了他的祠堂，廣大人民永遠紀念這個保衛北京城的英雄，永垂不朽！

于謙的著作流傳到今天的有《于肅湣公集》八卷，《少保于公奏議》十卷。演繹他的故事的小說有孫高亮所著的《于少保萃忠全傳》十卷。

【注釋】

1例如宋太祖名叫趙匡胤，「胤」字在其他地方用時要避「御諱」，少寫一筆，寫作「胤」。

2西漢皇帝。他執行減輕租役的政策，免收全國賦稅十二年，促進了社會生產的發展，國家開始呈現富饒的景象。

3堯、舜、禹、湯、文王、武王都是我國上古時代或古代傳說中的賢君。

4比干是殷紂王的叔父，因為諫紂王的荒淫殘暴，而被剖心殺害。

5是戶部的官員。

6科舉取士制度，在鄉試的次年由取得舉人資格的人，於北京舉行會試。會試合格的，再由皇帝親自主持一次考試叫作殿試。殿試結果，分為三甲，一甲僅三名，是狀元、榜眼、探花，稱「進士及第」；二甲稱「進士出身」；三甲稱「同進士出身」，統稱進士。

第五章

將為奴役：皇權的極峰

皇帝越威風，士大夫越下賤，反過來也可以說是士大夫越被抑制，皇帝就越尊貴，君臣的關係一變而為主奴。奴化教育所造成的新士大夫，體貼入微的逢迎阿諛，把皇權抬上了有史以來的極峰。

大屠殺／每次下朝回家，便慶幸自己多活了一天

洪武二十八年（一三九五）正式頒布《皇明祖訓》。這一年，朱元璋已是六十八歲的衰翁了。

在這一年之前，桀驁不馴的元功宿將殺光了，主意多端的文臣殺絕了，不順眼的地主巨室殺得差不多了，連光會掉書袋子搬弄文字的文人也大殺特殺，殺得無人敢說話，無人敢出一口大氣了。

殺，殺，殺！殺了一輩子，兩手都塗滿了鮮血的白頭劊子手，躊躇滿志，以為從此可以高枕無憂，皇基永固，子子孫孫吃碗現成飯，不必再操心了。這年五月，特別下一道手令說：

「朕自起兵至今四十餘年，親理天下庶務，人情善惡真偽，無不涉歷。其中奸頑刁詐之徒，情犯深重，灼然無疑者，特令法外加刑，意在使人知所警懼，不敢輕易犯法。然此特權時措置，頓挫奸頑，非守成之君所用長法。以後嗣君統理天下，止守律與《大誥》，並不許用黥、刺、剕、劓、閹、割之刑。臣下敢有奏用此刑者，文

武群臣即時劾奏，處以重刑。」[1]

其實明初的酷刑，黥、刺、剕、劓、閹、割，還算是平常的，最慘的是凌遲。凡是凌遲處死的罪人，照例要殺三千三百五十七刀，每十刀一歇一吆喝，慢慢地折磨，硬要被殺的人受長時間的痛苦。[2]

其次有刷洗，把犯人光身子放在鐵床上，澆開水，用鐵刷刷去皮肉。有梟令，用鐵鉤鉤住脊骨，橫掛在桿上。有稱桿，犯人縛在桿上。另一頭掛石頭對稱。有抽腸，也是掛在桿上，用鐵鉤鉤入穀門把腸子鉤出。有剝皮，貪官污吏的皮放在衙門公座上，讓新官看了發抖。

此外，還有挑膝蓋、錫蛇游種種名目。[3]也有同一罪犯，加以墨面、文身、挑筋、去膝蓋、剁指，並具五刑的。[4]據說在上朝時，老皇帝的脾氣好壞很容易看出來，要是這一天他的玉帶高高地貼在胸前，大概脾氣好，殺人不會多。要是撳玉帶到肚皮底下，便是暴風雨來了，滿朝的官員都嚇得臉無人色，個個發抖，準有大批人應這劫數。[5]

這些朝官，照規矩每天得上朝，天不亮起身梳洗穿戴，在出門以前，和妻子訣別，吩咐後事，要是居然活著回家，便大小互相慶賀，算是又多活一天了。[6]

四十年中，據朱元璋自己的著作，《大誥》《大誥續編》《大誥三編》和《大誥武臣》的統計，所列凌遲、梟示、種誅有幾千案，棄市（殺頭）以下有一萬多案。

《三編》所定算是最寬容的了。

「進士監生三百六十四人，愈見奸貪，終不從命，三犯四犯而至殺身者三人，三犯而誹謗殺身者又三人，姑容戴斬、絞、徒流罪在職者三十人，一犯戴死罪徒流罪辦事者三百二十八人。」[7]

有御史戴死罪，戴著腳鐐，坐堂審案的；有挨了八十棍回衙門做官的。其中最大的案件有胡惟庸案、藍玉案、空印案和郭桓案，前兩案株連被殺的四萬人，後兩案合計有七八萬人。[8]所殺的人，從開國元勳到列侯裨將、部院大臣、諸司官吏到州縣胥役、進士監生、經生儒士、富人地主、僧道屠沽，以至親侄兒、親外甥，無人不殺，無人不可殺，一個個地殺，一家家地殺，有罪的殺，無罪的也殺，「大戮官民，不分臧否」[9]。

早在洪武七年，便有人控訴，說是殺得太多了，「才能之士，數年來倖存者百無一二」[10]。到洪武九年，單是官吏犯笞以上罪，謫戍到鳳陽屯田的便有一萬多人。[11]十八年九月在給蕭安石子孫符上也自己承認：「朕自即位以來，法古命官，列布華夷，豈期擢用之時，並效忠貞，任用既久，俱係奸貪！朕乃明以憲章，而刑責有不可恕。以至內外官僚，守職維艱，善能終是者寡，身家誅戮者多。」[12]

郭桓案發後，他又說：「其貪婪之徒，聞桓之奸，如水之趨下，半年間弊若蜂起，殺身亡家者，人不計其數。出五刑以治之，挑筋、剁指、刖足、髡髮、文身，罪之甚者歟？」[13]

政權的維持建立在流血屠殺、酷刑暴行的基礎上，這個時代，這種政治，確確實實是名副其實的恐怖政治。

胡惟庸案發於洪武十三年，藍玉案發於洪武二十六年，前後相隔十四年。主犯雖然是兩個，其實是一個案子。

胡惟庸是初起兵占領和州時的帥府舊僚。和李善長同鄉，又結了親。因李善長的舉薦，逐漸發達，洪武三年拜中書省參知政事，六年七月拜右丞相。中書省綜掌全國大政，丞相對一切庶務有專決的權力，統率百官，只對皇帝負責。這制度對一個平庸的、唯唯否否、阿附取容的「三旨相公」型的人物，或者對手是一個只顧嬉遊逸樂、不理國事的皇帝，也許不會引起嚴重的衝突。或者一個性情謙和容忍，一個剛決果斷，柔剛互濟倒也不致壞事。但是胡惟庸幹練有為，有魄力，有野心，在中書省年代久了，大權在手，威福隨心，兼之十年宰相，門下故舊僚友也隱隱結成一個龐大的力量，這個力量是靠胡惟庸作核心的。

拿慣了權的人，怎麼也不肯放下。朱元璋呢，赤手空拳建立的基業，苦戰了幾十年，拼上命得到的大權，平白被人分去了一大半，真是倒持太阿，授人以柄，想想又怎麼能甘心！困難的是皇帝和丞相的職權，從來不曾有過清楚的界限，理論上丞相是輔佐皇帝治理天下的，相權是皇權的代表，兩者是二而一的，不應該有衝突。事實上假如一切庶政都由丞相處分，皇帝沒事做，只能簽字畫可，高拱無為。反之，如皇帝躬親庶務，大小事情一概過問，那麼，這個宰相除了伴食畫諾以外，又有什麼可做？

這兩個人性格相同，都剛愎，都固執，都喜歡獨裁，好攬權，誰都不肯相讓。許多年的爭執、摩擦，相權和皇權相對立，最後，衝突表面化了。朱元璋有軍隊，有特務，失敗的當然是文官。在胡惟庸以前，第一任丞相李善長小心怕事，徐達經常統兵在外，和朱元璋的衝突還不太明顯嚴重（劉基自己知道性子太剛，一定合作不了，堅決不幹）。

接著是汪廣洋，碰上幾次大釘子，末了還是賜死。中書官有權的如楊憲，也是被殺的。胡惟庸是任期最長、衝突最厲害的一個。被殺後，索性取消中書省，由皇帝兼行相權，皇權和相權合而為一。洪武二十八年手令：「自古三公論道，六卿分職，自秦始置丞相，不旋踵而亡。漢唐宋因之，雖有賢相，然其間所用者多有小人，專權亂政。我朝罷相，設五府六部都察院通政司大理寺等衙門，分理天下庶務，彼此頡頏，不敢相壓，事皆朝廷總之，所以穩當。以後嗣君並不許立丞相，臣下敢有奏請設立者，文武群臣即時劾奏，處以重刑。」[14]

這裡所說的「事皆朝廷總之」的朝廷，指的便是他自己。

胡惟庸被殺在政治制度史上的意義，是治權的變質，也就是從官僚和皇家共治的階段，轉變為官僚成奴才，皇帝獨裁的階段。胡惟庸之死只是這件大屠殺案的一個引子，公布的罪狀是擅權枉法。以後朱元璋要殺不順眼的文武臣僚，便拿胡案作底子，隨時加進新罪狀，把它放大、發展。

一放為私通日本，再放為私通蒙古。日本和蒙古，「南倭北虜」，是當時兩大敵人，通敵當然是謀反。三放又發展為串通李善長謀逆，最後成為藍玉謀逆案。罪狀愈多，牽連的罪人也更多。由甲連到乙，乙攀到丙，轉彎抹角像瓜蔓一樣四處伸出去，一網打盡，名為株連。被殺的都以家族作單位，殺一人也就是殺一家。

坐胡案死的著名人物有御史大夫陳寧，中丞塗節，太師韓國公李善長，延安侯唐勝宗，吉安侯陸仲亨，平涼侯費聚，南雄侯趙庸，滎陽侯鄭遇春，宜春侯黃彬，河南侯陸聚，宣德侯金朝興，靖寧侯葉升，中國公鄧鎮，濟寧侯顧敬，臨江侯陳鏞，營陽侯楊通，淮安侯華中，高級軍官毛驤、李伯昇、丁玉和宋濂的孫子宋慎。

宋濂也被牽連，貶死茂州。坐藍黨死的，除大將涼國公藍玉以外，有吏部尚書詹徽，侍郎傅友文，開國公常升，景川侯曹震，鶴慶侯張翼，舳艫侯朱壽，東莞伯何榮，普定侯陳桓，宣寧侯曹泰，會寧侯張溫，懷遠侯曹興，西涼侯濮璵，東平侯韓勳，全寧侯孫恪，瀋陽侯察罕，徽先伯桑敬和，都督黃輅、湯泉等。胡案有《昭示奸黨錄》，藍案有《逆臣錄》，把口供和判案詳細記錄公布，讓全國人都知道這些

「奸黨」的「罪狀」。[15]

被殺公侯中，東莞伯何榮是何真的兒子，何真死於洪武二十一年，被帳下舊校捏告生前黨胡惟庸，勒索兩千兩銀子，何家子弟到御前分析，朱元璋大怒說：「我的法，這廝把作買賣！」把舊校綁來處死。到二十三年，何榮弟崇祖回廣東時：

> 兄把袂連聲：弟弟，今居官禍福頃刻，汝歸難料再會日。到家達知伯叔兄弟，勿犯違法事，保護祖宗，是所願望！

可是，逃過了胡黨，還是逃不過藍黨。何家是嶺南大族，何真在元明之際保障過一方秩序，威望極高，如何放得過？據何崇祖自述：

> 洪武二十六年，族誅涼國公藍玉，扳指公侯文武家，名藍黨，無有分別。自京及天下，赤族不知幾萬戶。長兄四兄宏維暨老幼咸喪。三月二十日夜雞鳴時，家人彭康壽叩門，吾床中聞知禍事，出問故云：「昨晚申時，內官數員帶官軍到衛，城門皆閉。是晚有公差出城，私言今夜抄提員頭山何族，因此奔回。」……軍來甚眾，吾忙呼妻封氏各自逃生。

崇祖一房從此山居島宿，潛形匿跡，一直到三十一年新帝登極大赦，才敢回家安居。[16]

李善長死時已經七十七歲了。帥府元僚，開國首相，替主子辦了三十九年事，兒子做駙馬，本身封國公，富極貴極，到末了卻落得全家誅戮。一年後，有人上疏喊冤說：

善長與陛下同心，出萬死以取天下，勳臣第一，生封公，死封王，男尚公主，親戚拜官，人臣之分極矣。借今欲自圖不軌，尚未可知。而今謂其欲佐胡惟庸者，則大謬不然。人情愛其子，必甚於兄弟之子（善長弟存義子佑是胡惟庸的從女婿）；安享萬全之富貴者，必不僥倖萬一之富貴。善長與惟庸，猶子之親耳，於陛下則親子女也。使善長佐惟庸成，不過勳臣第一而已矣，太師國公封王而已矣，尚主納妃而已矣，寧復有加於今日？且善長豈不知天下之不可幸取：當元之季，欲為此者何限，莫不身為齏粉，覆宗絕祀，能保首領者幾何人哉！

善長胡乃身見之，而以衰倦之年身蹈之也？凡為此者，必有深仇激變，大不得已。父子之間，或至相挾以求脫禍，今善長之子祺，備陛下骨肉親，無纖芥嫌，何苦而忽為此？若謂天象告變，大臣當災，殺之以應天象，則尤不可。臣恐天下聞之，謂功如善長且如此，四方因之解體也。今善長已死，言之無益，所願陛下作戒將來耳。

說得句句有理，字字是理，朱元璋無話可駁，也就算了。[17]

二案以外，開國功臣被殺的，還有謀殺小明王的凶手德慶侯廖永忠，洪武八年以僭用龍鳳不法等事賜死；永嘉侯朱亮祖父子於十三年被鞭死；臨川侯胡美於十七年犯禁伏誅；江夏侯周德興於二十五年以帷薄不修，曖昧的罪狀被殺；二十七年，殺定遠侯王弼、永平侯謝成、潁國公傅友德；二十八年，殺宋國公馮勝。周德興是朱元璋兒時放牛的夥伴，傅友德、馮勝功最高，突然被殺，根本不說有什麼罪過，正合著古人說的「飛鳥盡，良弓藏；狡兔死，走狗烹」的話。[18]

不但列將以次誅夷，甚至堅守南昌七十五日，力拒陳友諒，造成鄱陽湖大捷，奠定王業的功臣，義子親侄朱文正也以「親近儒生，胸懷怨望」被鞭死。[19]義子親甥李文忠，十幾歲便在軍中南征北伐，立下大功，也因為左右多儒生，禮賢下士，有政治野心被毒死。[20]

劉基是幕府智囊，運謀決策，不只有定天下的大功，並且是奠定帝國規模時主要人物，因為主意多，看得準，看得遠，被猜忌最深，洪武元年便被休致回家[21]，又怕隔得太遠會出事，硬拉回南京，終於被毒死。[22]

徐達為開國功臣第一，小心謹慎，也逃不過。洪武十八年病了，生背疽，據說這病最忌吃蒸鵝，病重時皇帝卻特賜蒸鵝，沒辦法，流著眼淚當著使臣的面吃，不多日就死了。[23]

這兩個元勳的特別被注意，被防閒，滿朝文武全知道，給事中陳汶輝曾經上疏公開指出：「今勳舊耆德，咸思辭祿去位，如劉基徐達之見猜，李善長周德興之被謗，視蕭何韓信其危疑相去幾何哉！」[24]

武臣之外，文官被殺的也著實不少。有記載可考的有宋思顏、夏煜、高見賢、凌說、孔克仁，這幾人都是初起事時的幕府僚屬。宋思顏在幕府裡的地位僅次於李善長。夏煜是詩人，和高見賢、楊憲、凌說一夥，專替朱元璋「伺察搏擊」，盡鷹犬的任務，告密栽贓，什麼事全幹，到末了也被人告密，先後送了命。[25]

朝官中有禮部侍郎朱同、張衡，戶部尚書趙勉，吏部尚書余，工部尚書薛祥、秦逵，刑部尚書李質、開濟，戶部尚書茹太素，春官王本，祭酒許存仁，左都御史楊靖，大理寺卿李仕魯，少卿陳汶輝，御史王朴，紀善白信蹈等。[26]外官有蘇州知府魏觀，濟寧知府方克勤，番禺知縣道同，訓導葉伯巨，晉王府左相陶凱等。[27]

茹太素是個剛性人，愛說老實話，幾次為了話不投機被廷杖，降官，甚至鐐足治事。一天，在便殿賜宴，朱元璋賜詩說：「金杯同汝飲，白刃不相饒。」太素磕了頭，續韻吟道：「丹誠圖報國，不避聖心焦！」元璋聽了倒也很感動。不多時還是被殺。

李仕魯是朱熹學派的學者，想學韓文公闢佛，勸皇帝不要太尊崇和尚道士，來發揚朱學。料想著朱熹和皇帝是本家，這著棋準下得不錯，不料皇帝竟不買朱夫子的賬，全不理會。仕魯急了，鬧起迂脾氣，當面交還朝笏，要告休回家。元璋大怒，叫武士把他摜死在階下。

陶凱是御用文人，一時詔令封冊歌頌碑誌多出其手，做過禮部尚書，制定軍禮和科舉制度，只為了起一個別號叫「耐久道人」，犯了忌諱被殺。員外郎張來碩諫止娶已許配的少女作宮人，說「於理未當」，被碎肉而死。參議李飲冰被割乳而死。[28]

葉伯巨在洪武九年以星變上書，論用刑太苛說：

> 臣觀歷代開國之君，未有不以仁德結民心，以任刑失民心者，國祚長短，悉由於此……議者曰宋元中葉，專事姑息，賞罰無章，以致亡滅。主上痛懲其敝，故制不宥之刑，權神變之法，使人知懼而莫測其端也。臣又以為不然。開基之主，垂範百世，一動一靜，必使子孫有所持守，況刑者國之司命，可不慎歟！
>
> 夫笞、杖、徒、流、死，今之五刑也。用此五刑，既無假貸，一出乎大公至正可也。而用刑之際，多裁自聖衷，遂使治獄之吏，務趨求意志，深

刻者多功，平反者得罪，欲求治獄之平，豈易得哉！近者特旨雜犯死罪，免死充軍，又刪定舊律諸則，減宥有差矣。然未聞有戒敕治獄者，務從平恕之條，是以法司猶循故例，雖聞寬宥之名，未見寬宥之實。所謂實者，誠在主上，不在臣下也。故必有罪疑惟輕之意，而後好生之德洽於民心，此非可以淺淺期也。何以明其然也？

古之為士者以登仕為榮，以罷職為辱，今之為士者以溷跡無聞為福，以受玷不錄為幸，以屯田工役為必獲之罪，以鞭笞捶楚為尋常之辱。其始也，朝廷取天下之士，網羅捃摭，務無餘逸，有司敦迫上道，如捕重囚。比到京師，而除官多以貌選，所學或非其所用，所用或非其所學。洎乎居官，一有差跌，苟免誅戮，則必在屯田工役之科，率是為常，不少顧惜。此豈陛下所樂為哉！

誠欲人之懼而不敢犯也。竊見數年以來，誅殺亦可謂不少矣，而犯者相踵，良由激勸不明，善惡無別，議賢議能之法既廢，人不自勵而為善者怠也。有人於此，廉如夷齊，智如良平，少戾於法，上將錄長棄短而用之乎？將捨其所長苛其所短而置之法乎？

苟取其長而捨其短，則中庸之材爭自奮於廉智；倘苛其短而棄其長，則為善之人皆曰某廉若是，某智若是，朝廷不少貸之，吾屬何所容其身乎？致使朝不謀夕，棄其廉恥，或自掊克，以備屯田工役之資者，率皆是也。若是非用刑之煩者乎！漢嘗徙大族於山陵矣，未聞實之以罪人也，今鳳陽皇陵所在，龍興之地，而率以罪人居之，怨嗟愁苦之聲，充斥園邑，殆非所以恭承案廟意也。

朱元璋看了氣極，連聲音都發抖了，連聲說道這小子敢如此！快逮來！我要親手射死他！隔了些日子，中書省官趁他高興的時候，奏請把葉伯巨下刑部獄，不久死在獄中。[29]

照規定，每年各布政使司和府州縣都得派上計吏到戶部，核算錢糧軍需等賬目，數目瑣碎畸零，必須府合省，省合部，一層層上去，一直到部裡審核報銷，才算手續完備。錢穀數字有分毫升合不符合，整個報銷冊便被駁回，得重新填造。布政使司離京師遠的六七千里，近的也是三四千里，冊子重造不打緊，要有衙門的印才算合法，為了蓋這顆印，來回時間就得一年半載。為了免得部裡挑剔，減除來回奔走的麻煩，上計吏照例都帶有預先備好的空印文書，遇有部駁，隨時填用。

到洪武十五年，朱元璋忽然發覺這事，以為一定有弊病，大發雷霆，下令地方各衙門的長官主印者一律處死，佐貳官杖一百充軍邊地。其實上計吏所預備的空印文書是騎縫印，不能作為別用，也不一定用得著，全國各衙門都明白這道理，連戶部官員也是照例默認的，算是一條不成文法律。可是案發後，朝廷上誰也不敢說明詳情，有一個不怕死的老百姓，拼著命上書把這事解釋明白，也不中用，還是把地方長吏一殺而空。

當時最有名的好官濟寧知府方克勤（建文朝大臣方孝孺的父親）也死在這案內。上書人也被罰充軍。[30]

郭桓是戶部侍郎。洪武十八年，有人告發北平二司官吏和郭桓通同舞弊，從六部左右侍郎以下都處死刑，追贓七百萬，供詞牽連到各直省官吏，死的又是幾萬人。追贓又牽連到全國各地，中產之家差不多全被這案子搞得傾家蕩產，財破人亡。這案子激蕩了整個社會，也大傷了中產階級和中下級官僚的心，大家都指斥攻擊告發此案的御史和審判官，議論沸騰，情勢嚴重。朱元璋一看不對，趕緊下手詔條列郭桓等罪狀，說是：

> 戶部官郭桓等收受浙西秋糧，合上倉四百五十萬石，其郭桓等止收六十萬石上倉，鈔八十萬錠入庫，以當時折算，可抵二百萬石，餘有一百九十萬石未曾上倉。其桓等受要浙西等府鈔五十萬貫，致使府州縣官黃文等通同刁頑人吏邊源等作弊，各分入己。
>
> 其應天等五府州縣數十萬沒官田地，夏秋稅糧，官吏張欽等通同作

> 弊，並無一粒上倉，與同戶部官郭桓等盡行分受。
>
> 其所盜倉糧，以軍衛言之，三年所積賣空。前者榜上若欲盡寫，恐民不信，但略寫七百萬耳。若將其餘倉分並十二布政司通同盜賣見在倉糧，及接受浙西等府鈔五十萬張賣米一百九十萬不上倉，通算諸色課程魚鹽等項，及通同承運庫官范朝宗偷盜金銀，廣惠庫官張裕妄支鈔六百萬張，除盜庫見在金銀寶鈔不算外，其賣在倉稅糧及未上倉該收稅糧及魚鹽諸色等項，共折米算，所廢者二千四百餘萬（石）精糧。

意思是追贓七百萬還是聖恩寬容，認真算起來該有兩千四百萬，這幾萬人死得絕不委屈。話雖如此說，到底覺得有些不妥，只好借審刑官的頭來平眾怒，把原審官殺了一批，再三申說，求人民的諒解。[31]一年後，他又特別指出：「自開國以來，惟兩浙江西兩廣福建所設有司官，未嘗任滿一人，往往未及終考，自不免於贓貪。」[32]可見殺這些貪官污吏是不錯的，是千該萬該的。

不過，倒過來說，殺了二十年的貪官污吏，而貪官污吏還是那麼多，沿海比較富饒區域的地方官，二十年來甚至沒有一個能夠做滿任期，都在中途犯了貪贓的罪，由此可見專制獨裁的統治官僚政治和貪污根本分不開，單用嚴刑重罰、恐怖屠殺去根絕貪污，是不可能有什麼效果的。

在鞭笞、苦工、剝皮、抽筋，以至抄家滅族的威脅空氣中，凡是做官的，不論大官小官，近臣遠官，隨時隨地都會有不測之禍，人人在提心吊膽、戰戰兢兢過日子。

這日子過得太緊張了，太可怕了，有的人實在受不了，只好辭官，回家當老百姓。不料又犯了皇帝的忌諱，說是不肯幫朝廷做事：「奸貪無福小人，故行誹謗，皆說朝廷官難做。」[33]大不敬，非殺不可。沒有做過官的儒士，怕極了，躲在鄉間不敢出來應考做官，他又下令地方官用種種方法逼他們出來，「有司敦迫上道，如捕重囚」。還立下一條法令，說是：「率土之濱，莫非王臣，寰中士大夫不為君用，是自外其教者，誅其身而沒其家，不為之過。」[34]

貴溪儒士夏伯啟叔侄各剁去左手大指，立誓不做官，被拿赴京師面審，元璋氣呼呼地發問：「昔世亂居何處？」回說：「紅寇亂時，避兵於福建江西兩界間。」不料紅寇這名詞正刺著皇帝的痛處：

> 朕知伯啟心懷憤怒，將以為朕取天下非其道也。特謂伯啟曰：爾伯啟言紅寇亂時，意有他忿。今去指不為朕用，宜梟令籍沒其家，以絕狂愚夫仿效之風。

特派法司押回原籍處決。[35]蘇州人才姚潤、王謨被征不肯做官，也都被處死，全家籍沒。[36]

洪武朝朝臣倖免於屠殺的，只有幾個例子：一個是大將信國公湯和，原是朱元璋同村子人，一塊兒長大的看牛夥伴，比元璋大三歲。起兵以後，諸將地位和元璋不相上下的，都鬧彆扭，不聽使喚，只有湯和規規矩矩，小心聽話，服從命令。到晚年，徐達、李文忠死已多年，湯和宿將功高，明白老夥伴脾氣，對於諸大將兵權在握心裡老大不願意，苦的是嘴裡說不出。他便首先告老交回兵權，元璋大喜，立刻派官給他在鳳陽蓋府第，賞賜稠渥，特別優厚，算是僥倖老死在床上。[37]

一個是外戚郭德成，郭寧妃的哥哥。一天他陪朱元璋在後苑喝酒，醉了趴在地上去冠磕頭謝恩，露出稀稀的幾根頭髮，元璋笑著說：「醉瘋漢，頭髮禿到這樣，可不是酒喝多了。」德成仰頭說：「這幾根還嫌多呢，剃光了才痛快。」元璋不作聲。德成酒醒，才知道闖了大禍，怕得要死，索性裝瘋，剃光了頭，穿了和尚衣，成天念佛。元璋信以為真，告訴寧妃說：「原以為你哥哥說笑話，如今真個如此，真是瘋漢。」不再在意，黨案起後，德成居然漏網。[38]

一個是御史袁凱。有一次朱元璋要殺許多人，叫袁凱把案卷送給皇太子復訊。皇太子主張從寬。袁凱回報，元璋問：「我要殺人，皇太子卻要寬減，你看誰對？」袁凱不好說話，只好回答：「陛下要殺是守法，東宮要赦免是慈心。」元璋大怒，以為袁凱兩頭討好，腳踏兩頭船，老滑頭，要不得。袁凱大懼，假裝瘋癲。元璋說瘋子不怕痛，叫人拿木鑽來刺他的皮膚，袁凱咬緊牙齒，忍住不喊痛。回家後，自己拿鐵鍊鎖住脖子，蓬頭垢面，滿口瘋話，元璋還是不放心，派使者去召他做官，袁凱瞪眼對使者唱月兒高曲，爬在籬笆邊吃狗屎，使者回報果然瘋了，才不追究。

這一次朱元璋卻受了騙，原來袁凱預先叫人用炒麵拌砂糖，捏成段段，散在籬笆下，爬著吃了，救了一條命，朱元璋哪裡會知道？[39]

吳人嚴德珉由御史升左僉都御史，因病辭官，犯了忌諱，被黥面充軍南丹（今廣西），遇赦放還，布衣徒步做老百姓，誰也不知道他曾做過官，到宣德時還很健朗。一天因事被御史所逮，跪在堂下，供說也曾在台勾當公事，頗曉三尺法度。御史問是何官，回說洪武中台長嚴德珉便是老夫。御史大驚謝罪，第二天去拜訪，卻早已挑著鋪蓋走了。有一個教授和他喝酒，見他臉上刺字，頭戴破帽，問老人家犯什麼罪過，德珉說了詳情，並說先時國法極嚴，做官的多半保不住腦袋。說時還北面拱手，嘴裡連說「聖恩！聖恩！」[40]

元璋有一天出去私訪，到一破寺，裡邊沒有一個人，牆上畫一布袋和尚，有詩一首：「大千世界浩茫茫，收拾都將一袋藏，畢竟有收還有放，放寬些子又何妨。」墨蹟還新鮮，是剛畫剛寫的，趕緊使人去搜索，已經不見了。[41]

這故事不一定是真實的，不過，所代表的當時人的情緒卻是真實的。

文字獄／明太祖的恐怖政治

雖然在《大明律》上並沒有這一條，說是對皇帝的文字有許多禁忌，違犯了就得殺頭，但是，在明初，百無是處的文人，卻為了幾個方塊字，不知道被屠殺了多少人，被毀滅了多少家族。

所謂禁忌，含義是非常廣泛的。例如朱元璋從小窮苦，當過和尚，和尚的特徵是光頭，沒有頭髮，因之不但「光」「禿」這一類字犯忌諱，就連「僧」這個字也被討厭，推而廣之，連和「僧」字同音的「生」字也不喜歡。又如他早年是紅軍的小兵，紅軍在元朝政府和地主官僚士大夫的口頭上、文字上，是被叫作紅賊紅寇的，做過賊的最恨人提起「賊」字，不管說的是誰，總以為罵的是他，推而廣之，連和「賊」字形相像的「則」字也看著心虛了。

這一類低能的護短的禁忌心理，在平常人，最多是罵一場，打一架，可是皇帝就不同了，嚴重了，一張嘴，一個條子，就是砍頭、抄家、滅族。法律，刑章，不過為對付老百姓用的，皇帝在法律之上，在法律之外，而且，還可以為自己的方便，臨時添進一兩款，弄得名正言順；要不然，做皇帝的圖的是什麼呢？

大明帝國的第一代皇帝，從小失學，雖然曾經在皇覺寺混了一些日子，從佛經裡生吞活剝認了幾個字，後來在行伍裡和讀書人搞在一起，死命記，刻苦學，到發跡了，索性請了許多文人學者來講學，更明白往古還有許多大道理。可是，到底根基差，認字不太多，學問不到家，許多字認不真，加上心虛護短的自卑心理，憑著有百萬大軍的威風，濫用權力，就隨隨便便糊裡糊塗殺了無數文人，造成明初的文字獄。

他的自卑心理，另一現象就是賣弄身分。論出身，既不是像周文王那樣的王子王孫，也不是隋文帝那樣世代將門；論祖先，既搬不出堯子舜孫那一套，也不會像唐朝拉李耳、宋朝造趙玄朗那玩意；父親祖父是佃農，外祖是巫師，沒什麼值得誇耀的。為了怕人訕笑，索性強調自己是無根基的，沒來頭的，不是靠祖宗先人基業起家的。在口頭上，在文字上，甚至在正式的詔書上，一張嘴，一動筆，總要插進「朕本淮右布衣」，或者「江左布衣」，以及「匹夫」「起自田畝」「出身寒微」一類的話；尤其是「布衣」這一名詞，仔細研究他的詔書，差不多很難找出不提這兩個字的。

強烈的自卑感表現為自尊，自尊為同符漢高祖，原來歷史上的漢高祖也和他一樣，是個平民出身的大皇帝。不斷地數說，成為賣弄，賣弄他赤手空拳，沒一寸地打出來的天下。可是，儘管他左一個「布衣」，右一個「布衣」，以至「寒微」之類，一套口頭禪，像是說得很俐落，卻絕不許人家如此說，一說就以為是挖苦他的根基，又是一場血案。

其實，他又何嘗不想攀一個顯赫知名的人作祖宗，只是被人點破，不好意思而已。據說，當他和一批文臣商量修《玉牒》（家譜）的時候，原來打算拉宋朝的朱熹作祖先的。恰好一個徽州人姓朱做典史的來朝見，他打算拉小家，就問：「你是朱文公的子孫嗎？」這人不明底細，又怕撒謊會闖禍，只好回說不是。

他一想，區區的典史尚且不肯冒認別人作祖宗，堂堂大皇帝又怎麼可以？而且幾代以前也從沒有聽說和徽州有過瓜葛，萬一硬聯上，自給人做子孫倒不打緊，被識破了落一個話柄，如何值得？只好打消了這念頭，不做名儒的後代，卻向他的同志漢高祖去看齊了。[42]

文字獄的經過如此：

地方三司官和知府知縣、衛所官，逢年過節和皇帝生日以及皇家喜慶所上的表箋，照例委託學校教官代作。雖然都是陳詞濫調刻板一套頌聖的話，朱元璋偏喜歡仔細閱讀，挑出恭維話來娛悅自己。當然也知道這些話只是文字的堆砌，沒有真感情，不過，總算綜合了文字上的好字眼來歌頌，看了也不由得肌肉發鬆，輕飄飄有飛上雲霧裡的快感，緊繃繃的臉腮上有時候也不免浮出一絲絲的笑意來。不料看多了，便出問題：怎麼全是說我好的？被屠宰的豬羊會對屠夫討好感謝？推敲又推敲，總覺得有些字在紙上跳動，在說你這個暴君，這個屠戶，窮和尚，小叫花，反賊，強盜，一些不愉快的往事讓他的心靈苦惱。

他原來不是使小心眼的人，更不會挑剔文字。從渡江以後，很得到文人的幫忙。開國以後，朝儀制度，軍衛、戶籍、學校等等典章規程又多出於文人的計畫，使他越發看重文人，以為治國非用文人不可。百戰功高的勳臣們很感覺不平，以為我們流血百戰，卻讓這些瘟書生來當權，多少次向皇帝訴說，都不理會。

商量多時，生出主意，一天又向皇帝告狀，元璋還是那一套老話，說是世亂用武，世治宜文，馬上可以得天下，不能治天下，總之，治天下是非文人不可的。有人就說：「不過文人也不能過於相信，太相信了會上當的。一般的文人好挖苦譏謗，拿話刺人，譬如張九四一輩子寵待儒生，好房子，大薪水，三日一小宴，五日一大宴，把文人捧上天，做了王爺後，要起一個官名，有人取為士誠。」

元璋說：「不錯啊，這名字不錯。」那人說：「不然，上大當了。《孟子》上有『士，誠小人也』。把這句話連起來，割裂起來念，就讀成『士誠，小人也』。罵他是小人，他哪裡懂得，給人叫了半輩子小人，到死還不明白，真是可憐。」[43]元璋聽了這番話，正中痛處，從此加意讀表箋，果然滿紙都是和尚賊盜，句句都是對著他罵的，有的成語，轉彎抹角揣摩了半天，也是損他的，一怒之下，叫把這些作文字的文人，一概拿來殺了。

文字獄的著名例子，如浙江府學教授林元亮替海門衛作謝增俸表，有「作則垂憲」一句話，北平府學訓導趙伯寧為都司作賀萬壽表，有「垂子孫而作則」一語，福州府學訓導林伯璟為按察使撰賀冬表的「儀則天下」，桂林府學訓導蔣質為布政使按察使作正旦賀表的「建中作則」，澧州學正孟清為本府作賀冬表的「聖德作則」。

他把所有的「則」都念成「賊」。當州府學訓導蔣鎮為本府作正旦賀表，有「睿性生知」，「生」字被讀作「僧」。懷慶府學訓導呂睿為本府作謝賜馬表：「遙瞻帝扉」，「帝扉」被讀成「帝非」。祥符縣學教諭賈翥為本縣作正旦賀表的「取法象魏」，「取法」讀作「去髮」。亳州訓導林雲為本府作謝東宮賜宴箋「式君父以班爵祿」，「式君父」硬被念成「失君父」，說是詛咒。尉氏縣教諭許元為本府作萬壽賀表：「體乾法坤，藻飾太平。」更嚴重了，「法坤」是「髮髡」，「藻飾太平」是「早失太平」。德安府縣訓導吳憲為本府作賀立太孫表：「永紹億年，天下有道，望拜青門。」「有道」變成「有盜」，「青門」當然是和尚廟了。都一概處死。甚至陳州學訓導周冕為本州作賀萬壽表的「壽域千秋」，念不出花樣來的也是被殺。[44]

象山縣教諭蔣景高以表箋誤被逮赴京師斬於市。[45]杭州教授徐一夔賀表有「光天之下，天生聖人，為世作則。」元璋讀了大怒說：「『生』者，僧也，罵我當過和尚。『光』是剃髮，說我是禿子，『則』音近賊，罵我做過賊！」立刻逮來殺了。嚇得禮部官魂不附體，求皇帝降一道表式，使臣民有所遵守。[46]

> 洪武二十九年七月特派翰林院學士劉三吾、右春坊右贊善王俊華撰慶賀謝恩表箋成式，頒布天下諸司，以後凡遇慶賀謝恩，如式錄進。[47]

文字獄從洪武十七年到二十九年（一三八四—一三九六）前後經過十三年。[48]唯一倖免的文人是翰林編修張某，此人在翰林院時說話太直，被貶作山西蒲州學正，照例作慶賀表，元璋特別記得這人名字，看表詞裡有「天下有道」「萬壽無疆」，發怒說：「這老頭還罵我是強盜」，差人逮來面訊，說是：「把你送法司，更有何話可說？」

張某說：「只有一句話，說了再死也不遲。陛下不是說過表文不許杜撰，都要出自經典，要有根有據的話嗎？『天下有道』，是孔子的格言，『萬壽無疆』是《詩經》裡的成語，說臣誹謗，不過如此。」元璋無話可說，想了半天，才說：「這老頭還嘴強，放掉吧！」左右侍從私下談論：「幾年來才見容了這一個人！」[49]

有一個和尚叫來復，巴結皇帝，作一首謝恩詩，有「殊域」和「自慚無德頌陶唐」之句。元璋大生氣，以為「殊」字分為歹朱，明明罵我，又說「無德頌陶唐」，是說我無德，雖欲以陶唐頌我而不能，又把這亂討好的和尚斬首。[50]

在戡亂建國聲中，文人作反戰詩也是犯罪的。僉事陳養浩有詩云：「城南有嫠婦，夜夜哭征夫。」元璋恨他動搖士氣，取到湖廣，投在水裡淹死。[51]甚至作一首宮詞，也會被借題處死。翰林編修高啟作題宮女圖詩，有云：「小犬隔花空吠影，夜深宮禁有誰來？」元璋以為是諷刺他的，恨在心頭。蘇州知府魏觀改修府治被殺，元璋知道上樑文又是高啟寫的，舊仇新罪都發，把高啟腰斬。[52]

地方官報告就本身職務有所陳請，一字之嫌，也會送命，盧熊做兗州知州，具奏州印「兗」字誤類「袞」字，請求改正，元璋極不高興，說：「秀才無理，便道我滾哩！」原來又把「袞」字纏作「滾」字了。不久，盧熊終於以黨案被誅。[53]

從個人的避忌進一步便發展為廣義的避忌了。洪武三年禁止小民取名用天、國、君、臣、聖、神、堯、舜、禹、湯、文、武、周、漢、晉、唐等字，洪武二十六年出榜禁止百姓取名太祖、聖孫、龍孫、黃孫、王孫、太叔、太兄、太弟、太師、太保、太傅、大夫、待詔、博士、太醫、太監、大官、郎中字樣，並禁止民間久已習慣的稱呼，如醫生只許稱醫士、醫人、醫者，不許稱太醫、大夫、郎中，梳頭人只許稱梳篦人或稱整容，不許稱待詔，官員之家火者，只許稱閽者，不許稱太監，違者都處重刑。[54]

不只是文字，甚至口語也有避忌。傳說有一次他便裝出外察訪，有一老婆子和人談話，提起上位（明初人對皇帝的私下稱呼）時，左一個老頭兒，右一個老頭兒，當時不好發作，走到徐達家，繞著屋子踱來踱去，氣得發抖，後來打定主意，傳令五城兵馬司帶隊到那老婆子住的地方，把那一帶民家都給抄沒了，回報時他還啞著嗓子說：「張士誠占據東南，吳人到現在還叫他張王，我做了皇帝，這地方的老百姓居然叫我老頭兒，真氣死人，氣死人！」[55]

其他文人被殺的如處州教授蘇伯衡以表箋誤論死；太常丞張羽曾代撰滁陽王廟碑，坐事投江死；河南左布政使徐賁下獄死；蘇州經歷孫坐曾為藍玉題畫，泰安州知府王蒙坐嘗謁胡惟庸，在胡家看畫，王行坐曾做藍玉家館客，都以黨案論死。蘇伯衡和王行都連兩個兒子同命，一家殺絕。郭奎曾參朱文正大都督府軍事，文正被殺，奎也論死。

王彝曾修《元史》，坐魏觀案和高啟同死。同修《元史》的山東副使張孟兼、博野知縣傅恕和福建僉事謝肅，都坐事死。何真幕府裡的人物，嶺南五先生之一的趙介，死在被逮途中。初定金華時，羅致幕中講述經史的戴良，堅決不肯做官，得罪自殺。不死的，如曾修《元史》的張宣，謫徙濠梁；楊基被謫罰做苦工，一直到死；烏斯道謫役定遠；唐肅謫佃濠梁；顧德輝父子在吳平後，並徙濠梁，都算是萬分僥倖的了。[56]

明初的著名詩人吳中四傑：高啟、楊基、張羽、徐賁，沒有一個是善終的。

元璋晚年時，所最喜歡的青年才子解縉，奉命說老實話，上萬言書說：

臣聞令數改則民疑，刑太繁則民玩。國初至今將二十載，無幾時不變之法，無一日無過之人。嘗聞陛下震怒，鋤根剪蔓，誅其奸逆矣，未聞褒一大善，嘗延於世，復及其鄉，終始如一者也。陛下進入不擇賢否，授職不量重輕。建不為君用之法，所謂取之盡錙銖，置朋奸倚法之條，所謂用之如泥沙。監生進士經明行修，而多屈於下僚，孝廉人材冥蹈瞽趨，而或布於朝省，椎埋嚚悍之夫，闒茸下愚之輩，朝捐刀鑷，暮擁冠裳，左棄筐篋，右綰組符。

是故賢者羞為之等列，庸人悉習其風流，以貪婪苟免為得計，以廉潔受刑為飾辭。出於吏部者無賢否之分，入於刑部者無枉直之判，天下皆謂陛下任喜怒為生殺，而不知皆臣下之乏忠良也。夫罪人不孥，罰弗及嗣，連坐起於秦法，孥戮本於偽書。今之為善者，妻子未必蒙榮，有過者里胥必陷其罪，況律以人倫為重，而有給配之條，聽之於不義，則又何取夫節義哉？此風化之所由也。

所說全是事實。迫文人做官則取之盡錙銖，做了官再屠殺，簡直像泥沙一樣，毫不動心；稍不如意便下刑部，一進刑部是沒有冤枉可訴的；而且，不但罰延及嗣，連兒子一起殺，甚至妻女也不免受辱，聽憑官家給配。真是任喜怒為生殺，和「臣下乏忠良」何干？解縉這麼說，只是行文技巧，不給上位太難堪而已。元璋讀了，連說：「才子！才子！」可見他自己也是心服的。[57]

網羅布置好了，包圍圈逐漸縮小了，蒼鷹在天上盤旋，獵犬在追逐，一片號角聲、吶喊聲、呼鷹喚狗聲，已入網的文人一個個斷脰破胸，呻吟在血泊中。在網外圍外的在戰慄，在恐懼，在逃避，在偽裝。前朝老文學家楊鐵崖（維楨）被征，婉辭謝絕，說快死的老太婆不能再嫁人了，賦《老客婦謠》明志，抵死不肯做官，被迫勉強到南京打一轉，請求還山，宋濂贈詩說：「不受君王五色詔，白衣宣至白衣還。」[58]

胡翰、趙壎、陳基修《元史》成後，即刻回家。張昱被征，元璋看他老態龍鍾，說是回家去吧，可以閒一閒了，因自號為可閒老人。王逢是張士誠的館客，吳亡，隱居不起，洪武十五年被征，地方官押送上路，虧得兒子做通事司令的，向皇帝磕頭苦求，才放回去。高則誠（明）以老疾辭官，張憲隱姓埋名，寄食僧寺，丁鶴年學佛廬墓，都得逍遙網外，終其天年。[59]

開國謀臣秦從龍避亂鎮江，元璋先囑徐達訪求，又特派朱文正、李文忠到門延聘，親自到龍灣迎接，事無大小，都和他商量，稱為先生而不名，有時用竹板寫字問答，連左右侍從都不知道他們說的是什麼；儒臣中禮貌優厚，沒人能比得上。陳遇在幕中被比作伊呂諸葛，最為親信，元璋做吳王，辭做供奉司丞，稱帝後，三次辭翰林學士，又辭中書左丞，辭禮部侍郎兼弘文館大學士，辭太常少卿，最後又辭做禮部尚書，元璋無法，要派他的兒子做官，還是不肯；他在左右勸少殺人，替得罪臣僚說好話，密謀秘計，外人無法與聞。他越是不肯做官，元璋對他越敬重，見面稱先生或君子，寵禮在勳戚大臣之上。這兩人都不做官，都為元璋所信任尊重，都能平安老死，和劉基那樣被猜毒死，宋濂那樣暮年謫死，真是不可同日而語了。[60]

元璋渡江以前幕府裡的主要人物，還有一人名田興，金陵下後便隱遁江湖，元璋多方設法尋訪，都不肯回來。洪武三年又派專使以手書敦勸說：

元璋見棄於兄長，不下十年，地角天涯，未知雲遊之處，何嘗暫時忘也。近聞打虎留江北，為之喜不可抑。兩次詔請，更不得以勉強相屈。文臣好弄筆墨，所擬詞意，不能盡人心中所欲言。特自作書，略表一二，願兄長聽之：昔者龍鳳之僭，兄長勸我自為計，又復辛苦跋涉，參謀行軍。一旦金陵下，告遇春曰：大業已定，天下有主，從此浪跡江湖，安享太平之福，不復再來多事矣。我故以為戲言，不意真絕跡也。

皇天厭亂，使我滅南盜，驅北賊，無才無德，豈敢妄自尊大，天下遽推戴之，陳友諒有知，徒為所笑耳。三年在此位，訪求山林賢人，日不暇給。兄長移家南來，離京甚近，非但避我，且又拒我。昨由去使傳信，令人聞之汗下。雖然，人之相知，莫如兄弟，我二人者不同父母，甚於手足，昔之憂

> 患，與今之安樂，所處各當其事，而平生交誼，不為時勢變也。
>
> 世未有兄因弟貴，惟是閉門逾垣以為得計者也。皇帝自是皇帝，元璋自是元璋，元璋不過偶然做皇帝，並非做皇帝便改頭換面，不是朱元璋也。本來我有兄長，並非做皇帝便視兄長如臣民也。願念兄弟之情，莫問君臣之禮，至於明朝事業，兄長能助則助之，否則，聽其自便。只敘兄弟之情，斷不談國家之事。美不美？江中水，清者自清，濁者自濁，再不過江，不是腳色。[61]

情辭懇切到家，還是不理。此人神龍見首不見尾，如實有其人，可說是第一流人物，也是最瞭解他小兄弟性格的一個人物。

特務網／受過嚴苛訓練的特種偵探

專制獨裁的政權，根本是反人民的，靠吮吸人民的血汗，奴役人民的勞力而存在。為了利益的獨占和持續，甚至對他自己的工具或者僕役——官僚和武將，也非加以監視和偵察不可。雖然在對人民的剝削掠奪這一共同基礎上，皇權和士大夫軍官是一致的，但是，官僚武將過分的膨脹，又必然會和皇權引起內部衝突。

皇帝站在金字塔的尖端，在尊嚴的神聖的寶座下面，是一座火山。有廣大的憤怒的人民，有兩頭拿巧的官僚，有強悍跋扈的武將，在醞釀力量，在組織力量。

推翻元朝統治的不就是蚩蚩粥粥，老實得說不出話，扛竹竿鋤頭的農民？使張九四終於不能成事的，不就是那些專為自己打算，貪污舞弊的文士和帶歌兒舞女上陣的將軍？歷史上，曹操、司馬懿、劉裕一個吃一個，篡位的是士大夫，幫凶的又何嘗不是士大夫？至於趙匡胤陳橋兵變，黃袍加身，那更用不著說了。這位子誰不想坐？「彼可取而代之也！」誰不想做皇帝？

沒有做皇帝之先，用陰謀，用武力，使盡一切可能的力量去破壞，從而取得政權。做了皇帝之後，用陰謀，用武力，使盡一切可能的力量來不許破壞，鎮壓異己，維持既得利益，一句話，絕對禁止別人企圖做皇帝，或對他不忠。

要嚴密做到鎮壓「異圖」「不忠」，鞏固已得地位，光是公開的軍隊和法庭，光是公布的律例和刑章是不夠用的。可能軍隊裡法庭裡，就有對現狀不滿的分子，可能軍隊裡法庭裡，就有痛恨這種統治方式的人們。得有另外一套，得有一批經過挑選訓練的特種偵探，得有經過嚴格組織的特種「機構」和特種監獄，用秘密的方法，偵伺，搜查，逮捕，審訊，處刑。

在軍隊裡，學校裡，政府衙門中，在民間集會場所，私人住宅，交通孔道，大街小巷，處處都有一些特殊人物在活動。執行這些任務的特種組織和人物，在漢有「詔獄」和「大誰何」，三國時有「校事」，唐有「麗競門」和「不良人」，五代有「侍衛司獄」，宋有「詔獄」和「內軍巡院」，明初有「檢校」和「錦衣衛」。

檢校的職務是「專主察聽在京大小衙門官吏不公不法，及風聞之事，無不奉聞」。最著名的頭子之一叫高見賢，和僉事夏煜、楊憲、凌說，成天做告發人陰私的勾當，「伺察搏擊」。兵馬指揮丁光眼巡街生事，凡是沒有路引的，都捉拿充軍。元璋嘗時說：「有這幾個人，譬如人家養了惡犬，則人怕。」[62]

楊憲曾經以左右司郎中參贊浙江行省左丞李文忠軍事，元璋囑咐：「李文忠是我外甥，年輕未歷練，地方事由你作主張，如有差失，罪只歸你。」後來楊憲就告訐李文忠用儒士屠性、孫履、許元、王天錫、王禕干預公事，屠性、孫履被誅，其餘三人被罰發充書寫；因之得寵，歷升到中書左丞，元璋有意要他做宰相，楊憲就和凌說、高見賢、夏煜在元璋面前訴說李善長不是做宰相的材料。胡惟庸急了，告訴李善長：「楊憲若做相，我們兩淮人就不得做大官了。」楊憲使人劾奏右丞汪廣洋流放海南，淮人也合力反攻楊憲：「排陷大臣，放肆為奸。」到底淮幫力量大，楊憲以告訐發跡，也以被告訐誅死。[63]

高見賢建議：「在京犯贓經斷官吏，不無怨望，豈容輦轂之下住坐？該和在外犯贓官吏發去江北和州無為開墾荒田。」後來他自己也被楊憲舉劾受贓，發和州種田，先前在江北種田的都指著罵：「此路是你開，你也來了，真是報應！」不久被殺。夏煜、丁光眼也犯法，先後被殺。[64]

親衛軍官做檢校的，有金吾後衛知事靳謙，元璋數說他的罪狀：「朕以為必然至誠，托以心腹，雖有機密事務，亦曾使令究焉。」[65]有何必聚：龍鳳五年派帳下衛士何必聚往探江西袁州守將歐平章動靜，以斷歐平章家門前二石獅尾為證，占袁州後，查看果然不錯。[66]

有小先鋒張煥，遠在初克婺州時，就做元璋的親隨伴當從行先鋒，一晚，元璋出去私訪，遇到巡軍攔阻，喝問是誰，張煥說：「是大夫」，巡軍發氣：「我不知道大夫是什麼人，但是犯夜的就逮捕住。」解說了半晌才弄清楚。樂人張良才說平話，擅自寫省委教坊司招子，貼市門柱上，被人告發，元璋發怒說：「賤人小輩，不宜寵用！」叫小先鋒張煥捆住樂人，丟在水裡。龍鳳十二年以後，經常做特使到前方軍中傳達命令。[67]

有毛驤和耿忠，毛驤是早期幕僚毛騏的兒子，以舍人做親隨，用作心腹親信，和耿忠奉派到江浙等處訪察官吏、民間疾苦。毛驤從管軍千戶積功做到都督僉事，掌錦衣衛事，典詔獄，被牽入胡惟庸黨案伏誅，耿忠做到大同衛指揮，也以貪污案處死。[68]

除文官武將做檢校以外，和尚也有被選拔做這門工作的。吳印、華克勤等人，都還俗做了大官，替皇帝做耳目，報告外間私人動止。大理寺卿李仕魯上疏力爭，以為「自古帝王以來，未聞縉紳緇流雜居同事而可以共濟者也。今勳舊耆德，咸思辭祿去位，而緇流檢夫乃益以讒間。」並具體指出劉基、徐達、李善長、周德興的被猜疑被讒謗，都是這批出家檢校造的孽。[69]

檢校的足跡是無處不到的，元璋曾派人去察聽將官家，有女僧誘引華高、胡大海妻敬奉西僧，行金天教法，元璋大怒，把兩家婦人連同和尚一起丟在水裡。[70] 吳元年得到報告，要前方總兵官把「一個摩泥（摩尼教徒）取來」。

洪武四年（一三七一）手令：「如今北平都衛裡及承宣布政司裡快行，多是彼土人民為之。又北平城內有個黑和尚出入各官門下，時常與各官說些笑話，好生不防他。又一名和尚係是江西人，秀才出身，前元應舉不中，就做了和尚，見在城中與各官說話。又火者一名姓崔，係總兵官莊人，本人隨別下潑皮高麗黑哄隴問，又有隱下的高麗不知數。造文書到時，可將遣人都教來，及那北平、永平、密雲、薊州、遵化、真定等處鄉市，舊有僧尼，盡數起來。都衛快行承宣布政司快行，盡數發來。一名太醫江西人，前元提舉，即自在各官處用事。又指揮孫蒼處有兩個回回，金有讓孚家奴也教發來。」[71]調查得十分清楚。

傅友德出征賜宴，派葉國珍做陪，撥與朝妓十餘人。正飲宴間，有內官覘視，說是國珍令妓婦脫去皂帽褙子，穿華麗衣服混坐。元璋大怒，令壯士拘執葉國珍，與妓婦連鎖於馬坊，妓婦劓去鼻尖。國珍說：「死則死，何得與賤人同鎖？」元璋說：「正為你不分貴賤，才這樣對你。」鞭訖數十，發瓜州做壩夫。[72]

錢宰被徵編《孟子節文》，罷朝吟詩：「四鼓鼕鼕起著衣，午門朝見尚嫌遲，何時得遂田園樂？睡到人間飯熟時。」有人給打報告了，第二天元璋對他說：「昨天作的好詩，不過我並沒嫌呵，改作憂字如何？」錢宰嚇得磕頭謝罪。[73]

宋濂性格最為誠謹，有一天請客喝酒，也被皇帝注意了，使人偵視，第二天當面發問，昨天喝酒了沒有，請了哪些客，備了什麼菜？宋濂老老實實回答，元璋才笑說：「全對，沒有騙我。」[74]

吳琳以吏部尚書告老回黃岡，元璋不放心，派人去察看，遠遠見一農人坐小杌上，起來插秧，樣子很端謹，使者前問：「此地有吳尚書這人不？」農人叉手回答：「琳便是。」使者覆命，元璋很高興。[75]

又如南京各部皂隸都戴漆巾，只有禮部例外，各衙門都有門額，只有兵部沒有，據說這也是錦衣衛邏卒幹的事。原來各衙門都有人在暗地裡偵察，一天禮部皂隸睡午覺，被取去漆巾，兵部有一晚沒人守夜，門額給人抬走了，發覺後不敢作聲，也就作為典故了。[76]

朱元璋不但有一個特務網，派專人偵察一切場所，一切官民，他自己也是喜歡搞這一套的。例如羅復仁官止弘文館學士，說一口江西話，質直樸素，元璋叫他作老實羅。一天，忽然動了念頭，要調查老實羅是真老實還是假老實。出其不意一人跑到羅家，羅家在城外邊一個小胡同裡，破破爛爛，東倒西歪幾間房子，老實羅正趴在梯子上粉刷牆壁，一見皇帝來，著了慌，趕緊叫他女人抱一個小杌子請皇帝坐下，元璋見他實在窮得可以，老大不過意，說：「好秀才怎能住這樣爛房子！」即刻賞城裡一所大邸宅。[77]

檢校是文官，元璋譬喻為惡狗。到洪武十五年（一三八二）還嫌惡狗不濟事，另找一批虎狼來執行大規模的屠殺，把偵伺處刑之權交給武官，特設一個機構叫錦衣衛。錦衣衛的前身是吳元年設立的拱衛司。

洪武二年（一三六九）改親軍都尉府，府統中左右前後五衛和儀鸞司，掌侍衛法駕鹵簿；十五年改為錦衣衛。

錦衣衛有指揮使一人，三品。同知二人，從三品。僉事三人，四品。鎮撫二人，五品。十四所千戶十四人，五品；副千戶從五品；百戶六品。所統有將軍力士校尉，掌直駕侍衛巡察緝捕。鎮撫司分南北，北鎮撫司專理詔獄。直駕侍衛是錦衣衛形式上的職務，巡察緝捕才是工作的重心，對象是「不軌妖言」，不軌指政治上的反對者或黨派，妖言指要求改革現狀的宗教集團，如彌勒教、白蓮教和明教等等。

朱元璋從紅軍出身，當年也喊過「彌勒降生」「明王出世」的口號，他明白這些傳說所發生的號召作用，也清楚聚眾結社對現政權的威脅。他也在擔心，這一批並肩百戰、驍悍不馴的將軍們，這一群出身豪室的文臣，有地方勢力，有社會聲望，主意多，要是自己一朝咽氣，忠厚柔仁的皇太子怎麼對付得了？到太子死後，太孫不但年輕，還比他父親更不中用，成天和腐儒們讀古書，講三王的道理，斷不是制馭梟雄的角色。他要替兒孫斬除荊棘，要保證自己死後安心，便有目的地大動殺手，犯法的殺，不犯法的也殺，無理的殺，有理的也殺。

錦衣衛的建立，為的便於有計劃地栽贓告密，有系統地誣告攀連，有目標地靈活運用，更方便地在法外用刑。各地犯重罪的都解到京師下北鎮撫司獄，備有諸般刑具，罪狀早已安排好，口供也已預備好，不容分析，不許申訴，犯人唯一的權利是受苦刑後畫字招認。不管是誰，進了這頭門，是不會有活著出來的奇蹟的。

洪武二十年（一三八七），他以為該殺的人已經殺得差不多了，下令焚毀錦衣衛刑具，把犯人移交刑部，表示要實行法治了。又把錦衣衛指揮使也殺了，卸脫了多年屠殺的責任。六年後，胡黨藍黨都已殺完，鬆了一口氣，又下令以後一切案件都由朝廷法司處理，內外刑獄公事不再經由錦衣衛。簽發這道手令之後，摸摸花白鬍子，以為天下從此太平，皇業永固了。[78]

和錦衣衛有密切關聯的一件惡政是廷杖。錦衣衛學前朝的詔獄，廷杖則是學元朝的辦法。

在元朝以前，君臣的距離還不太懸絕，三公坐而論道，和皇帝是師友。宋代雖然臣僚在殿廷無坐處，禮貌上到底還有幾分客氣。蒙古人可不同了，起自馬上，生活在馬上，政府臣僚也就是軍中將校，一有過失，隨時杖責，打完照舊辦事，甚至中書大臣都有殿廷被杖的故事。朱元璋事事復古，要「復漢官之威儀」，只有打人，尤其是在殿廷杖責大臣這一樁，卻不嫌棄是胡俗，習慣地繼承下來。

著名的例子，親族被杖死的有朱文正，勳臣被鞭死的有永嘉侯朱亮祖父子，大臣被杖死的有工部尚書薛祥，部曹被廷杖的有茹太素。從此成為故事，士大夫不但可殺，而且可辱，君臣間的距離有如天上地下，「天皇聖明，臣罪當誅」，禮貌固然談不到，連主奴間一點起碼的恩惠，也被板子鞭子打得乾乾淨淨了。[79]

【注釋】

1《明太祖實錄》卷二三九。

2鄧之誠：《骨董續記》卷二十，磔條，引《張文寧年譜》；計六奇：《明季北略》，記鄭鄤事。

3呂毖：《明朝小史》卷一，《國初重刑》。

4《大誥》奸吏建言第三十三、刑餘攢典盜糧第六九；《續誥》相驗囚屍不實第四二；《三編》逃囚第十六。

5徐禎卿：《翦勝野聞》。

6趙翼：《廿二史札記》卷三二，《明祖晚年去嚴刑》，引《草木子》。

7《明史》卷九四，《刑法志》；《大誥三編》，進士監生戴罪辦事。

8《明史》卷九四，《刑法志》。

9《明史》卷一三九《周敬心傳》：「洪武二十五年上疏極諫：洪武四年錄天下官吏，十三年連坐胡黨，十九年逮官吏積年為民害者，二十三年罪忘言者，大戮官民，不分臧否。」

10《明史》卷一三九，《茹太素傳》。

11《明史》卷一三九，《韓宜可傳》。

12《明朝小史》卷二。

13《大誥三編》，逃囚第十六。

14《明太祖實錄》卷二三九。

15參看錢謙益：《太祖實錄辨證》；潘檉章：《國史考異》；吳晗：《胡惟庸黨案考》，載《燕京學報》十五期。

16何崇祖：《廬江郡何氏家記》（玄覽堂叢書續集本）。

17《明史》卷一二七，《李善長傳》。

18王世貞：《史乘考誤》；錢謙益：《太祖實錄辨證》；潘檉章：《國史考異》。

19劉辰：《國初事蹟》；孫宜：《洞庭集》，《大明初略》三；王世貞：《史乘考誤》卷一。

20王世貞：《史乘考誤》卷一；錢謙益：《太祖實錄辨證》卷五；潘檉章：《國史考異》卷二。

21劉辰：《國初事蹟》。

22《明史》卷三〇八《胡惟庸傳》，卷一二八《劉基傳》；劉璟：《遇恩錄》。

23徐禎卿：《翦勝野聞》。

24《明史》卷一三八，《李仕魯傳》附《陳汶輝傳》。

25《明史》卷一三五，《宋思顏傳》。

26《明史》卷一三六《朱升傳》，卷一三七《劉三吾傳》《宋訥傳》《安然傳》，卷一三八《陳修傳》《周禎傳》《楊靖傳》《薛祥傳》，卷一三九《茹太素傳》《李仕魯傳》《周敬心傳》。

27《明史》卷一四〇《魏觀傳》，卷二八一《方克勤傳》，卷一四〇《道同傳》，卷一三九《葉伯巨傳》，卷一三六《陶凱傳》。

28劉辰：《國初事蹟》。

29《明史》卷一三九，《葉伯巨傳》。

30《明史》卷九四《刑法志》，卷一三九《鄭士利傳》。

31《明史》卷九四，《刑法志》；《大誥》二十三郭桓賣放浙西秋糧，四十九郭桓盜官糧。

32《大誥續編》。

33《大誥》，奸貪誹謗第六十四。

34《大誥三編》，蘇州人才第十三。

35《大誥三編》，秀才剁指第十；《明史》卷九四，《刑法志》。

36《大誥三編》，蘇州人才第十三；《明史》卷九四，《刑法志》。

37《明史》卷一二六，《湯和傳》。

38《明史》卷一三一，《郭興傳》。

39《明史》卷二八三，《袁凱傳》；徐禎卿：《翦勝野聞》；陸深：《金台紀聞》。

40《明史》卷一三八，《周禎傳》。

41徐禎卿：《翦勝野聞》。

42呂毖：《明朝小史》卷一。

43黃溥：《閒中今古錄》。

44趙翼：《廿二史札記》卷三二，《明初文字之禍》，引《朝野異聞錄》。

45黃溥：《閒中今古錄摘抄》。

46徐禎卿：《翦勝野聞》。

47此據《明太祖實錄》卷二四六。趙翼《廿二史札記》卷三二《明初文字之禍》條作「帝乃自為之，播天下」，是錯的。

48黃溥：《閒中今古雜錄》。

49李賢：《古穰雜錄》。

50趙翼：《廿二史札記》卷三二，《明初文字之禍》。

51劉辰：《國初事蹟》。

52朱彝尊：《靜志居詩話》；《明史》卷二八五，《高啟傳》。

53葉盛：《水東日記摘抄》卷二。

54《明太祖實錄》卷五二；顧起元：《客座贅語》卷十，《國初榜文》。

55徐禎卿：《翦勝野聞》。

56《明史》，《文苑傳》《蘇伯衡傳》《高啟傳》《王冕傳》附《郭奎傳》《孫傳》《王蒙傳》《趙壎傳》《陶宗儀傳》附《顧德輝傳》。趙翼：《廿二史札記》卷三二，《明初文人多不仕》。

57《明史》卷一四七，《解縉傳》。

58《明史》，《文苑傳》《楊維楨傳》。

59《明史》，《文苑傳》《胡翰傳》《趙壎傳》《趙謙傳》附《張昱傳》《戴良傳》附《王逢傳》《丁鶴年傳》《陶宗儀傳》附《高明傳》。

60陸深：《豫章漫鈔》；《玉堂漫筆》；《明史》卷一三五，《陳遇傳》。

61方覺慧：《明太祖革命武功記引》。

62劉辰：《國初事蹟》；孫宜：《大明初略》四；《明史》卷一三五，《宋思顏傳》。

63劉辰：《國初事蹟》；《明史》卷一二七，《汪廣洋傳》。

64劉辰：《國初事蹟》；孫宜：《大明初略》四。

65《大誥》，沉匿卷宗第六十。

66錢謙益：《國初群雄事略》卷四，引俞本：《紀事錄》。

67劉辰：《國初事蹟》；孫宜：《大明初略》四；王世貞：《詔令考》二。

68劉辰：《國初事蹟》；《明史》卷一三五，《郭景祥傳》附《毛騏傳》。

69《明史》卷一三九，《李仕魯傳》。

70劉辰：《國初事蹟》。

71王世貞：《詔令考》二。

72劉辰：《國初事蹟》。

73葉盛：《水東日記摘鈔》二一。
74《明史》卷一二八，《宋濂傳》。
75《明史》卷一三八，《陳修傳》附《吳琳傳》。
76陸容：《菽園雜記》；祝允明：《野記》一。
77《明史》卷一三七，《羅復仁傳》。
78王世貞：《錦衣志》；《明史》卷八九《兵志》，卷九五《刑法志》。
79《明史》，《刑法志》三。

大明帝國興衰史

作者：吳晗
發行人：陳曉林
出版所：風雲時代出版股份有限公司
地址：10576台北市民生東路五段178號7樓之3
電話：(02) 2756-0949
傳真：(02) 2765-3799
執行主編：朱墨菲
美術設計：吳宗潔
行銷企劃：林安莉
業務總監：張瑋鳳

初版日期：2022年8月
ISBN：978-626-7153-04-8

風雲書網：http://www.eastbooks.com.tw
官方部落格：http://eastbooks.pixnet.net/blog
Facebook：http://www.facebook.com/h7560949
E-mail：h7560949@ms15.hinet.net
劃撥帳號：12043291
戶名：風雲時代出版股份有限公司

風雲發行所：33373桃園市龜山區公西村2鄰復興街304巷96號
電話：(03) 318-1378
傳真：(03) 318-1378
法律顧問：永然法律事務所李永然律師
北辰著作權事務所蕭雄淋律師

行政院新聞局局版台業字第3595號營利事業統一編號22759935

定價：320元

國家圖書館出版品預行編目資料

大明帝國興衰史/吳晗著.--初版.--臺北市:風雲時代出版股份有限公司,2022.07面;　公分.--(吳晗作品集;2)

ISBN978-626-7153-04-8（平裝）
1.CST:明史2.CST:通俗史話

626　　111007208